Mythen, Literatur und historische Überlieferung der Antike bergen einen Schatz an Liebesgeschichten, deren Schönheit und Dramatik in keiner Weise jüngeren dichterischen Schöpfungen und wahren Begebenheiten nachstehen. Glühende Leidenschaft, zarte Empfindungen und Erotik kennzeichnen ebenso wie derbe Sexualität die jeweiligen antiken Texte aus mehr als 1500 Jahren, die in diesem Buch vorgestellt werden. Dabei dürfen sich Leserinnen und Leser auf die Begegnung mit ganz unterschiedlichen Paaren freuen: So führte die verblendete Liebe von Paris und Helena – glaubt man dem Mythos – zum Untergang Trojas, während die tiefe Zuneigung von Philemon und Baukis Wohlgefallen und besonderen Schutz der Götter fand. Caesar wiederum ließ sich von den Reizen der ägyptischen Königin Kleopatra zeitweilig vom Ausbau seiner Herrschaft ablenken, während Kaiser Justinian eine Frau aus übel beleumundeten Kreisen wählte, aber mit ihr gemeinsam sein Imperium erfolgreich lenkte. Doch dies sind nur wenige ausgewählte Beispiele aus insgesamt über dreißig berühmten Paaren, deren Liebesgeschichten in diesem Band erzählt, aber stets auch vor ihrem literatur- oder ereignisgeschichtlichen Hintergrund erläutert werden. Da ihre Liebe durch die Jahrtausende hindurch immer wieder Dichter, Maler, Bildhauer und Komponisten inspiriert hat, werden am Ende eines jeden Kapitels stets die wichtigsten Kunstwerke aufgeführt, in denen die *Spiele des Eros* einen überzeitlichen Ausdruck gefunden haben.

Hubertus Kudla lehrte als Studiendirektor an einem Münchener Gymnasium Latein und Deutsch. Von ihm ist im Verlag C.H.Beck lieferbar: *Lexikon der lateinischen Zitate* (²2001).

Hubertus Kudla

Spiele des Eros

Berühmte Liebespaare
der Antike

In Zusammenarbeit
mit Christian M. Barth
und Hildegard Propach

Verlag C. H. Beck

Die einzelnen Beiträge sind am Ende jeweils mit dem Kürzel der Ver-
fassernamen gekennzeichnet: Christian M. Barth: C. M. B.; Hubertus
Kudla: H. K.; Hildegard Propach: H. P.

Originalausgabe

© Verlag C. H. Beck oHG, München 2003
Gesamtherstellung: Druckerei C. H. Beck, Nördlingen
Umschlagentwurf: +malsy, Bremen
Umschlagillustration: Amor und Psyche (1787–93),
Antonio Canova, Musée du Louvre, Paris
© AKG, Berlin/Erich Lessing
Printed in Germany
ISBN 3 406 494439

www.beck.de

Inhalt

Weiter entstand Eros, der schönste der unsterblichen Götter,
der gliederlösende, der allen Göttern und Menschen den Sinn
in der Brust überwältigt und ihr besonnenes Denken.[1]
HESIOD, THEOGONIE 120f.

Die Würfel, mit denen Eros spielt,
Sind Raserei und Wirrnis.
ANAKREON

Vorwort

Dieses Buch will seine Leserinnen und Leser mit den berühmtesten Liebes- und Ehepaaren der Antike bekannt machen – vielleicht wird es auch nur alte Bekanntschaften wieder auffrischen und vertiefen. Vertraute und weniger vertraute Texte aus der griechischen und römischen Literatur zeigen zunächst den Blick antiker Autoren auf die jeweiligen Paare. Stets ordnet sodann ein kurzer erläuternder Essay die Hauptpersonen mythologisch, literarisch bzw. historisch ein und versucht, ihre Beziehungen aus heutiger Sicht zu erfassen. Angaben zur Rezeption dieser Paare in Bildender Kunst und Literatur beschließen die einzelnen Darstellungen.

Die faszinierenden Persönlichkeiten aus der Welt des Mythos, der dichterischen Fiktion oder der Geschichte sollen mit ihren charakteristischen Merkmalen und in ihren Beziehungen zum anderen (oder auch eigenen) Geschlecht vor dem inneren Auge der Leserinnen und Leser wiedererstehen. Die Rolle des Einzelnen in seiner individuellen Situation und vor dem geistigen, gesellschaftlichen und politischen Hintergrund seiner Zeit kann besser verstanden und tiefer erfasst werden, wenn auch der Mit- oder Gegenspieler an seiner Seite gesehen wird.

In den Essays, die den Übersetzungen der Originaltexte folgen, konzentriert sich der Blick auf die Paarbeziehungen. Auch wenn geschichtliche Ereignisse, die durch die einzelnen Gestalten selbst entscheidend geprägt wurden oder in ihrem Leben eine wichtige Rolle spielten, nur knapp umrissen, bisweilen auch nur angedeutet werden konnten, so lässt sich doch stets der wirkungsmächtige Einfluss der Liebe – oder der Liebesaffären – auf das individuelle Lebensschicksal, bisweilen aber auch auf politische Entscheidungen der Mächtigen und damit auf das Schicksal ganzer Völker erkennen. Die Spielarten des Eros beinhalten die verschiedenen Phasen des menschlichen Ergriffenseins. Die Gewalt der Liebe wird sichtbar, die erst Glückseligkeit stiftet, dann aber zu Verletzung und Unglück führt, die sich in Individuen zunächst unbedingt durchsetzt, häufig jedoch über die Zwischenstufen der Ernüchterung und Enttäuschung das Werk der Zerstörung beginnt und vollendet. Eros, der Zeugungstrieb, erweist sich als die stärkste Macht der zwischenmenschlichen Verbindung, der freilich Dauer nicht immer beschieden ist. Dass demgegenüber eine große Liebe stets Erfüllung und Vollendung, oft auch über den Tod hinaus ersehnt und erstrebt, gehört zu den Geheimnissen des menschlichen Daseins.

Die meisten berühmten Paare der antiken Mythen sowie der Literatur und Geschichte leben in der Kunst, Dichtung und Musik Europas und in den von der Alten Welt beeinflussten Kulturen in einer Fülle bedeutender Werke weiter. Einen Überblick über die Rezeption der hier getroffenen Auswahl der Paare ermöglicht die dem jeweiligen Essay folgende Zusammenstellung. Angesichts des knapp bemessenen Umfangs dieses Bandes wurden nur die wichtigsten und interessantesten Werke berücksichtigt. Für weitergehende Informationen sei daher auf die folgenden Titel verwiesen: Herbert Hunger, Lexikon der griechischen und römischen Mythologie, 8., neubearb. Auflage, Wien 1988. – Elisabeth Frenzel, Stoffe der Weltliteratur, 9. Auflage Stuttgart 1998. – Eric M. Moormann, Wilfried Uitterhoeve, Lexikon der antiken Gestalten. Mit ihrem Fortleben in Kunst, Dichtung und Musik, Stuttgart 1995.

Die Übersetzungen der Homer-Partien stammen von Johann Heinrich Voss, *Odyssee (1781)* und *Ilias (1793)*, zugrunde liegt jeweils der Text der Ersten Ausgabe. Rechtschreibung, Grammatik und Ausdruck wurden im Einzelfall dem modernen Sprachgebrauch angeglichen. Die Plutarch-Auszüge folgen der Übersetzung von J. F. Kaltwasser (1799–1806) in der Bearbeitung von H. Floerke (1913), München 1964. Wo keine weiteren Angaben gemacht werden, stammen die Übersetzungen von den Autoren selbst.

1 *Übers. O. Schönberger*

Mythische und literarische Gestalten

Paris und Helena

Paris an Helena

Drei Göttinnen zugleich, Venus und mit Pallas Athene auch Juno
setzten ihre zarten Füße aufs Gras. Ich erstarrte vor Schrecken,
kalter Schauder ließ meine Haare sich sträuben,
als mir der geflügelte Bote sagte: Sei du Schiedsrichter über die
Schönheit; beende den Streit der Göttinnen, welche würdig sei,
die beiden andern an Schönheit zu übertreffen. Und damit
ich dies zu entscheiden nicht ablehnte, befahl er es mit Jupiters
Worten und hob sich sogleich auf dem Weg durch den Äther
zu den Sternen empor.
...
Als ich dich, Helena, in deiner Schönheit erblickte, erstarrte ich
und fühlte, wie mir das Herz im Innersten anschwoll vor nie gekannter
Liebespein. Diesen Gesichtszügen war, soviel ich mich
erinnere, das Antlitz der Göttin von Kythera ähnlich,
als sie kam, um meinen Schiedsspruch zu hören.
OVID, HEROIDES 16,65–72; 135–138

Die ängstliche Helena, dem Paris angetraut, wird von Aphrodite ins Haus ihres Gemahls geleitet.

Und verzagt ward Helena, die Tochter Kronions,
Eilend ging sie, gesenkt den silberglänzenden Schleier,
Still, unbemerkt von den übrigen Frauen; und es führte die Göttin.

Helena schilt Paris, der im Kampf mit Menelaos nur durch Aphrodites Hilfe dem sicheren Tode entrann.

«Kommst du vom Kampf zurück? O lägest du lieber getötet
Dort vom gewaltigen Manne, der mir der erste Gemahl war!

Ha, du prahltest vordem, den streitbaren Held Menelaos
Weit an Kraft und Händen und Lanzenwurf zu besiegen!
Gehe doch jetzt und rufe den streitbaren Held Menelaos,
Wiederum zu kämpfen im Zweikampf! Aber dir rat' ich,
Bleib' in Ruh und vermeide den bräunlichen Held Menelaos,
Gegen ihn zu stürmen im Kampf um die letzte Entscheidung
Ohne Bedacht, dass nicht durch seinen Speer du erliegst!»
Aber Paris darauf antwortete solches erwidernd:
«Frau, laß ab, mir das Herz durch bittere Schmähung zu kränken.
Jetzt zwar hat Menelaos mich besiegt mit Athene;
Ihn ein andermal ich; es helfen die Götter auch uns.
Komm, wir wollen in Lieb' uns vereinigen, sanft gelagert.
Denn noch nie hat so mir Glut die Seele erfüllt,
Auch nicht, als ich zuerst aus der lieblichen Flur Lakedämon
Segelte, dich entführend auf meerdurchfahrenden Schiffen,
Und auf Kránaens Au mich gesellt' in Lieb' und Umarmung,
So wie ich jetzt für dich glühe, erregt von süßem Verlangen.»
Sprach's, und nahte dem Lager zuerst; ihm folgte die Gattin.
Beide ruhten sodann im schöngebildeten Bett.

HOMER, ILIAS 3,428–448

Paris, in Homers *Ilias* Alexandros, der Männerverteidiger, genannt (er schützte die Hirten), war der Sohn des trojanischen Königs Priamos und seiner Gemahlin Hékabe.

Da Hékabe geträumt hatte, sie werde eine brennende Fackel gebären, die ganz Troja durch Feuer vernichten werde, setzte man vorsichtshalber den Knaben nach seiner Geburt auf dem Berg Ida aus, wo er unter Hirten aufwuchs.

Als junger Mann wurde der noch unerkannte Königssohn nach dem Willen des Göttervaters Zeus um sein Urteil gebeten, welche der drei Göttinnen, die unter der Führung des Götterboten Hermes vor ihm erschienen – Hera, die Gattin des Zeus, Athene oder Aphrodite – die schönste sei. Eris, die Göttin des Streits, hatte nämlich einen Apfel mit der Aufschrift *Der Schönsten* unter die Göttinnen geworfen. Dadurch war unter ihnen ein heftiger Streit entbrannt, welcher von ihnen der Apfel als Zeichen und Preis höchster Schönheit gebühre.

Als Hera dem Paris Macht und Reichtum, Athene Weisheit und Kriegsruhm, Aphrodite aber Liebe und Besitz der schönsten aller

Frauen verspricht, wenn er ihr den Apfel zuerkenne, entscheidet Paris zugunsten der Aphrodite und überreicht dieser den Apfel. Darauf entführt Paris mit ihrer Hilfe die schöne Helena, Tochter des Zeus und der Leda, die Gattin des Spartanerkönigs Menelaos, unter Missachtung der ihm gewährten Gastfreundschaft und raubt dabei noch große Schätze. Der Entführung folgen die Hochzeit auf Kránae, einer Insel im Lakonischen Golf, und der Einzug in Troja.

Der «Raub der Helena» war die Ursache des zehnjährigen Trojanischen Krieges, von dem Homers Epen *Ilias* (Ereignisse des zehnten Kriegsjahres) und *Odyssee* (Irrfahrten des Odysseus) erzählen.

Im Krieg zwischen den vereinten griechischen Stämmen (Achaiern) und den Trojanern – die Festung Trojas hieß Ilion – um die Rückgabe der geraubten Helena nehmen die Götter Partei. Spannungen zwischen den Göttinnen werden sichtbar: Auf der Seite des Paris und der Trojaner erscheinen die Liebesgöttin und Siegerin im Parisurteil Aphrodite und ihr Bruder Apollon, gegen die Trojaner treten auf der Seite der Griechen Hera, die Gattin des Zeus, und Athene, Zeus' Tochter, Kriegs- und Friedensgöttin, unsichtbar aber wirksam auf den Plan.

In dem Brief des Paris an Helena, den der römische Dichter *Ovid* erfindet, schildert Paris zunächst eindrucksvoll die Situation bei der ihm aufgezwungenen Rolle als Schiedsrichter in einem «Schönheitswettbewerb» und seinen Schrecken bei der unmittelbaren Begegnung mit dem Göttlichen. Er erkennt, dass übermenschliche Kräfte sein Handeln bestimmen. Im Traum seiner Mutter Hékabe scheint seine Rolle als Unheilstifter vom Schicksal vorbestimmt; sie wurde durch den Traumdeuter auch erkannt und von den Eltern gefürchtet. Das Urteil und das unmoralische Verhalten des Paris gegenüber Menelaos werden schreckliche Folgen haben, vor denen sein Vater Priamos und seine Schwester Kassandra vergeblich warnen. Doch die übermächtige Sehnsucht nach Helena beflügelt seine Phantasie, so dass er von unstillbarer Liebesglut getrieben wird. Er muss handeln – und schuldig werden. Liegt die Schuld aber nicht auch bei den Göttern? Hera, Athene und Aphrodite lagen im Streit. Die Entscheidung für eine von ihnen führte Paris in verhängnisvolle Verstrickungen, denn sie hatte die Feindschaft der beiden Verliererinnen zur Folge. In Helenas Antlitz erkennt er die Göttin Aphrodite wieder, er hat Helena bereits gesehen, bevor er ihr begegnete. Ihre Schönheit ist göttlichen Ursprungs.

Der Homertext zeigt Helena trotz ihrer göttergleichen Schönheit als innerlich gespaltene Frau. Sie ist der herrlichen jugendlichen Gestalt und dem göttlichen Reiz des Paris verfallen, hat aber ihren ersten Mann nicht vergessen. Menelaos stellt sie als Kriegshelden über Paris. Selbstvorwürfe, Reue und Heimweh – und Todessehnsucht – quälen sie. Dennoch lebt sie, während um das von den Griechen belagerte Troja der Krieg tobt, mit Paris jahrelang in einem Liebesbund zusammen, ein vom Volk ebenso kritisiertes wie respektiertes Paar. Helenas verführerische Schönheit ist beunruhigend; ihr Äußeres wird von den trojanischen Greisen als politische Bedrohung erkannt. (Ilias 3,159 ff.) Die zerstörerische Auswirkung überragender Schönheit wird evident. Helena aber kann sich von Paris innerlich nicht losreißen. Sie erliegt seinen Verführungskünsten. Immer wieder wird sie von Aphrodite in Paris' Arme getrieben. In dem Konflikt Helenas zwischen ihrer Neigung zu Menelaos und ihrer Verfallenheit an Paris spielt Aphrodite die ausschlaggebende Rolle. Sie führt Helena, die in Homers Epos im Gegensatz zu Paris eine Reifeentwicklung durchlebt, trotz ihres inneren Widerstandes in die Arme des Paris. Sie verkörpert geradezu das leidenschaftliche Begehren der Frau. Der dämonische Zug, der Aphrodite eignet (Ilias 3,420), charakterisiert ihre Gefährlichkeit. – Nach dem Sieg über Troja nimmt Menelaos Helena wieder mit nach Sparta zurück. Fortan jedoch schenken «die Götter» Helena kein Kind mehr. (Odyssee 4,12)

Paris seinerseits ist sich der Sinnlosigkeit seines Kämpfens bewusst, muss er doch Athenes göttliches Eingreifen in den Zweikampf mit Menelaos erkennen. Er, dem an männlicher Schönheit kein Trojaner gleichkommt, Liebling der Frauen, kunstfertig und schnell, auch launisch, bleibt im Bewusstsein der Gunst der Göttin Aphrodite – wenn auch unheilahnend – verblendet. Er erkennt die Gesetze, nach denen die Götter walten, nicht. Die Wirkung der Nemesis im Leben der Menschen bleibt ihm verborgen. Immer wieder siegt in seiner Brust unbezwingbares Liebesverlangen. So wird er zum Unglücksparis (Ilias 3,39), weil sein persönliches Liebesbegehren Kriegsleid und Untergang über Troja und schwere Verluste und Zwietracht über die Griechen bringt.   H. K.

Episoden der Sage vom Trojanischen Krieg wurden in der Antike gestaltet von Euripides, ca. 480–406 v. Chr., Die Troerinnen, Seneca, ca. 4–65 n. Chr., Die Trojanerinnen.

In der römischen Lyrik wird die Kenntnis der Hauptfiguren des Mythos viel-
fach vorausgesetzt. Die homerische Vorstellung, es könne die ‹schönste der
Frauen› bzw. die ‹schönste Frau der Welt› geben, faszinierte insbesondere
Maler und Komponisten. In der Malerei waren das Parisurteil und der
Raub / die Entführung der Helena beliebte Themen, besonders im 15.–
19. Jahrhundert.

Gemälde: Parisurteil: Giorgione und P. Liberi, Dresden, Gemäldegalerie. –
J. Rottenhammer (1564–1625), München, Alte Pinakothek. – H. de Clerck
(1570–1629), Graz, Galerie. – P. P. Rubens (1547–1540), London, National Gallery. – Raub der Helena: B. Gozzoli (1420–1497), London, National Gallery. – G. C. Procaccini (1575/77–1625), Dresden, Gemäldegalerie.
– G. Reni (1575–1642), Paris, Louvre. – J. H. Tischbein d. Ä. (1722–1789),
Kassel, Galerie.

Opern: Jacques Offenbach, Die schöne Helena (1864). – Richard Strauß, Die
ägyptische Helena (1928), Text von Hugo von Hofmannsthal.

Hektor und Andromache

Hektors Abschied von Andromache

Und mit Lächeln blickte der Vater still auf das Knäblein;
Aber neben ihn trat Andromache, Tränen vergießend,
Drückt’ ihm freundlich die Hand und redete also beginnend:
Liebster Mann, dich tötet dein Mut noch, und du erbarmst dich
Nicht des stammelnden Kindes noch meiner, des elenden Weibes,
Die bald schon Witwe von dir; denn dich töten gewiss die Achäer,
Alle gegen dich stürmend. Für mich wohl wär’ es das Beste,
Deiner beraubt in die Erde zu sinken; denn weiter
Ist kein Trost mir übrig, wenn du dein Schicksal vollendest,
Sondern nur Leid; …
Hektor, siehe du bist mir Vater jetzt und Mutter
Und mein Bruder allein, o du mein blühender Gatte!»
…
Ihr antwortete drauf vom Helmbusch umflattert Hektor:
…
«Einst wird kommen der Tag, da das heilige Ilion hinsinkt,

Priamos selbst und das Volk des lanzenkundigen Königs.
Doch nicht kümmert mich so der Troer künftiges Elend,
Nicht der Hekabe selbst, noch Priamos' auch des Beherrschers,
Noch der Brüder umher, die dann, so viel und so tapfer,
All' in den Staub hinsinken von feindlichen Händen getötet:
So wie dein's, wenn ein Mann der erzumschirmten Achäer
Weg die Weinende führt, der Freiheit Tag dir entreißend.
...
Aber es decke mich als Toten der aufgeworfene Hügel,
Ehe ich deine Schreie vernehme und deine Entführung!»
So sprach der Held, und hin nach dem Knäblein streckt' er die Arme;
Aber zurück an den Bausch der schöngegürteten Amme
Schmiegte sich schreiend das Kind, erschreckt von dem liebenden Vater,
Scheuend des Erzes Glanz und den hohen flatternden Helmbusch,
Den er sah wie er furchtbar wippt' von der Spitze des Helmes.
Lächelnd schaute der Vater das Kind und die zärtliche Mutter.
Schleunig nahm vom Haupte den Helm der strahlende Hektor,
Legte dann auf die Erde den schimmernden; aber er selber
Küsste sein liebes Kind, und wiegte es sanft in den Armen.
...
Dann reichte er in die Arme der liebenden Gattin
Seinen Sohn; und sie drückt' ihn an ihren duftenden Busen,
Lächelnd mit Tränen im Blick; und ihr Mann voll inniger Wehmut
Streichelte sie mit der Hand, und redete, also beginnend:
«Armes Weib, du musst nicht zu sehr trauern im Herzen!
Keiner wird gegen das Schicksal hinab mich senden zum Hades.
Doch dem Verhängnis entrann wohl nie der Sterblichen einer,
Edel oder gering, nachdem er einmal gezeugt ward.»
HOMER, ILIAS 6,404–13; 429–30; 440; 448–55; 464–74; 482–89.

Hektor, Sohn des Trojanerkönigs Priamos und der Hekabe, Bruder des Paris, gilt als der tapferste, charakterstärkste und beste der trojanischen Helden. Von seinem Vater geliebt und geachtet, war er die Hauptstütze seiner Landsleute bei der Verteidigung der Stadt. Nachdem er Patroklos, den Freund des Achill, des griechischen Helden, vor den Toren Trojas getötet hatte, sollte sich sein Schicksal vollenden.

Der Abschied Hektors von seiner Gattin Andromache und seinem Söhnchen Astýanax gehört literarisch zu den bedeutendsten Schilderungen der Ilias, die auch in der Bildenden Kunst vielfach zitiert worden ist.

Das Geschehen eröffnet einen Einblick in das innere Verhältnis des Ehepaares zueinander. Die malerische Szene beeindruckt durch Realismus, Hervorhebung der Gattenliebe und königliche Würde. Sensibel, zärtlich, aber auch humorvoll reagiert Hektor auf die Ängstlichkeit seines kleinen Sohnes vor dem wippenden Helmbusch. Die Eltern brechen in ein befreiendes Lachen aus. Die äußeren Vorgänge sind bei Homer Ausdruck der inneren.

Sentimentale, psychologisierende Gefühlsdarstellung dürfen wir nicht erwarten, sie ist der Dichtung Homers noch fremd. Hektor selbst erfüllt in der Abschiedsszene Todesahnung. Er sieht den Tod der Eltern und Geschwister, die entwürdigende Gefangenschaft Andromaches und den Untergang Trojas voraus. Aber sein Ungestüm treibt ihn, verblendet und tapfer zugleich, wieder in den Kampf hinaus.

Dass Hektor die Rüstung des toten Patroklos, die ihm Achill geliehen hatte, selbst anlegte (Ilias 17,192 ff.), war vermessen. Denn Achill selbst hatte er nicht besiegt. Die Rüstung wird ihm ebenso den Tod bringen wie vorher dem Patroklos.

Dessen Tod war der Höhepunkt der troischen Kriegserfolge. Hektor, isoliert vor der Stadt, wird jetzt fallen. Die Flucht Hektors vor dem überlegenen Achill, der ihn dreimal um die ganze Stadtmauer jagt, gehört zu den niederdrückendsten Erlebnissen der Leser der Ilias. Zeus lässt auch einmal einen Tapferen vergeblich fliehen. (Ilias 22, 136 ff.)

Achill tötet Hektor, von Athene unterstützt, und schleift ihn ins Griechenlager. Priamos jedoch löst den Leichnam seines Sohnes aus, um ihn zu bestatten. Andromache ahnt später in ihrer Trauer um Hektor ihr Schicksal als Witwe und Sklavin. (Ilias 24,725 ff.)

Ihren Sohn Astýanax werfen die siegreichen Griechen von einem Turm, um die männliche Nachkommenschaft des troischen Königshauses für immer zu beseitigen.   H. K.

Relief: B. Thorwaldsen (1768–1844), Abschied Hektors von Andromache, Kopenhagen, Thorwaldsen-Museum.
Gemälde: *Hektors Abschied von Andromache*: Padovanino (1590–1650), Stuttgart, Galerie. – J. Restout (1692–1768), Halle, Museum. – J. C. Seekatz (1719–1768), Darmstadt, Schlossmuseum. – A. Kauffmann,

1768, Plymouth, Saltram College. – J. B. Seele (1774–1833), Ludwigsburg, Schloß.

Dramen: *Andromache*: Euripides, ca. 425 v. Chr. – Racine, 1667. – K. W. Daßdorf, 1777. – G. Murray, 1900. – E. Possart, 1904. – F. Bruckner, 1952: Pyrrhus und Andromache.

Opern: Andromacca, P. Torri (Text von Salvi), 1716. – Caldara, 1724 (Text von A. Zeno). – Lampugnani, 1748 (Text von Salvi). – u. a. m. H. Windt, 1932.

Odysseus und Kirke

Hermes erscheint Odysseus

Jetzt nähert' ich mich, die heiligen Täler durchwandelnd,
Schon dem hohen Palaste der furchtbaren Zauberin Kirke;
Da begegnet' mir Hermes mit goldenem Stabe
Auf dem Wege zur Burg, an Gestalt ein blühender Jüngling,
Dessen Wange sich bräunt, im holdesten Reize der Jugend.
Dieser gab mir die Hand und sagte mit freundlicher Stimme:
Armer, wie gehst du hier so allein durch die bergige Waldung,
Da du die Gegend nicht kennst? Bei Kirke sind deine Gefährten
Eingesperrt, wie Schweine, in dichtverschlossenen Ställen.
Gehst du etwa dahin, sie zu retten? Ich fürchte, du kehrest
Nicht von dannen zurück, du bleibest selbst bei den andern.
Aber wohlan! Ich will dich vor allem Übel bewahren!
Nimm dies heilsame Mittel, und gehe zum Hause der Kirke,
Sicher, von deinem Haupte den Tag des Fluches zu wenden.
Alle verderblichen Künste der Zauberin will ich dir nennen.
Weinmus rührt sie dir ein und mischt ihr Gift in die Speise:
Dennoch gelingt es ihr nicht, dich umzuschaffen; die Tugend
Dieser heilsamen Pflanze verhindert sie. Höre nun weiter,
Wenn dich Kirke darauf mit der langen Rute berühret,
Siehe dann reiße du schnell das geschliffene Schwert von der Hüfte,
Spring auf die Zauberin los, und drohe sie gleich zu erwürgen.
Diese wird in der Angst zu ihrem Lager dich rufen;
Und nun weigre dich nicht, und besteige das Lager der Göttin,

Dass sie deine Gefährten erlös' und dich selber bewirte.
Aber sie schwöre zuvor der Seligen großen Eidschwur,
Dass sie bei sich nichts anders zu deinem Schaden beschlossen;
Daß sie dir Waffenlosen nicht raube Tugend und Stärke.
Also sprach Hermes, und gab mir die heilsame Pflanze,
Die er dem Boden entriß, und zeigte mir ihre Natur an:
Ihre Wurzel war schwarz, und milchweiß blühte die Blume;
Moly wird sie genannt von den Göttern. Sterblichen Menschen
Ist sie schwer zu graben; doch alles vermögen die Götter.

Odysseus im Palast der Kirke

Und ich stand an der Pforte der schöngelockten Göttin,
Stand und rief; und die Göttin vernahm des Rufenden Stimme,
Kam sogleich und öffnete mir die strahlende Pforte,
Nötigte mich herein; und ich folgte mit traurigem Herzen.
Mischte mir dann einen Trank, im goldenen Becher zu trinken,
Und vergiftet' es tückisch mit ihrem bezaubernden Safte.
Und sie reichte mir's hin; ich trank es und ohne Verwandlung.
Drauf berührte sie mich mit der Zauberrute und sagte:
Gehe nun in den Kofen, und liege bei deinen Gefährten.
Also sprach sie: da riß ich das schneidende Schwert von der Hüfte,
Sprang auf die Zauberin los, und drohte sie gleich zu erwürgen:
Aber sie schrie, und eilte gebückt, mir die Kniee zu fassen;
Laut wehklagend rief sie die schnellgeflügelten Worte:
Wer, wes Volkes bist du? Und wo ist deine Geburtsstadt?
Staunen ergreift mich, da dich der Zaubertrank nicht verwandelt!
Denn kein sterblicher Mensch ist diesem Zauber bestanden,
Welcher trank, sobald der Wein ihm die Zunge hinabglitt.
...
Lieber! So stecke dein Schwert in die Scheid', und laß uns zusammen
Unser Lager besteigen, damit wir, beide versöhnet
Durch die Freuden der Liebe, hinfort einander vertrauen!
Also sprach sie; und ich antwortete wieder, und sagte:
Kirke, wie kannst du begehren, dass ich dir freundlich begegne?
Da du meine Gefährten im Hause zu Schweinen gemacht hast,
Und mich selber behältst, und mir arglistig befiehlst,

In die Kammer zu gehen und auf dein Lager zu steigen;
Daß du mich Waffenlosen der Tugend und Stärke beraubest?
Nein, ich werde nimmer dein Lager besteigen, o Göttin,
Du willfahrest mir denn, mit hohem Schwur zu geloben,
Daß du bei dir nichts anders zu meinem Verderben beschließest!
Also sprach ich; und eilend beschwur sie, was ich verlangte.
Als sie es jetzt gelobt, und vollendet den heiligen Eidschwur,
Da bestieg ich mit Kirke das köstlich bereitete Lager.
HOMER, ODYSSEE 10, 275–347 (GEKÜRZT)

In der *Odyssee* besingt Homer die Irrfahrten des Odysseus im Mittelmeer nach Beendigung des Trojanischen Krieges. Sein Name, mit der Kriegslist vom Bau des Hölzernen Pferdes verbunden, erscheint bis heute im Bewusstsein der Menschen als der des erfolgreichen Abenteurers und Weltenbummlers schlechthin. Homer nennt ihn den «Listenreichen», der aus jeder Gefahr einen Ausweg weiß. Seinen klugen Einfällen, seinem Mut und seiner Entschlusskraft, zu der sich meist die ausschlaggebende Hilfe einzelner Götter gesellte, verdankten er und seine Gefährten immer wieder die Rettung in lebensbedrohenden Situationen. Nach der Abfahrt von Troja besuchte Odysseus mit seinen Gefährten zunächst das Land der Thrakier und besiegte sie. Danach segelte er ins Märchenland der Lotophagen (Lotosesser) (Odyssee 9,84 ff.); er entrann später dem gewalttätigen einäugigen Kyklopen Polyphem, den er mit einem Pfahl blendete. (Odyssee 9,377 ff.)

Sein Aufenthalt bei Aiolos, dem Herrn der Winde, brachte ihn durch eine Unvorsichtigkeit seiner Gefährten schließlich ebenso in Gefahr wie die Landung bei den Lästrygonen, menschenfressenden Riesen, die einige seiner Gefährten töteten. – Odysseus' Abenteuer mit der Zauberin Kirke fasziniert aus mehreren Gründen noch heute.

Odysseus landete mit den überlebenden Gefährten auf der von Kirke beherrschten Insel Aiaia. Als Tochter des Sonnengottes Helios war sie Göttin und Zauberin zugleich. Nachdem Odysseus in dichtem Wald aus den Hallen der Kirke hatte Rauch aufsteigen sehen, teilte er seine Gefolgsleute in zwei Gruppen. Die eine sollte unter der Führung des Eurýlochos die Wohnstätte der Kirke in der Mitte der Insel erforschen. Die Männer hörten den lockenden Gesang der Zauberin und betraten, von Kirke eingeladen, den Palast. Nur Eurýlochos war misstrauisch und blieb draußen, da er eine Falle der

Zauberin befürchtete. Kirke bewirtete die Gäste freundlich, mischte aber betörende Säfte unter die Speisen. Nach dem Essen berührte sie die ahnungslosen Männer mit einer Gerte und verwandelte sie in Schweine. Die Zauberin sperrte sie in den Kofen. Doch auch in den Schweinekörpern blieb ihnen das Bewusstsein ihres Menschseins, und sie litten entsetzlich. Das alles berichtet Eurýlochos dem Odysseus. Der bricht auf, um den verzauberten Gefährten zu helfen. Unterwegs begegnet er dem hilfreichen Gott Hermes in Gestalt eines jungen Mannes (Odyssee 10,277 ff.) und erhält von ihm das Wunderkraut Moly als Mittel gegen Kirkes Zauberkunst. Als er schließlich im Palast der Kirke sitzt, trinkt auch er den Zaubertrank. Doch der bleibt bei ihm wirkungslos, denn er hat an Moly, der weißen Blume mit der schwarzen Wurzel, gerochen. Kirke berührt ihn nun ebenfalls mit der Gerte, aber sie vermag ihn nicht zu verwandeln. Jetzt zieht Odysseus sein Schwert und bedroht sie mit dem Tod. Das verändert die Situation. Kirke entsinnt sich einer früheren Prophezeiung, erkennt Odysseus und umfasst demütig seine Knie. Das Umfassen der Knie des Odysseus ist eine markante Unterwerfungsgeste. (Vgl. Od. 22,337 ff. 365 f.) Da kein Sterblicher dem Zaubertrank widerstehen kann, Kirke aber nicht weiß, dass Odysseus unter dem Schutz des Hermes steht, fühlt sie ihre Macht erschüttert. Schon die Körpersprache, die nichtverbale Kommunikation, ist in diesem Moment nicht frei von erotischer Absicht und Wirkung. Sie versucht jetzt ihren Gast zu verführen und lädt ihn ein, gemeinsam mit ihr das Lager zu teilen. Odysseus nötigt ihr nun, wie ihm vorher von Hermes geraten, einen heiligen Eid ab, ihm nichts Böses anzutun und willigt erst dann in die Liebesvereinigung im Prunkbett der Zauberin ein.

Beim anschließenden Mahl bittet Odysseus Kirke, seine verzauberten Gefährten zurückzuverwandeln. Kirke folgt seinem Drängen. Die «armen Schweine» werden sogleich von ihrem tierischen Dasein, einer zeitlich begrenzten, aber vielleicht verdienten Strafe, befreit. Odysseus holt darauf die übrigen Begleiter vom Schiff, es gibt ein überschwängliches Wiedersehen, und alle leben fortan in Saus und Braus bei ihrer Gastgeberin. Odysseus ist dem Zauber Kirkes vorerst erlegen. Diese scheint sich ebenfalls erlöst zu fühlen. Sie hat ja in Odysseus auch ihren Meister gefunden. Sie bleiben ein Jahr beieinander, dann jedoch werden die Gefährten ungeduldig und drängen zum Aufbruch nach Ithaka. (Odyssee 10,472 ff.) Odysseus überredet die Nymphe, ihn ziehen zu lassen. Kirke gibt das Auslaufen des

Schiffes frei, macht Odysseus aber zur Aufgabe, auf dem weiten Weg in die Heimat noch in den Hades, das Totenreich, hinabzusteigen (Nekyia).

Der Aufenthalt bei Kirke lässt Odysseus die Heimfahrt ein ganzes Jahr lang fast vergessen. Er lebt in Liebe verbunden mit ihr in ihrem Palast auf der abgeschiedenen Insel. Bis heute nachwirkende Märchenmotive der Erzählung von Kirke und Odysseus sind: Zaubertrank, Zauberstab, Verwandlung in Tiere, Erlösung. Der Verbindung entstammt der Sohn Telégonos (der in der Ferne Geborene). Er wird später auf der Suche nach seinem Vater nach Ithaka kommen und Odysseus – in Unkenntnis – mit einem (Speer dessen Spitze ein) Rochenstachel (war) töten.

Odysseus steht in der Kirke-Erzählung zwischen Hermes und Kirke. Die Rettung wird Odysseus durch das Moly, ein Gegenmittel gegen Pharmaka, zuteil. Botaniker nehmen an, dass unter môly die Zwiebelpflanze *Allium nigrum* bzw. die schwarze Nieswurz *Helleborus niger* oder das Nachtschattengewächs *Withania somnifera* verstanden werden kann.[1] Zur allegorischen Deutung des Geheimnisses des Moly: In der Kraft dieser Blume «entwindet sich der Mensch den finsteren Mächten, in die auch er seine Wurzeln eingesenkt hat, denn er ist ein Himmelsgezeugter, der mit seiner Blüte, seinem geistigen Selbst, sich nach oben öffnet, milchweiß und rein. Aber (und das ist das Entscheidende an der Symbolik des Mythos) dies wird ihm möglich nur dadurch, dass er «theothen», von Gott her, Hilfe erhält, dass ihm die wandelnde Kraft des Hermes begegnet.»[2] Kirke kann als chthonische Macht und Gefährdung des Menschen verstanden werden, ihre Rolle als Wegweiserin und hilfreiche Ratgeberin für Odysseus' Weiter- und Heimfahrt ist aber dabei nicht zu übersehen. – In der Literatur blieb das Bild Circes (sprich: zírze) als Zauberin und Frau erhalten, die es darauf anlegt, Männer zu betören, d. h. zu bezirzen.   H. K.

Quellen: Homer, Odyssee 10,135. 210 ff. 276 ff. 12,8–155 Ovid, Metamorphosen 13,966–14,71
Gemälde: G. Stradano (1523–1605), Kirke, Florenz, Palazzo Vecchio. – B. Spranger (1546–1611), Odysseus und Kirke, Wien, Kunsthistorisches Museum. – A. Carraci (1560–1609), Kirke, Rom, Palazzo Farnese (Lünettenfresko). – J. Tengnagel, Kirke, 1612, Basel, Sammlung Bosshardt. – Guercino (1591–1666), Kirke, Paris, Louvre. – E. Sirani (1638–65), Odysseus und Kirke, Rom, Konservatoren-Palast. G. de Lairesse (1641–1711),

Kirke, Cambridge, Fitzwilliam-Museum. – G.Moreau (1826–98), Kirke, Paris, G.-Moreau-Museum.

Opern: B.Romberg, Ulysses und Circe, 1807 (Text nach Calderon). – R.Winterberg, Circe und ihre Schweine, 1919 (Text von M.Brod). – W.Egk, Circe (barocke Festoper), 1947 (Text nach Calderon). – W.Egk, 17 Tage und 4 Minuten, 1966 (Semibuffa, mit parodistischen Einlagen, Neufassung von Circe).

1 Vgl. Victor Hehn, Kulturpflanzen und Haustiere in ihrem Übergang aus Asien nach Griechenland und Italien sowie in das übrige Europa (1911) 9. Auflage 1963 201 f. Der Große Brockhaus (1971) 12,720 Der Kleine Pauly (1979) 3,1403

2 H. Rahner, Griechische Mythen in christlicher Deutung (1945) 233

Odysseus und Kalypso

Odysseus' Landung auf Ogygia

Neun Tage trieb ich umher; in der zehnten der Nächte
Führten die Himmlischen mich nach Ogygia, wo Kalypso
Wohnet, die schöngelockte, die hohe, redebegabte,
die mich geliebt und gepflegt …

Kalypso gehorcht der von Hermes überbrachten Weisung des Zeus, Odysseus von ihrer Insel aufbrechen zu lassen.

Aber Kalypso ging hinaus zum Helden Odysseus,
Schnell, da die hohe Nymphe den Willen Kronions vernommen.
Dort am Gestade fand sie ihn sitzen; nimmer von Tränen
Ward ihm trocken das Aug', sein süßes Leben verweint' er
Nach seiner Heimat: denn lange nicht mehr gefiel ihm die Nymphe,
Sondern er ruhte des Nachts in der gewölbeten Grotte
Ohne Liebe ihr bei, ihn zwang die liebende Göttin;
Aber des Tages saß er auf Felsen und sandigen Hügeln
Und mit Tränen und Seufzern und bitterem Grame sich härmend
Sah er über das öde Meer hin, Tränen vergießend.

Zu ihm trat sie hin und sprach, die herrliche Göttin:
Armer, sei mir nicht immer so traurig und härme dein Leben
Hier nicht ab; ich bin ja bereit, dich von mir zu lassen.
Haue zum breiten Floß dir hohe Bäume, verbinde
Dann die Balken mit Erz, und oben befestige Bretter,
Daß es über die Wogen des dunkeln Meeres dich trage.
Siehe, dann will ich dir Brot und Wasser reichen, und roten
Herzerfrischenden Wein, dem Hunger und Durste zu wehren;
Will dich mit Kleidern versehn und günstige Winde dir schicken,
Daß du ohne Gefahr gelangst zum heimischen Ufer,
Wenn es die Götter gestatten, des weiten Himmels Bewohner,
Welche stärker als ich an Ratschluß sind und Vollendung.
Als sie es sprach, da erschrak der herrliche Dulder Odysseus,
und er entgegnete ihr und sprach die geflügelten Worte:
Wahrlich, du denkst wohl eher an alles andere, Göttin,
Als mich fortzulassen, da ich im Floße des Meeres
Furchtbare Flut durchfahren soll, die kein schwebendes Meerschiff
Rüstigen Laufs durchfährt, geführt vom Winde Kronions.
Nimmer besteig' ich das Floß zu deinem Verdrusse, o Göttin,
Du willfahrest mir denn, mit hohem Schwur zu geloben,
Daß du bei dir nichts andres erdacht zu meinem Verderben!
Sprach's, und lächelnd vernahm es die hehre Göttin Kalypso,
Streichelte ihn mit der Hand und sprach die freundlichen Worte:
Wahrlich, du bist doch ein Schalk und unermüdet an Vorsicht;
So bedachtsam und schlau ist alles, was du geredet!
Zeuge mir aber die Erde, der weite Himmel dort oben,
Und die stygischen Wasser der Tiefe, welches der größte,
Furchtbarste Eidschwur ist für alle unsterblichen Götter,
Daß ich bei dir nichts andres erdacht zu deinem Verderben!
...

Edler Sohn des Laertes, erfindungsreicher Odysseus,
Also willst du mich nun so bald verlassen und wieder
In dein geliebtes Vaterland gehen? Nun Glück auf die Reise!
Aber wüsste dein Herz, wie viele Leiden das Schicksal
Dir zu dulden bestimmt, bevor du gelangst in die Heimat,
Gerne würdest du bleiben, mit mir die Grotte bewohnen
Und ein Unsterblicher sein, wie sehr du auch wünschest, die Gattin
Wiederzusehn, nach der du dich heimsehnst alle die Tage!
...

Also sprach er; da sank die Sonne, und Dunkel erhob sich.
In der gewölbten Grotte Kammer gingen sie beide
Und genossen der Liebe und ruhten nebeneinander.
HOMER, ODYSSEE 12, 445 ff. 5,149–187. 205–210. 225–227

Der Frevel war unverzeihlich. Er bestand darin, dass die Gefährten
des Odysseus, während dieser schlief, auf der Insel Thrinakie[1] von
Hunger getrieben die besten Tiere der Herden des Sonnengottes
schlachteten und verzehrten, des Helios, der alles mit ansieht und
hört. Zeus selbst bestrafte die Frevler: sein Blitzstrahl zerschmetterte
auf hoher See des Odysseus Schiff, alle Gefährten ertranken.
(Od. 12,409 ff.) Allein Odysseus konnte sich, nachdem er neun Tage
im Meer umhergetrieben war, auf dem Kiel seines zertrümmerten
Schiffes auf die Insel Ogygia retten.

Hier nahm ihn die mächtige, redegewandte Nymphe Kalypso, eine
Tochter des Atlas, großmütig in ihrer rebenumrankten Grotte in-
mitten einer bezaubernden Waldlandschaft auf (Od. 5,60 ff.); ihr Gesang erklang in der Gegend, über deren Schönheit selbst der Gott
Hermes staunte. (Od. 5,73–76) Die Grotte – ein symbolischer Ort?
Ein Ort tödlicher Liebe?[2] Langes, geflochtenes Haar umrahmte das
überirdisch schöne Antlitz der Göttin; sie pflegte und liebte Odysseus, den sterblichen Mann. Um ihn für immer an sich zu binden,
warb sie um seine Zuneigung und versprach ihm, er werde an ihrer
Seite nicht altern und wie sie unsterblich werden. (Od. 7, 257) – Die
räumliche Situation – zu zweit auf einer abgeschiedenen, schönen
Insel – ist bedeutungsvoll: die beiden Liebenden können einander
ganz angehören und könnten sich für immer genügen. Doch Odysseus empfand die Liebe der Kalypso bald als Zwang und litt Qualen.
Er verzichtete auf zeitlose Jugend und Unsterblichkeit. Die Nymphe
gefiel ihm schließlich nicht mehr, nur noch gezwungen wohnte er ihr
bei. Empfand er Angst vor dieser Art von Weiblichkeit, die ihm in
Kalypso begegnete? Fürchtete er den Verlust der Selbstkontrolle,
sobald er sich mit Kalypso verband? Sieben Jahre dauerte sein Aufenthalt auf Ogygia. Oft saß er am Meeresufer und dachte an die
Heimkehr nach Ithaka.

Die Sehnsucht nach seiner Gattin Penelope und Heimweh hatten
über die Reize und Versprechungen der übermächtigen Frau gesiegt.
Da sich aber auf Kalypsos Insel kein Schiff befand und alle Gefährten tot waren, fühlte sich Odysseus zur Untätigkeit verurteilt.

Schmerzlich empfand er, wie ihm das Leben in Tatenlosigkeit verrann.

Der Wunsch der Nymphe, Odysseus werde sich entschließen, ihr Gatte zu werden (Od. 23,334), erfüllte sich nicht. Das Gegenteil des Erhofften war eingetreten. Die Liebe war einseitig geworden, der Geliebte wollte sie verlassen. Die sinnliche Liebe der Frau allein, die ihrer Existenz nach in anderen Bereichen wurzelte als der Heros, konnte kein dauerhaftes Band zwischen beiden stiften. Odysseus betont selbst, dass er nicht den Unsterblichen gleicht, sondern den sterblichen Menschen. (Od. 7,208) Zu Kalypso, sagt er bei Alkinoos und Aréte, habe ihn ein Dämon geführt.

Kalypso deutet des Zeus Befehl, Odysseus solle nun zu Penelope heimkehren, als Neid der Götter. Die Götter, so sagt sie, gönnten es den Göttinnen nicht, dass sie sich mit einem sterblichen Mann vermählen. (Od. 5, 119) Sie durfte als (Halb-)Göttin ihre Einsamkeit nicht überwinden; der Göttervater Zeus ließ eine solche Störung der kosmischen Ordnung nicht zu. Dies durchbräche die Spielregeln, die im Olymp gelten.

Den Auftrag des Zeus, den Hermes überbringt, respektiert Kalypso schließlich. Sie entsagt und willigt in die Trennung ein. Die Erotik in der Kirke- und der Kalypso-Erzählung der Odyssee ist als essentielles Moment aufzufassen. In beiden Episoden widersteht der Heros Odysseus mit Hilfe der Götter gefährlich starken weiblichen Kräften, unter deren Wirkung die Weiterführung seines eigenverantwortlichen Lebens unmöglich wäre. Odysseus' Aufenthalt bei Kirke kann im Sinne der mittelhochdeutschen Epen als «Verliegen»[3], der bei Kalypso als Gefangenschaft bewertet werden. Die Nymphen können auf Dauer nicht in die starke Bindung zwischen Penelope und Odysseus einbrechen. Als Kalypso Odysseus ihren Entschluss, ihn fortziehen zu lassen, eröffnet, hegt dieser, seiner Natur entsprechend, zunächst Misstrauen. Deshalb lässt er sie bei der Styx, dem heiligen Flusse der Unterwelt, feierlich schwören, dass sie ihn nicht täusche. Einer kurzen Aussprache (Od. 5,205–227) folgt die letzte Liebesnacht in der Grotte.

Kalypsos Versuch, Odysseus im letzten Augenblick doch noch umzustimmen, misslingt. Am nächsten Morgen erleben wir Kalypso hilfsbereit. Sie hat sich dem Willen des Zeus gebeugt. Sie führt Odysseus zu einer Stelle der Insel, an der er geeignete Bäume fällen kann. Odysseus handelt wieder. Aus den Stämmen zimmert er ein stabiles

Floß mit Aufbauten, Steuer und Mastbaum. Aus Tüchern, die ihm Kalypso gebracht hat, fertigt er Segel. Am fünften Tage lässt ihn die Nymphe, nachdem sie für seinen Proviant gesorgt hat, in See stechen. (Od. 5,241 ff.) Anders als Kirke sah Odysseus Kalypso nie wieder.

Das märchenhafte Liebesabenteuer auf der Insel der Kalypso ist mit sieben Jahren das längste während der zehnjährigen Heimfahrt des Odysseus. Der Wille der Götter und die eigene Ausdauer werden ihn nach 20 Tagen (Odyssee 6,176) auf die Phäakeninsel Scheria bringen.   H.K.

Quellen: Homer, Odyssee 1,14–15. 4,556f. 5,55–268. 7,251–266 Ovid, Liebeskunst 2,123–142 Briefe vom Schwarzen Meer 4,10,13 Properz, Elegien 1,15,9 ff.

Gemälde: H. van Balen (1575–1632), Odysseus und Kalypso, Wien, Akad. der bildenden Künste. – Th. Stothard (1755–1834), Amor bei Kalypso und ihren Nymphen, London, National Gallery. – A. Böcklin, Odysseus und Kalypso, 1833, Basel, Museum. – M. Beckmann, Odysseus und Kalypso, 1943, Hamburg, Kunsthalle.

1 *Vgl. Der Kleine Pauly (1979) 5,789 K. Reinhardt, Tradition und Geist (1960) 82; 98*

2 *A. von Schirnding, Die Weisheit der Bilder (1979) 109*

3 *U. Hölscher, Die Odyssee (²2000) 104*

Odysseus und Nausikaa

Ankunft auf Scheria

Odysseus erreicht schwimmend die Insel der Phäaken (Scheria) und bereitet sich unter Gebüsch ein Lager.

Hier grünten, ihn zu umhüllen,
Zwei verschlungne Gebüsche, ein wilder und fruchtbarer Ölbaum,
Nimmer durchstürmte den Ort die Wut nasshauchender Winde,
Ihn erleuchtete nimmer mit warmen Strahlen die Sonne,
Selbst der gießende Regen durchdrang ihn nimmer, so dicht war

Sein Gezweige verwebt. Hier kroch der edle Odysseus
Unter und bettete sich mit seinen Händen ein Lager,
Hoch und breit; denn es deckten so viele Blätter den Boden,
Daß zwei Männer darunter und drei sich hätten geborgen
Gegen den Wintersturm, auch wenn er am schrecklichsten tobte.
Freudig sah das Lager der herrliche Dulder Odysseus,
Legte sich mitten hinein und häufte die raschelnden Blätter ...
Also verbarg sich der Held in den Blättern. Aber Athene
Deckt' ihm die Augen mit Schlummer, damit sie der schrecklichen
                                                              Arbeit
Qualen ihm schneller entnehme, die lieben Wimpern verschließend.

Ballspiel Nausikaas und Auftritt Odysseus'

Da ratschlagte Zeus' blauäugige Tochter Athene,
Wie Odysseus erwachte und sähe die liebliche Jungfrau,
Daß sie den Weg ihn führte zur Stadt der phäakischen Männer.
Und Nausikaa warf den Ball auf eines der Mädchen;
Dieser verfehlte die Dirn' und fiel in die wirbelnde Tiefe,
Und laut kreischten sie auf. Da erwachte der edle Odysseus,
Sitzend dacht' er umher im zweifelnden Herzen und sagte:
Weh mir! Zu welchem Volke bin ich nun wieder gekommen?
Sind's unmenschliche Räuber und sittenlose Barbaren
Oder Diener der Göttin und Freunde des heiligen Gastrechts?
Eben umtönte mich ein Weibergekreisch, wie der Nymphen,
Welche die steilen Häupter der Felsengebirge bewohnen
Und die Quellen der Flüsse und die grasbewachsenen Täler!
Bin ich hier etwa nahe bei redenden Menschenkindern?
Auf! Ich selber will hin und zusehn, was es bedeute!
Also sprach er und kroch aus dem Dickicht, der edle Odysseus,
Brach mit der starken Faust sich aus dem dichten Gebüsche
Einen laubichten Zweig, des Mannes Blöße zu decken, ...
Also ging der Held, in den Kreis schönlockiger Jungfraun
Sich zu mischen, so nackend er war; ihn spornte die Not an.
Furchtbar erschien er den Mädchen, vom Schlamm des Meeres
                                                              besudelt;
Hierhin und dorthin entflohn sie und bargen sich hinter die Hügel.

Nur Nausikaa blieb; ihr hatte Pallas Athene
Mut in die Seele gehaucht und die Furcht den Gliedern entnommen.
Und sie stand und erwartete ihn …
Schmeichelnd begann er sogleich die schlau ersonnenen Worte:
Hohe, dir fleh ich: du seist eine Göttin oder ein Mädchen!
Bist du eine der Göttinnen, welche den Himmel beherrschen,
Siehe so scheinst du mir der Tochter des großen Kronions,
Artemis, gleich an Gestalt, an Größe und reizender Bildung! …
Ihm antwortete drauf die lilienarmige Jungfrau:
Keinem geringen Manne noch törichten gleichst du, o Fremdling.
Aber der Gott des Olympos erteilet selber den Menschen,
Vornehm oder geringe, nach seinem Gefallen ihr Schicksal.
Dieser beschied dir dein Los, und dir geziemt es zu dulden.
Jetzt, da du unserer Stadt und unsern Gefilden dich nahest,
Soll es weder an Kleidung, noch etwas anderm dir mangeln,
Was unglücklichen Fremden, die Hilfe suchen, gebühret.
Zeigen will ich die Stadt und des Volkes Namen dir sagen:
Wir Phäaken bewohnen die Stadt und diese Gefilde.
Aber ich selber bin des hohen Alkinoos Tochter,
Dem des phäakischen Volkes Gewalt und Stärke vertraut ist.
Also sprach sie und rief die schöngelockten Gespielen:
Mädchen, steht mir doch still! Wo fliehet ihr hin vor dem Manne?

Nausikaa spricht zu ihren Gefährtinnen

Höret mich an, weißarmige Mädchen, was ich euch sage!
Nicht von allen Göttern verfolgt, die den Himmel bewohnen,
Kam der Mann in das Land der göttergleichen Phäaken.
Anfangs erschien er gering und unbedeutend von Ansehn,
Jetzt aber gleicht er den Göttern, des weiten Himmels Bewohnern.
Würde mir doch ein Gemahl von solcher Bildung bescheret
Unter den Fürsten des Volks, und gefiel es ihm selber zu bleiben.
Aber, ihr Mädchen, gebt dem Manne zu essen und trinken …

Odysseus im Palast des Königs Alkinoos

Alle verstummten im Saale, da sie den Fremdling erblickten,
Und sahn staunend ihn an. Jetzt flehte der edle Odysseus:
O Aréte, du Tochter des göttergleichen Rezenors,
Deinem Gemahl fleh ich und dir, ein bekümmerter Fremdling,
Und den Gästen umher! Euch allen schenken die Götter
Langes Leben und Heil, und jeder lasse den Kindern
Reichtum im Hause nach und die Würde, die ihm das Volk gab!
Aber erbarmt euch mein und sendet mich eilig zur Heimat,
Denn ich irre schon lang', entfernt von den Freunden, in Trübsal!
Also sprach er und setzt' am Herd in die Asche sich nieder
Neben dem Feuer; und alle verstummten und schwiegen.

Alkinoos' Angebot an Odysseus

Schaffte doch Vater Zeus, Athene und Phöbos Apollon,
Dass ein Mann, so wie du, so ähnlich mir an Gesinnung,
Meine Tochter begehrte, sich mir erböte zum Eidam[1]
Und hier bliebe! Ich wollte dir Haus und Habe verehren,
Bliebest du willig hier. Doch wider Willen soll niemand
Von den Phäaken dich halten, das wolle Gott nicht gefallen!
HOMER, ODYSSEE 5,476–487. 491–493; 6,112–129. 135–141.
148–152. 186–199. 238–246. 7,144–154. 311–318.

---

1 Schwiegersohn

Zunächst zögert man, Odysseus und Nausikaa in der Reihe der Paare zu sehen, die einander in Liebe verbunden waren. Genau betrachtet, fand Nausikaas Gefallen an Odysseus nie eine im Text greifbare Erfüllung. Aber das Bild, wie Odysseus am Meeresstrand nackt vor Nausikaa steht, bleibt jedem Homerleser wohl für alle Zeit im Gedächtnis. Der Dichter hat die beiden aufeinander bezogen. Und schließlich wünschte sich Nausikaa einen solchen Mann wie Odysseus als Gatten.

Zwanzig Tage nach dem Abschied von Kalypso erreichte Odysseus schwimmend Scheria, die Insel der Phäaken. Zerschunden, erschöpft und ohne Kleidung legte er sich an einem Waldrand bei einer Flussmündung unter Büschen zur Ruhe, bedeckte sich mit Blättern und fiel in tiefen Schlaf. Auf Scheria herrschte der König Alkinoos über die kultivierten Phäaken, die als tüchtige Seefahrer berühmt waren. Seiner Tochter Nausikaa gab die Göttin Athene den Traum ein, sie werde bald ihre Hochzeit feiern und solle daher die Kleider der Familie waschen. Erstaunt über den Traum, der – wiewohl Sprache der Gottheit – Ausdruck ihres geheimsten Wunsches war, und von der Aussicht auf eine baldige Eheschließung beflügelt, fährt Nausikaa am nächsten Morgen mit einem Maultierwagen, auf den die Wäsche gelegt wurde, zur nahen Flussmündung, wo die königlichen Waschtröge stehen. Ihre zahlreichen Mägde begleiten sie. Unter Aufsicht Nausikaas wird die Wäsche gewaschen. Während diese auf den Kieselsteinen in der Sonne trocknet, baden die jungen Frauen im Meer, salben sich mit Öl und spielen Ball – wie Nymphen im ländlichen Spiel[1]. Die Königstochter überragt die Mägde an Wuchs. Erneut greift jetzt die Göttin Athene ein; sie will, dass Odysseus den Weg zum Königspalast findet. Nausikaa wirft einer der Mägde den Ball zu, der verfehlt sein Ziel und fällt in den Strudel des Flusses. Aufschrei der Mägde. Auftritt Odysseus' aus dem Busch! Sorge um seine Nacktheit vor den Menschen. Mit einem Laubzweig bedeckt er seine Blöße. Die Gespielinnen stieben angstvoll auseinander. Allein Alkinoos' Tochter steht tapfer vor dem erschreckenden Anblick des verwilderten, salzbedeckten Mannes. Schmeichelnd und berechnend spricht Odysseus Nausikaa wie eine Göttin an, kommt ihr aber nicht zu nahe.

Die Königstochter antwortet klug und selbstbewusst. Die Fremden stehen in Zeus' Obhut. (Od. 6,207) Sie erhalten Nahrung, Kleidung, Schutz. – Wir erkennen eine frühe Phase der Idee des Fremdenrechts. Den Fremden wird Gastfreundschaft gewährt, sie werden nicht etwa verschlungen wie von Polyphem oder den Lästrygonen.

Odysseus erhält Kleidung, Nahrung, Salböl und tritt nach einem Bad erfrischt und stattlich vor die Frauen. Nackter Urzustand, Sexus, durch das Gefühl der Scham sowie durch Waschung und Kleidung zum Eros geläutert, lassen sich als Stufen des Auftretens Odysseus' vor der kultivierten Nausikaa erkennen[2], die ihren heimlichen Wunsch durchaus nicht verbirgt. Das Mädchen bewundert Odysseus und erklärt ihm nun, wie er in den Königspalast zu ihrem

Vater Alkinoos und ihrer einflussreichen Mutter Aréte gelangen kann. Sie solle er um Hilfe bitten. Odysseus wird von Alkinoos gastlich aufgenommen, durch festliche Wettkämpfe geehrt und berichtet von seinen Abenteuern. Bei allem treten die Kultur, der Sinn für das Schickliche und gesellschaftliche Formen der Phäaken in bemerkenswerter Weise hervor. Die Gestalten zeigen individuelle Prägung und Profil. Zur Verabredung einer Hochzeit des Odysseus mit Nausikaa kommt es aber nicht. Die besonderen Züge dieser Beziehung, deren Auftakt so eindrucksvoll ist und die doch nie über ihre Anfänge hinausgelangt, fallen besonders auf. Die Begegnung, die sich in einem ausgeprägten gesellschaftlichen Rahmen abspielt, bleibt unvollendet, sie findet an den Grenzen von Gesellschaft, Vernunft, dem Willen der Götter und an Odysseus' Heimkehrwillen ihr Ende. Odysseus, innerlich gestärkt, bleibt sehr zurückhaltend. Er äußert und tut nichts, woraus man auf Gefühle für Nausikaa schließen könnte. Nausikaas Gefühlsleben ist dagegen in ihren Handlungen deutlich erkennbar. Die von dem Gedanken an eine Heirat erfüllte Nausikaa sieht Odysseus nur noch einmal vor seiner Abfahrt. Beeindruckt von seiner Persönlichkeit, er ist etwa doppelt so alt wie sie, hatte sie sich gewünscht, einen Mann wie Odysseus als Gatten zu finden. (Od. 6,244 f.) Auch Alkinoos spricht diesen Gedanken aus (Od. 7,312 f.), doch Odysseus ist fest entschlossen, zu seiner Gattin Penelope zurückzukehren. Die naive, unberührte Nausikaa (eine irdische Frau, nicht eine Göttin wie Kirke oder Kalypso) erscheint trotz ihrer Schönheit und ihrer sozialen Fähigkeiten nicht als Konkurrenz zu Penelope. Abschiedsworte Nausikaas: «Lebe wohl, Fremder, und bleib in der Heimat auch meiner eingedenk, da du mir zuerst dein Leben verdanktest.» (Od. 8,461 f.) Die junge Frau macht eine Reifungsphase durch. Ihre Worte verraten beherrschte Enttäuschung und den Wunsch der liebenden Frau, in der Seele des Mannes für immer bewahrt zu bleiben. Odysseus verspricht in reiner Verehrung ewige Dankbarkeit. Höfische Etikette und Rituale bilden den Hintergrund der Abschiedsszene.

In einem ihrer pfeilschnellen Schiffe, die ihren Weg ohne Steuermann finden (Od. 8,557 ff.), wird Odysseus reich beschenkt von den seekundigen Phäaken in die ersehnte Heimat Ithaka zurückgebracht.

H. K.

Quellen: Homer, Odyssee 5,424–493; 6.–8. Buch; 9,1–36. 13,75 ff.
Die Tragödie des Sophokles (Fr. 406–408) *Nausikaa* oder *Die Wäscherinnen*
ist verloren gegangen. – Goethes *Nausikaa* blieb nur ein 150 Verse umfassendes Fragment, das während der Italienischen Reise 1786/87 entstand.
Der 1. Akt des Dramas sollte mit dem Ballspiel der Gespielinnen und Nausikaas am Meer und dem Erscheinen Odysseus' beginnen. – Ausführliche
Dokumentation der literarischen Verarbeitung des Nausikaa-Stoffes durch
andere Autoren bei Hunger a. a. O. und bei E. Frenzel a. a. O. 572 ff.
Gemälde: Chr. A. Dufresnoy (1611–1618), Traum der Nausikaa, Salzburg. –
Guido Reni (1575–1642), Odysseus und Nausikaa, Neapel, Nationalmuseum. – P. Lastman, Odysseus und Nausikaa, 1609, Braunschweig, Muse-
um. – Peter Paul Rubens (1630–35), Odysseus und Nausikaa, Florenz,
Palazzo Pitti. – J. H. W. Tischbein, Odysseus und Nausikaa, 1819, Kassel,
Landesmuseum. – Massimo d' Azeglio, Odysseelandschaft mit Nausikaa,
1866, Turin, Galerie.

1 Vgl. Gellius, Die attischen Nächte 9,9,14
2 F. Neumeyer, Nausikaa (1947) 338

Odysseus und Penelope

Die Heimkehr

Eurykleia meldet Penelope, Odysseus sei zurückgekehrt und habe die
Freier getötet.

Penelope stieg hinab. Der Gehenden Herz schlug,
Zweifelnd, ob sie den lieben Gemahl von ferne befragte
Oder entgegen ihm flög' und Händ' und Antlitz ihm küsste.
Als sie nun über die Schwelle von glattem Marmor hineintrat,
Setzte sie fern an der Wand, im Glanze des Feuers, Odysseus
Gegenüber, sich hin. An einer ragenden Säule
Saß er, die Augen gesenkt, und wartete, was sie ihm sagen
Würde, die edle Gemahlin, da sie ihn selber erblickte.
Lange saß sie schweigend; ihr Herz war voller Erstaunens.
Jetzt glaubte sie schon sein Angesicht zu erkennen,

Jetzt erkannte sie ihn in seiner hässlichen Kleidung.
Aber Telemach sprach unwillig zu Penelope:
Mutter, du Unglücksmutter, von unempfindlicher Seele!
Warum sonderst du dich von meinem Vater, und setzest
Dich nicht neben ihn hin, und fragst und forschest nach allem?
Keine andere Frau wird sich von ihrem Gemahle
So halsstarrig entfernen, der nach unendlicher Trübsal
Endlich im zwanzigsten Jahre zum Vaterlande zurückkehrt!
Aber du trägst im Busen ein Herz, das härter als Stein ist.
Ihm antwortete drauf die kluge Penelope:
Lieber Sohn, mein Geist ist ganz in Erstaunen verloren;
Und ich vermag kein Wort zu reden, oder zu fragen,
Noch ihm gerad' ins Antlitz zu schaun! Doch ist er es wirklich?
Mein Odysseus, der wiederkam, so werden wir beide
Uns einander gewiß noch besser erkennen; wir haben
Unsre geheimen Zeichen, die keinem andern bekannt sind.
Sprach's; da lächelte sanft der herrliche Dulder Odysseus ...

Der Durchbruch: Odysseus kennt das Geheimnis des Ehebetts

Also sprach er. Der Fürstin erzitterten Herz und Kniee,
Als sie die Zeichen erkannte, die ihr Odysseus verkündet;
Weinend lief sie hinzu, und fiel mit offenen Armen
Ihrem Gemahl um den Hals, und küsste sein Antlitz und sagte:
Sei mir nicht bös', Odysseus! Du warst ja immer ein guter
Und verständiger Mann! Die Götter gaben uns Elend;
Denn zu groß war das Glück, dass wir beisammen in Eintracht
Unserer Jugend genössen, und sanft dem Alter uns nahten!
Aber du musst mir jetzt nicht darum zürnen noch gram sein,
Daß ich, Geliebter, dich nicht beim ersten Blicke bewillkommt!
Siehe mein armes Herz war immer in Sorgen, es möchte
Irgend ein Sterblicher kommen und mich mit täuschenden Worten
Hintergehn; es gibt ja so viele schlaue Betrüger.

Eine Dienerin führt Penelope und Odysseus ins Schlafgemach

Als sie das Schlafgemach erreicht, enteilte sie. Jene bestiegen
Freudig ihr altes Lager, der keuschen Liebe geheiligt.
...

Jene, nachdem sie die Fülle der seligen Liebe gekostet,
Wachten noch lang', ihr Herz mit vielen Gesprächen erfreuend.
Erst erzählte das göttliche Weib, wie viel sie im Hause
Von dem verwüstenden Schwarme der bösen Freier erduldet,
Wie sie um ihrentwillen die fetten Rinder und Schafe
Scharenweise geschlachtet, und frech im Weine geschwelget.
Dann erzählte der Held, wie vielen Jammer er andern
Menschen gebracht, und wie viel er selber vom Schicksal erduldet.
Und die Königin horchte mit inniger Wonne; kein Schlummer
Sank auf die Augenlider, bevor er alles erzählet.

HOMER, ODYSSEE 23,85–110; 204–217; 294–296; 299–309

Wie ein Seiltänzer, der über der gefährlichen Tiefe der Schlussstütze des Seiles zuschreitet, so konnte Odysseus nach zwanzigjähriger Abwesenheit endlich Ithaka erreichen. Ziel war Penelope, seine Gemahlin, in deren Person sich alles vereinte, was er mit der Vorstellung von Familie, Besitz, Heimat und Vaterland verband. Jetzt stand er im Bettlergewand in seinem königlichen Palast. Seine Gattin hatte während seiner Abwesenheit schwere Jahre durchlebt. Ihr Sohn Telemach konnte ihr wegen seiner Jugend und Unerfahrenheit kaum eine Hilfe sein. In der Hoffnung, Odysseus werde nie mehr zurückkehren, warben freche Freier um sie, die es vor allem auf ihren Besitz abgesehen hatten. So hatte sie schließlich die Weblist erfunden, mit der es ihr immerhin gelang, die Freier ein paar Jahre hinzuhalten. Sie sagte, an eine Heirat werde sie erst denken, wenn sie das Leichentuch für Laertes, den greisen Vater des Odysseus, ein feines und überaus großes Gewebe, vollendet habe. Tagsüber webte sie, nachts aber trennte sie heimlich das Gewebte wieder auf. (Odyssee 2,94 ff.) Diese List wurde schließlich von einer ungetreuen Magd verraten. Penelope musste nun unter Zwang das Gewebe fertig stellen. Die aufsehenerregende Weblist, die Penelopes Denkart charakterisiert, wird von einem Freier selbst im Hades noch einmal hervorgehoben. (Od. 24,129 ff.) – Die Zeit drängte. Die Ungewissheit zwischen Ausharren und Wiederverheiratung schien zu Ende. Penelope, ihrem Gatten in treuer Liebe ergeben, fiebert jeder Nachricht über den ihrer Meinung nach noch fernen Odysseus entgegen und muss doch ihren Widerstand gegen die Freier, die sie zu einer Hochzeit mit einem von ihnen drängen, allmählich aufgeben. Sie tut so, als ob sie jetzt an eine Heirat denke. Nach außen hin trägt sie eine

Maske. Der Dichter wird nicht müde, ihre Klugheit hervorzuheben. *Klug* ist das charakterisierende Beiwort der Penelope (Od. 19,308; 375; 508; 559. 20,131; 387. 21,1; 311; 321; 330. 23,58; 104; 285 u. a. m.). Sie erweist sich als eine Frau, die ihrem Gatten Odysseus an Schläue durchaus vergleichbar ist. Ihre Ehe kann gegenüber den Fallstricken, Verführungen und dem Druck der Gesellschaft von Seiten der Frau offenbar nur mit List und Verstellung bewahrt bleiben. Solange sie diese Rolle spielen kann, übt sie allerdings auch Macht aus.

Nun hat sich die Lage aufs äußerste zugespitzt. Penelopes Sohn Telemach sollte aus dem Wege geräumt werden, aber der Anschlag misslingt. Die schamlosen Freier verzehren in Penelopes Haus Schlachtvieh in großer Zahl, Wein und Vorräte. Odysseus, der zurückgekehrt ist und sich einstweilen nur seinem Sohn zu erkennen gegeben hat, erscheint in der Gestalt eines Bettlers, bis der Zeitpunkt der Rache an den Freiern gekommen ist. Er erliegt nicht der Freude über das schnelle Wiedersehen. Eiserne Selbstbeherrschung und kluge Zurückhaltung kennzeichnen seine innere Überlegenheit in dieser Situation. Aus äußerem Bettlertum und Verstellung entwickelt er sich zu seiner eigenen Größe. – Im 22. Gesang wird die Bestrafung der Freier vollzogen: sie finden einen schmählichen Tod. Durch ihre Vernichtung hat Odysseus den Weg zu Penelope frei gemacht und dabei in seinem eigenen Palast demütigende Herabsetzungen und Lebensgefahr auf sich genommen. Odysseus lässt das Haus reinigen und mit Schwefel ausräuchern: Entsühnung vor dem Neubeginn. Nachdem die Freier getötet sind, kommt Penelope, von der alten Amme Eurykleia im Auftrag des Odysseus gerufen, in die Halle herab und setzt sich Odysseus gegenüber im Schein des Feuers nieder. Zunächst findet sie keine Worte, ihr Kontakt mit dem Mann, den sie viele Jahre sehnsuchtsvoll erwartet hat, beschränkt sich auf seinen Anblick. Sie ist sich nicht sicher, ob der Mann in Bettlerkleidung wirklich ihr Gatte ist. Erstaunen und langes Schweigen kennzeichnen die Szene, während der Odysseus auf eine Anrede wartet. In diesen Minuten sind die Ehegatten wie erstarrt und daher nicht imstande, auf einander zuzugehen. Penelope hat noch kein rechtes Zutrauen zum Wiedererkennen ihres Mannes. Dass Odysseus, als er stumm zu Boden blickt, darauf wartet, erkannt und angenommen zu werden, ist eine naheliegende Deutung. Seine Haltung mag aber auch Ausdruck seines Bewusstseins sein, wie viel er der Gattin durch seine lange Abwesenheit abverlangt und zugemutet hat. Beide, Penelope und Odysseus, können im Augenblick ihre innere Isolation nicht durchbrechen. Ihre starke Erregung wird durch ein Übermaß an Selbstbeherrschung kompensiert. In der Wiedererkennungsszene tritt eine künstlerisch und psychologisch höchst geglückte Retardation ein, die die Spannung noch erhöht.

Die Scheltrede Telemachs soll Penelope zum Sprechen veranlassen. Ihre Antwort (Od. 23,105–110) ist an Telemach gerichtet, gilt aber Odysseus. Sie verlangt Zeichen, die Odysseus' Identität beweisen sollen. Odysseus' zunächst noch wortlose Reaktion ist überwältigend: er lächelt – wie gelöst, befreit. Da er selbst alle geheimen Zeichen, die nur den beiden Ehegatten bekannt sind, kennt, weiß er, dass die Annäherung um einen Schritt vorangekommen ist und geht daher einfühlsam auf das Verlangen seiner Frau ein. Seine Antwort richtet er an Telemach, sie gilt aber Penelope. Die Ehegatten können noch nicht direkt miteinander kommunizieren, aber es herrscht jetzt ein gewisses wortloses Einverständnis. Nach einem erfrischenden Bad kommt Odysseus, *an Gestalt den Unsterblichen ähnlich,* (Od. 23,163) zu Penelope ins Megaron zurück. Sie aber befiehlt Eurykleia, des Odysseus Bett aus der Kammer herauszustellen. Odysseus erhebt Einspruch. Das Bett, das er selbst als junger Ehemann gezimmert habe, könne nicht herausgestellt werden, da es mit einem im Boden wurzelnden Feigenbaumstamm verbunden sei, um den herum er die Kammer gebaut habe. Der geheiligte Ort des Ehelebens ist *unverrückbar* und damit ist auch die Ehe nach zwanzigjähriger Unterbrechung weiterhin existent. Die *Probe* ist von starker Symbolkraft. *The bed has roots into earth, into nature. Like marriage, it combines elements of nature and culture, biology and man-made significances.*[1] Als Penelope hört, daß Odysseus das von ihr erwartete geheime *Zeichen* kennt, das nur ihr selbst und ihm bekannt sein konnte, bricht der Damm der Zurückhaltung und des Misstrauens. Er hat die von ihr gestellte Probe bestanden, sie fällt dem Gatten unter Tränen um den Hals und leistet wortreich Abbitte, dass sie ihn nicht sofort beim ersten Anblick erkannt und begrüßt habe.

Penelopes Auftreten den Freiern wie auch Odysseus gegenüber zeigt sie als selbstbewusste, im Rahmen der damals gegebenen gesellschaftlichen Verhältnisse souverän handelnde Frau. Ihre Klugheit, ihre Täuschungsmanöver gegenüber den Freiern und die Probe mit dem Ehebett lassen eine Persönlichkeit erkennen, die Geschehnisse aus der Distanz überschaut und keineswegs nur vom Eros bestimmt ist. Ihre Ehe erscheint nicht primär als Bewahrungsort leidenschaftlicher Liebe, sie impliziert sie jedoch. Penelope wartet viele Jahre sehnsuchtsvoll auf Odysseus und leidet unter ihrer seelischen Einsamkeit. Für Odysseus ist Penelope Heimkehrziel neben Telemach und seinem Haus. Private Gefühle eines Ehemanns äußert er nicht. In der Gestalt Penelopes wird verständlich, dass es *diese* Frau ist, die den Heros Odysseus, den Listenreichen, den Unsterblichen Vergleichbaren, trotz vieler Hindernisse und Verlockungen motiviert hat, in die Heimat zurückzukehren und einen Neubeginn der unterbrochenen Ehe anzustreben. Dass ihm die kluge, innerlich starke Frau mit Entschiedenheit des Gefühls, wenn auch mit erstaunlicher Vorsicht, entgegenstrebt, macht die psychologische Richtigkeit und dichterische Stimmigkeit der Wiedererkennungsszene aus.   H.K.

Quellen: Homer, Odyssee 1,328 ff. 2,88 ff. 4,697 ff. 16,409 ff. 18,206 ff. 19,55 ff. 139 ff. 509 ff. 23. Gesang Lukian (ca. 120–180 n. Chr.), Panthea oder die Bilder
Literatur: G. Terramare, Des Odysseus Erbe, Drama 1913. – R. J. Sorge, Odysseus, Drama 1925. – H. Stahl, Die Heimkehr des Odysseus, Erzählung 1940. – H. W. Geissler, Odysseus und die Frauen, Novelle 1948. J. Giraudoux, Elpenor, Roman 1919. – J. Giono, Die Geburt der Odyssee, Roman 1938. – W. Jens, Das Testament des Odysseus, 1957. – H. Ch. Kirsch, Bericht für Telemachos, Roman 1964. – R. Hagelstange, Der große Filou, Roman 1976. – I. Merkel, Eine ganz gewöhnliche Ehe, Roman 1987.
Opern: R. Heger, Bettler Namenlos, 1931. – H. Strobel (Text), R. Liebermann, Penelope, 1954. – L. Dallapiccola, Odysseus, 1968 (Odysseus' Begegnungen mit fünf Frauen – Kalypso, Nausikaa, Circe, Antikleia, Penelope).
Gemälde: Odysseus und Penelope. Röm. Wandgemälde aus Pompeji, Rom, Vatikan. Museum. – B. Pinturicchio, Penelope und die Freier, ca. 1509, London, National Gallery. – G. Vasari (1511–74), Penelope am Webstuhl, Florenz, Palazzo Vecchio (Deckengemälde). – J. R. Byss (1660–1738), P. am Webstuhl, Pommersfelden. – L. Giordano (1632–1705), P. am Webstuhl, Escorial (span. Königsschloss und Augustiner-Kloster). – A. Kauffmann, Eurykleia und Penelope, 1772, Bregenz, Voralberger Landesmuseum. – R. Hausner, Penelope, 1955, Wien, Historisches Museum.

1 D. Lateiner, Sardonic Smile (1998) 278

Achill und Brisëis

Achills Zorn

Die Herolde Talthybios und Eurybates holen im Auftrag Agamemnons Brisëis aus Achills Zelt

Nahet euch! Ihr nicht seid mir Verschuldete; nur Agamemnon,
Der euch beide gesandt, um Brises[1] rosige Tochter.
Auf denn, führe heraus das Mädchen, edler Patroklos,
Und lass jene sie nehmen. Doch sei'n sie selber mir Zeugen,
Vor den seligen Göttern, und vor den sterblichen Menschen,
Auch vor dem Könige dort, dem Wüterich: Wenn man hinfort noch
Meiner Hilfe bedarf dem schmählichen Jammer zu steuern
Jenes Volks …! Wahrlich, er tobt in verderblichem Wahnsinn,
Blind im Geiste zugleich vorwärts zu schauen und rückwärts,
Dass bei den Schiffen er sichre das streitende Heer der Achaier.
Jener sprach's; und Patroklos, dem lieben Freunde gehorchend,
Führt' aus dem Zelt, und gab des Brises[1] rosige Tochter
Jenen dahin; und sie kehrten zurück zu den Schiffen Achaias,
Ungern ging mit ihnen das Mädchen. Aber Achilleus
Weinend setzte sich schnell, abwärts von den Freunden gesondert,
Hin an des Meeres Gestad', und schaut' in das finstre Gewässer.
Vieles zur trauten Mutter nun flehet er, breitend die Hände:
Mutter, dieweil du mich nur für wenige Tage gebarest,
Sollte mir Ehre doch der Olympier jetzt verleihen,
Der hochdonnernde Zeus! Doch er ehret mich nicht auch ein wenig!
Siehe, des Atreus Sohn, der Völkerfürst Agamemnon,
Hat mich entehrt, und behält mein Geschenk, das er selber geraubt!
Also sprach er betränt; ihn vernahm die treffliche Mutter[2],
Sitzend dort in den Tiefen des Meeres beim grauen Erzeuger.
Eilenden Schwungs entstieg sie der finsteren Flut, wie ein Nebel;
Und nun setzte sie nahe sich hin vor den Tränenbenetzten,

Streichelt' ihn drauf mit der Hand, und redete, also beginnend:

...

Rückgabe der Brisëis, Eid Agamemnons, Versöhnung Achills

Eilend gingen sie nun zum Kriegsgezelt Agamemnons.
Schnell dann war, wie geredet das Wort, so die Sache vollendet.
Sieben nahmen sie dort dreifüßiger Kessel im Zelte,
Die er versprach, zwölf Ross', und zwanzig schimmernde Becken;
Führten dann schnell die Weiber, untadlige, kundig der Arbeit,
Sieben, zugleich die achte, des Brises rosige Tochter.
Aber Odysseus wog die zehn Talente des Goldes,
Ging dann voran; ihm folgten die Jünglinge alle mit Gaben.
Die nun stellten sie dort in den Volkskreis. Doch Agamemnon.
Hub sich; Talthybios dann, Unsterblichen ähnlich an Stimme

...

Agamemnon betet, den Blick zum Himmel gewendet, und opfert einen Eber:

Höre nun Zeus zuerst, der Seligen Höchster und Bester,
Erd' und Helios auch, und Erinnyen, unter der Erde
Einst die Toten bestrafend, wer hier Meineide geschworen!
Niemals hab ich die Hand an Brises' Tochter gelegt,
Weder des Lagers Genuss abnötigend, weder ein andres;
Sondern sie blieb unberührt in den Wohnungen meines Gezelts!
Schwör' ich einiges falsch, dann senden mir Elend die Götter,
Ohne Maß, wie sie senden dem frevelnden Schwörer des Meineids!
Sprach's, und des Ebers Kehle zerschnitt er mit grausamem Erze. ...

1 *Vater der Brisëis*
2 *Thetis*

Achills Versöhnung

Aber Achilleus
Stand empor und begann vor Argos' kriegrischen Söhnen:
Vater Zeus, große Verblendungen gibst du den Männern!
Nimmermehr wohl hätte den Mut in der Tiefe des Herzens
Atreus' Sohn mir empört so fürchterlich, oder das Mädchen
Weg mir geführt mit Gewalt, der Unbeugsame; sondern fürwahr Zeus
Wollte nur vielen den Tod in Argos' Volke bereiten!
Doch nun geht zum Mahle, damit wir rüsten den Angriff!
HOMER, ILIAS 1,335–361; 19,242–251. 258–275

Brisëis an Achill

Worauf wartest du noch? Agamemnon bereut seinen Zorn
Und Griechenland liegt dir klagend zu Füßen.
Besieg' deinen Stolz und deinen Groll, der du alles besiegst!
Warum darf der rastlose Hektor das griechische Heer zerfleischen?
Ergreif' deine Waffen, Aeacide[1], doch vorher nimm
mich zurück, und mit Mars' Gunst bedräng' die verwirrten Feinde!
Wegen mir entstand dein Zorn, durch mich höre er auf,
und wie ich die Ursache deines Grames war, so sei ich auch sein Ende.
Und meine nicht, es sei schimpflich, meinen Bitten nachzugeben …
Doch meine Worte fallen, ohne Gewicht zu haben.
Dennoch zürn' ich dir nicht; ich hab' mich auch nie als
Deine Gattin betragen, obwohl ich doch als Sklavin öfter an das Bett
meines Herrn gerufen wurde. Eine Gefangene nannte
mich, so erinnere ich mich, einmal Herrin. Zur Sklaverei,
sagte ich ihr, fügst du die Last einer solchen Anrede hinzu.
OVID, HEROIDES 3,83–91; 98–101

1 Achill (Enkel des Aeacus)

Rat des Peleus an seinen Sohn Achill:

Immer der erste sein und sich auszeichnen vor allen!

HOMER, ILIAS 11,784

Der anhaltende Zorn Achills über die Wegnahme der Brisëis, seiner ihm als Kriegsbeute zugeteilten Sklavin, die er liebte, ist das grundlegende Thema der *Ilias*. Homer nennt es schon in der ersten Zeile des Epos: *Singe den Zorn, o Göttin, des Peleiaden Achilleus* ... Die Vorgeschichte des wirkenden Motivs: Agamemnon, der König von Mykene und Oberbefehlshaber der Griechenheeres vor Troja, weigerte sich zunächst, seine Gefangene Chrysëis, die Tochter des Apollonpriesters Chryses auf der Insel Chryse, trotz gewaltigen Lösegelds dem Vater zurückzugeben. (Il. 1,379 ff.) Zur Strafe sandte der Gott Apoll dem Griechenheer die Pest, die vor Troja furchtbar wütete. Die Griechen zwangen darauf (Il. 1,185 f.) Agamemnon zur Rückgabe der Chrysëis an den Vater. Der in seiner Ehre verletzte Heerführer verlangte nun als Ausgleich für den erlittenen Verlust Brisëis, *schön wie die goldene Aphrodite* (Il. 19,282), die bei der Eroberung von Lyrnessos in der Nähe von Troja Achill zugefallen war. (Il. 391 f.) Achill liebte diese Sklavin über alles (Il. 9,343; 1,348), musste aber gehorchen und Brisëis herausgeben. Ob dieser Entehrung verfiel er jedoch in schrecklichen Zorn (mênis Il. 1,184) gegen Agamemnon und nahm mit seinen Kriegern, den Myrmidonen, am Kampf um Troja nicht mehr teil. Stattdessen blieb er in seinem Zelt, spielte die Kithara und dachte an Brisëis.

Achills Mutter, die Nereide Thetis, hatte ihren Sohn, um ihn unverwundbar zu machen, in das Wasser der Styx getaucht. Nur die Ferse, an der sie das Kind hielt, blieb unbenetzt und damit verwundbar. (Achillesferse[1]). An dieser Stelle traf ihn später der tödliche Pfeil.

Als das Schicksal ihm einst die Wahl zwischen einem langen, ruhmlosen und einem kurzen, ruhmreichen Leben ließ, zog er ein kurzes Heldenleben mit ewigen Nachruhm vor. (Il. 9,410 ff.) Unter dem lenkenden Einfluss Heras und Athenes war Achill der mächtigste Schutz der Achaier gewesen. Zweifellos setzte sich Achill (nach dem Urteil späterer Generationen) durch sein Verhalten ins Unrecht, da er die Liebe zu einer Frau über das Schicksal der Griechen stellte. So kann man urteilen, wenn man die Hauptperson der *Ilias* nur als Verliebten sieht – dabei aber das Wertesystem aristokratischer Gesinnung, auf deren Vergegenwärtigung in der Gestalt Achills es

Homer ankommt, unbeachtet lässt. – Ungern folgte Brisëis den Abgesandten Agamemnons, sie musste sich aber, wie Achill, der Autorität des Fürsten beugen. (Il. 1,348) Die Wegnahme Brisëis', seiner ihm zuerkannten Ehrengabe, bedeutet für Achill eine unerträgliche Aberkennung seiner Würde. Er ist selbstbewusst genug, sich im Recht zu fühlen. Sein Schmerz über den Verlust der Frau (Il. 18,461) und das Bewusstsein, unter den Helden vor Troja als einziger der Sohn einer Göttin zu sein, hindern ihn aber nicht, sich der Autorität des in der Hierarchie über ihm stehenden Feldherrn Agamemnon zu beugen. Dieses Verhalten steht in einem größeren Zusammenhang. Brisëis war Achills Lieblingssklavin. Auch sie erfüllte brennende Leidenschaft, und sie wäre Achill nach Beendigung des Krieges gern nach Phthia, der Hauptstadt im Herrschaftsbereich Achills in Thessalien, gefolgt, um seine Ehefrau zu werden. (Il. 19,297) Achill weint und ruft seine Mutter Thetis an. Diese wusste, dass nach dem Willen des unabänderlichen Schicksals Troja nicht ohne Achill fallen konnte. Sie – eine Göttin – befiehlt Achill, am Kampf nicht mehr teilzunehmen, bis sie mit dem Göttervater Zeus gesprochen habe.

Als Agamemnon in der äußersten Bedrängnis der Griechen – Achill verharrte kompromisslos inaktiv, Patroklos war im Kampf von Hektor getötet worden, die Trojaner waren bereits zu den Schiffen der Griechen vorgedrungen – schließlich Brisëis zu Achill zurückbringen ließ, musste er schwören, dass er sie nie berührt habe. (Il. 19,175 ff.) Es folgte Achills Aussöhnung mit Agamemnon. (Il. 19,55 ff.) Aber noch bevor Troja erobert wurde, fiel Achill am Skäischen Tore der Stadt durch Paris' Pfeilschuß, den Apoll ins Ziel lenkte.

Achill, der im Kampf die Trojaner schon durch seine Erscheinung und seine Stimme schreckt, ist ein Freund der Musen, gastfreundlich und fromm gegen die Götter. Aber seine Leidenschaften machen ihn maßlos. Sein Schmerz über den Tod des Freundes Patroklos, seines Lebensgefährten von Jugend auf, sein Hass gegen Hektor und sein Zorn über den Entzug der Brisëis durch seinen mächtigeren Gegenspieler Agamemnon wirken erschreckend. Achills Einzigartigkeit hebt sich vom Denken und Handeln Agamemnons und Odysseus' deutlich ab. Achill wurde vom Dichter als Idealcharakter aristokratischer Heldengesinnung geschaffen. Seine Gestalt markiert aber den bereits eingetretenen Bruch mit dem Denken der Vergangenheit. Spätere Zeiten haben das durch Achill verkörperte aristokratische Heldenideal nicht mehr so verstanden, wie es von Homer gemeint war,

Achill nach ihren eigenen Idealen rezipiert und dementsprechend in seine Gestalt Eigenschaften hineingelesen, von denen Homer nichts sagt. Immerhin ließen verschiedene Details der Achilldarstellung solche Gedanken als naheliegend erscheinen. Achill und der ältere Patroklos waren zusammen aufgewachsen. Das Freundespaar ist zwar bei Homer nicht als Liebespaar dargestellt, aber Plato geht (Symposion 179 e f.) davon aus, dass Patroklos der Liebhaber des jüngeren, noch bartlosen Achill war. – Woran dachte Thetis wohl, als sie ihren Sohn – der übrigens ein Einzelkind war – bei König Lykomedes in Frauenkleidern auftreten ließ? – Psychologisch bedeutsam ist Achills Weinen um Brisëis (Il. 1,356 ff.) – oder weint er nur wegen der ihm durch Agamemnon angetanen Schmach? – als er seine Mutter anruft. Er weint nicht nur als gedemütigter Liebhaber. Der gewaltigste Kämpfer der Achaier, der monumentale Held, der alle übertrifft, flüchtet in dem Geflecht von Rücksichten und Notwendigkeiten, denen er glaubt sich beugen zu müssen, zu seiner Mutter, die ihn mit der Hand streichelt. (Il. 1,361) Thetis konnte als Mutter ihren Sohn nicht loslassen; das kann aus den im übrigen vieldeutigen poetischen Bildern des Eintauchens des Kindes in die Styx, den Fluß in der Unterwelt, und das Verkleiden des jungen Mannes in Mädchenkleidern gefolgert werden.

Achill hat eine starke Mutterbindung. Ist es das Gefühl der Hilflosigkeit oder der Wunsch nach Geborgenheit, die ihn dazu treiben, seine Mutter um Beistand anzuflehen? Nach ihrer Weisung enthält er sich grollend des Krieges (Il. 1,422), d.h. er versagt sich. Hier wird das Ineinandergreifen göttlicher Kräfte, des Schicksals und eigenen Handelns deutlich. Achills Bitten an seine Mutter werden erklärbar aus seiner Daseinsbedingung (kurzes, aber ruhmreiches Leben) und der Auffassung der Ehre gemäß dem aristokratischen Denken und Handeln, das Achill verkörpert. «Die Ehrungen und Ehren, die der Adlige empfängt – materielle und ideelle – sind in seinem Bewusstsein das in diesem Leben geschuldete Äquivalent für seinen lebensriskierenden Einsatz für das Ganze der Gemeinschaft ...»[2]

In dem gezeigten Zusammenhang wird das Verhalten Achills gegenüber Brisëis verständlicher.

Der Römer Ovid, psychologischer Meister in Liebesgedichten, lässt im dritten Brief seiner *Heroides,* einer Sammlung von Liebeselegien, Brisëis sehnsuchtsvoll an Achill schreiben. Für ihn steht damit Brisëis unter den großen liebenden Frauen des griechischen Mythos, wie Penelope, Ariadne, Helena u. a. Den Stoff entnahm Ovid Homers *Ilias*. Dass die *Ilias* den zeitgenössischen Lesern bekannt war, durfte Ovid voraussetzen. Brisëis schreibt aus der Gefangenschaft bei Agamemnon.

Während des Aufenthalts bei Achill war dieser für sie *Herr, Mann und Bruder* (Her. 3,52). Sie bittet ihn, nicht ohne sie nach Griechenland zurückzufahren. Sie will ihm als Gefangene, nicht als Gattin folgen. Er soll sich wieder am Kampf beteiligen, sie aber vorher zurückholen. Allein die Hoffnung, ihm zu gehören, hält sie aufrecht; er soll die Trennung beenden, d. h. sie wieder zu sich kommen lassen. –

Voller Liebesleidenschaft verspricht sich Brisëis von einem persönlichen Zusammensein mit dem Geliebten alles. Achill werde, so hofft sie, ohne es deutlich zu sagen, wenn sie erst wieder in seiner Nähe wäre, sich der Wirkung ihrer Person nicht entziehen können. Obwohl der Streit um Brisëis Achills Zorn verursacht hat – und das ist das tragende Motiv in der *Ilias* – weist Homer ihr als Frau eher eine Nebenrolle zu. Ovid aber hat, als er mit diesem Kunstbrief ein Detail aus dem Sagenstoff um den Trojanischen Krieg poetisch entfaltete, Brisëis in das Rampenlicht einer Briefelegie gestellt. Auch Ovid war wohl davon überzeugt, dass bei Achill die durch Agamemnon erlittene Kränkung, die Verletzung seiner Ehre, letztlich schwerer ins Gewicht fällt als seine persönliche Liebe zu Brisëis. Die Situation der Frau aber sieht der Dichter anders, deshalb wertet er sie auf. Ovids Brisëis hat mehr Rechte als die Homers, sie denkt emanzipierter, ihre Individualität ist stärker entwickelt. Die auffallende Ich-Bezogenheit des poetischen Schreibens ist durch den starken Willen der Frau erklärbar, die Achill als Mann (zurück-) gewinnen will. Ihre Hoffnung wird durch den schicksalhaften Tod Achills zunichte gemacht. H. K.

Quellen: Homer, Ilias 1,184; 318 ff. 2,689; 9,340 ff. 19,246 ff. Ovid, Heroides 3 *Brisëis an Achill*. Amores 1,9; 2,18 Statius, Achilleis (Epos 95 n. Chr.)

Literatur: Konrad von Würzburg, Trojanerkrieg, ca. 1275 . – Poinsi de Sivry, Brisëis ou la colerè d' Achille, 1763, Drama. – Goethe, Achilleis, Fragment (651 Verse), 1797/99. – Wilhelm Schmidtbonn, Der Zorn des Achilles, Drama 1909. – André Suarès, Achille vengeur, 1922.

1 *Statius, Achilleis 1,269 Hyginus, Fabulae 106*
2 *J. Latacz, Achilleus (1995) 50*

Agamemnon und Klytaimestra

Agamemnons Heimkehr und Ende

Freudig sprang Agamemnon vom Schiff ans vaterländische Ufer,
Küßt' und umarmte sein Land, und heiße Tränen entstürzten
Seiner Wange, vor Freude, die Heimat wieder zu sehen.
Ihn erblickte der Wächter auf einer erhabenen Warte,
Von Aigisthos bestellt, der zwei Talente des Goldes
Ihm zum Lohne versprach. Ein Jahr lang hielt er schon Wache,
Daß er nicht heimlich käm' und stürmende Tapferkeit übte.
Eilend lief er zur Burg, und brachte dem Könige Botschaft;
Und Aigisthos gedachte sogleich des schlauen Betruges.
Zwanzig tapfere Männer erlas er im Volke, und verbarg sie;
Auf der anderen Seite gebot er, ein Mahl zu bereiten.
Jetzt ging er, und lud Agamemnon, den Hirten der Völker,
Prangend mit Rossen und Wagen, sein Herz voll arger Entwürfe,
Führte den nichts argwöhnenden Mann ins Haus, und erschlug ihn
Unter den Freuden des Mahls: so erschlägt man den Stier an der Krippe!
Keiner entrann dem Tode vom ganzen Gefolg' Agamemnons,
Und von Aigisthos' keiner; sie stürzten im blutigen Saale.
HOMER, ODYSSEE 4,520–537

Klytaimestra rühmt sich des Mordes an ihrem Gatten

Klytaimestra erscheint in der Tür und tritt vor, die Doppelaxt in der Hand, blutbefleckt. Die Leichen Agamemnons und Kassandras sind sichtbar.

Ich habe diesen Kampf
seit langer Zeit geplant,

Der Sieg ist spät gekommen, doch er kam.
Ich stehe hier, wo ich sie schlug,
bei meinem Meisterwerk.
Ich habe so gehandelt,
das will ich gar nicht leugnen,
dass kein Entrinnen,
keine Gegenwehr mehr möglich war.
Ein undurchdringliches,
unendliches Fangnetz, wie zum Fischfang,
warf ich über ihn,
den bösen Reichtum der Gewänder,
den üblen Faltenüberfluss.
Ich traf ihn zweimal,
zweimal schrie er auf,
die Glieder erschlafften, und er fiel.
Da gab ich ihm den dritten Stoss,
als Dankspende
für den Herrn der Unterwelt,
für Hades, der die Toten aufnimmt.
So gab er fallend, röchelnd
seinen Geist auf,
spie einen scharfen Blutstrahl von sich
und traf mich, hier,
mit dunklen Tropfen roten Taus.
...
dies hier ist Agamemnon,
mein Mann, vielmehr seine Leiche,
das Handwerk dieser meiner Rechten,
mein Meisterstück!
So steht es jetzt.
Chor: Welches Gift, Frau,
gab dir die Erde zu essen
oder das Meer zu trinken,
dass du
dieses mörderische Opfer gewagt hast?
Du hast die Flüche des Volkes
verachtet und verworfen –
darum sei verbannt aus der Stadt,
verlass die Stadt, du,

Hass und Abscheu aller Bürger.
Klytaimestra: *Jetzt verurteilst du mich,*
verbannst mich aus der Stadt,
sprichst vom Hass der Bürger
und den Flüchen des Volkes.
Aber gegen diesen Mann habt ihr
damals in Aulis nichts unternommen,
als er rücksichtslos
seine eigene Tochter schlachtete,
um damit den Nordwind zu beschwören.
Wie ein Stück Vieh hat er sie geopfert
aus einer seiner vielen
wollreichen Schafherden,
Iphigenie, mein liebstes Kind,
das ich unter dem Herzen trug.
Ihn habt ihr nicht aus dem Land verbannt,
um seinen Frevel zu büßen.
Im Angesicht meiner Tat aber
Werdet ihr zu strengen Richtern.
…
Nie soll mir
auch nur ein Gedanke an Furcht
ins Haus kommen,
solange Aigisthos als schützende Flamme
auf meinem Herd leuchtet,
wie er es schon lange tat.
Denn er wird uns
ein mutiger und mächtiger Schild sein.
Hier liegt der Mann,
der seine Frau schwer beleidigt hat,
der Beischläfer
der Chryses-Töchter vor Troja.
Und hier seine Kriegsbeute,
Wahrsagerin und Bettgenossin,
seine getreue Orakelhure,
die im Schiff mit ihm die Planken drückte!
Sie endeten so, wie es ihnen gebührt.
Er liegt da,
und sie, die wie ein Schwan vor dem Tod

ein letztes Trauerlied sang,
liegt neben ihm, seine Geliebte!
Aischylos, Agamemnon 1377–90; 1412–21; 1434–47
Übersetzung: Peter Stein

Achill ist der Hauptheld der *Ilias*. Durch seinen Groll, der ihn veranlasste, am Kampf um Troja nicht mehr teilzunehmen – Ausdruck
für die verletzte aristokratische Ehre – wird die Handlung im Epos
vorangetrieben. Als Achills Gegenspieler im gleichen Heer erweist
sich Agamemnon, der Befehlshaber der verbündeten Griechenstäm-
me. Agamemnon, der Sohn des Atreus und der Aerope, Enkel des
Pelops, hatte seinen Herrschersitz in Mykene, der stark befestigten
Burgstadt in Argolis, deren Zyklopenmauern – Eingang durch das
Löwentor – noch heute ein lebendiges Bild von der fernen Zeit jener
Hochkultur geben. Agamemnon war der mächtigste Fürst in Grie-
chenland. Er ist durch die übergeordnete Funktion als Oberbefehls-
haber der Achaier vor Troja im Bewusstsein der Leser von Homers
Ilias und *Odyssee* etwas abgehoben von den übrigen Gestalten wie
Achill, Ajas, Diomedes, Menelaos u.a. An Augen und Haupt dem
Zeus ähnlich (Il. 2,478 f.), ragte er wie ein Stier in der Herde unter
allen hervor. Als Paris Helena, die Gattin des reichen Spartaner-
königs Menelaos, entführt hatte, wandte sich dieser mit der Bitte um
Hilfe an seinen Bruder Agamemnon. Der Fürst von Mykene, der
Metropole der Peloponnes mit Einfluss bis über das griechische
Festland, entzog sich der Aufgabe nicht, das Recht durchzusetzen
und die Rückholung Helenas mit militärischer Gewalt zu erzwingen.
Er war es eigentlich, der den Trojanischen Krieg heraufbeschwor.

Agamemnon, «eher eine Art Kaiser als König»[1], scheint aber doch
gewisse Schwierigkeiten gehabt zu haben, auf der Versammlung der
griechischen Fürsten in Argos den Oberbefehl über das griechische
Heer zu erhalten. Er entschloss sich daher, eine gewaltige Menge
Gold von seiner Stadtfestung Mykene herbeizuschaffen. Mit dessen
Verteilung zur Finanzierung des Feldzugs gewann er die einzelnen
Landesfürsten für die Teilnahme am Krieg, die ihn dann auch zum
Oberbefehlshaber[2] wählten und Treue schworen.

Der angesehene, durchsetzungsfähige Fürst führte vierhundert
Schiffe im Hafen von Aulis[3] zusammen. Dort aber verhinderte
plötzlich anhaltende Windstille die Weiterfahrt der Schiffe. Agamemnon erfuhr von dem Vogelflugdeuter und Wahrsager Kalchas, die

Göttin Artemis habe die Windstille gesandt, weil er auf der Jagd eine ihr heilige Hirschkuh erlegt und die Göttin dadurch beleidigt habe. Sie könne nur durch die Opferung Iphigenies, Agamemnons Tochter, besänftigt werden. Agamemnon lockte darauf unter dem Vorwand, seine Tochter solle mit Achill verlobt werden – einer furchtbaren Lüge auch gegenüber seiner Gattin Klytaimestra – Iphigenie nach Aulis. So stellte er die Heerführerpflicht über die Vaterliebe. Im Hintergrund der Opferung seiner Tochter steht Agamemnons religiöses Versagen. Er hätte sich an Zeus wenden und Artemis' Forderung abwehren können.

Iphigenie wurde auf den Altar gebunden, als sie aber tatsächlich geopfert werden sollte, setzte Artemis eine Hirschkuh an die Stelle des Mädchens und entrückte dieses in einer Wolke nach Taurien[4]. Hier wurde Iphigenie Priesterin in einem Artemis-Heiligtum, konnte aber später nach Griechenland zurückkehren. Das skrupellose Verhalten Agamemnons, der zur Durchsetzung seiner machtpolitischen Ziele nicht vor unmenschlichen Handlungen zurückschreckt, charakterisiert ihn und erklärt sein späteres Schicksal. Zur Familiengeschichte Agamemnons: Als Thyestes und Aigisthos Atreus getötet hatten, flüchteten dessen Söhne Agamemnon und Menelaos (die Atriden) zu Tyndareos, dem König von Sparta, verjagten aber später die beiden Mörder. Agamemnon beseitigte auch Tantalos, den Sohn des Thyestes und ersten Gemahl der Klytaimestra. Danach ehelichten die Brüder Agamemnon und Menelaos Klytaimestra und Helena, die Töchter des Tyndareos.

Zu entscheiden, ob dabei der Anspruch zu lieben und geliebt zu werden erhoben wurde, bleibt der Phantasie des Lesers überlassen. Die Familienbande zwischen den Herrscherhäusern in Mykene und Sparta waren jetzt doppelt stark. Die Heirat mit den beiden Schwestern sollte aber den Brüdern kein Glück bringen. – Der aus Gründen der Machterhaltung geschlossenen Ehe zwischen Agamemnon und Klytaimestra entstammten vier Kinder: die Töchter Iphigenie (auch Iphianassa genannt), Elektra (oder Laodike) und Chrysothemis, sowie der Sohn Orestes.

Nach der Opferung Iphigenies in Aulis (Abfahrt von dort Il. 2,300 ff.) lud Agamemnon neue Schuld auf sich. Als der Apollo-Priester Chryses, mit dem goldenen Zepter seines Gottes in den Händen, ihn feierlich bat, ihm seine Tochter Chryséis, Agamemnons Gefangene, zurückzugeben, wies er ihn kalt zurück. Von dem er-

zürnten Apoll wurde deshalb als Strafe die Pest gesandt, die im Griechenheer furchtbar wütete. Agamemnon hatte, indem er das heilige
Zeichen eines Gottes und seinen Priester missachtete, die Majestät des
Gottes selbst herabgesetzt und damit für alle erkennbar die Achaier-
seite geschwächt. Später musste er auf Drängen des Heeres doch ein-
lenken und Chrysëis zurückgeben. Indem er aber dem Achill die Gefangene Brisëis, die ihm bereits offiziell als Ehrengabe zuerkannt war,
wieder wegnahm, reizte er diesen zu seinem anhaltenden Groll. In der
Folge erlitten die Griechen schwere Verluste und wichen vor den
angreifenden Trojanern bis zu ihren Schiffen zurück. – Agamemnon
verfügt zwar über ein Höchstmass an Macht, erweist sich aber als
profitgierig (Il. 1,122) und unbedacht; er trinkt auch (Il. 1,225), ist
streitsüchtig und blind gegenüber dem militärischen Wert Achills.
(Il. 1,173 ff.; 1,411 f.; 2,378 f.; 9,115 ff.; 14, 49 ff.; 19, 185 ff.)

Er hasst Achill, weil er vermutet, dieser steckte als treibende Kraft
hinter dem Beschluss der Achaier, dass er Chrysëis ihrem Vater zurückgeben müsse. Agamemnon handelt als Feldherr wiederholt zum
Nachteil des eigenen Heeres. Mit seinem Mangel an geistigen Vorzü-
gen verbindet sich seine Unfähigkeit zu menschlichem Handeln und
familiären Rücksichten. Immerhin gelingt es ihm, das angeschlagene
Griechenheer zusammenzuhalten. Es darf aber nicht verwunderlich
erscheinen, dass sich ein solcher Mann trotz der durch ihn verschuldeten Misserfolge so lange als Oberbefehlshaber halten konnte. Ein
derartiger Gedanke wäre zu modern. Agamemnon hatte sein Zepter
von seinen Vorfahren ererbt und diese hatten es von Zeus (Il. 2,46);
dieses Zepter war das Symbol seiner ihm von Zeus verliehenen
Königsgewalt. Der starke Mann an der Spitze der Hierarchie ließ
sich nicht abschütteln. Er musste erst Troja zerstören.

Nach dem Fall der Stadt erhielt Agamemnon die angesehene
trojanische Seherin Kassandra als Beute. Sie war eine Tochter des
Königs Priamos; ihr Schicksal war es, dass sie die Zukunft richtig
voraussagen konnte, aber niemand ihren Prophezeiungen glaubte.
Freilich sagte sie nur Schlimmes voraus, so dass sie verständlicherweise bei niemandem Glauben fand. Als Agamemnon dann mit
seiner vornehmen Beutefrau – schon Chrysëis hatte er mehr geliebt
als Klytaimestra (Il. 1,113 ff.) – nach Mykene zurücksegelte, waren
ihm die Gerüchte längst vorausgeeilt.

Seine Gattin Klytaimestra hatte sich aus Erbitterung und Zorn
über die Opferung ihrer gemeinsamen Tochter Iphigenie innerlich

von ihm abgewandt. Der Hass in ihr wuchs und drängte zur Rache. In den Jahren des Alleinseins während des Krieges um Troja ließ sie sich von Agamemnons Vetter Aigisthos, dem Sohn des Thyestes, zum Ehebruch verleiten. Für die Königin war die Ehesituation aus ihrer Sicht unerträglich geworden. Zu der Ungeheuerlichkeit des Geschehens um Iphigenie – ihr Tod erinnert an Menschenopfer vorgeschichtlicher Zeit – kam die Angst vor der Zukunft und der Demütigung, zusammen mit Agamemnons Nebenfrau Kassandra in ihrem Palast leben zu müssen. So schmiedete sie zusammen mit Aigisthos den Plan, Agamemnon und Kassandra zu beseitigen. – Der Herrscher von Mykene kehrte als Sieger über Troja in seinen Palast zurück, aber auf ihm lastete schwere Schuld. Die Gatten hatten sich einander entfremdet, die Vergangenheit aber war im Bewusstsein beider stets gegenwärtig. Bald nach der Rückkehr, bei der ihn Klytaimestra mit geheuchelter Liebe begrüßte[5], wurde Agamemnon von Aigisthos eingeladen und von ihm samt seinen Begleitern beim Mahle erschlagen. (Od. 3,194 f.; 11,405 ff.)

In der Darstellung des Aischylos wird Agamemnon nicht beim Mahle, sondern im Bad von Klytaimestra erschlagen, nachdem sie ihn durch ein übergeworfenes Netz oder Gewand wehrlos gemacht hatte. Klytaimestra, «diese Frau, die Männliches denkt» (Aischylos, Agamemnon 10), die also Männerwillen besaß, hatte bei der Tat das besondere Vertrauensverhältnis zwischen ihr und ihrem Ehemann ausgenutzt und seine Arglosigkeit missbraucht, da er keinen Angriff fürchtete. So büßte Agamemnon für die Opferung Iphigenies. Klytaimestra tötete auch Kassandra mit einer Axt. (Od. 11,421 ff.; Aischylos, Agamemnon 1149; 1371 ff.)

Nach dem Mord jauchzt die völlig entfesselte Frau auf und will ihre Tat rechtfertigen. Aber die Rechtfertigung verfängt nicht. Der Chor singt: Der Täter muss leiden.

Aigisthos ehelichte Klytaimestra und wurde Agamemnons Nachfolger auf dem Thron. Doch der auf dem Atridengeschlecht lastende Fluch wirkte weiter. Als rachesüchtiges, dämonisches Weib hatte Klytaimestra ihrem heimgekehrten Gatten ein grausiges Schicksal bereitet und musste daher für den vorsätzlich und heimtückisch begangenen Mord büßen. Ihr Sohn Orest rächte später den gewaltsamen Tod des Vaters, indem er seine Mutter und ihren Liebhaber Aigisthos tötete. (Od. 1,35–43)
H.K.

Quellen: Homer, Ilias 1,77ff.; 172ff. 2,1ff.; 9,36f. Odyssee 2,232ff. 248ff.; 4,519ff.; 8,75ff.; 9,263f.; 11,387ff. Pindar, Siegeslied für Thrasydaios aus Theben (11. pythischer Siegesgesang 17–38) Apollodor, Epitome 6,23 Hyginus, Fabulae 117 Aischylos, Agamemnon (Tragödie 458 v.Chr.). Choephoren (Die Totenspende). Die Eumeniden. L.A.Seneca (gest. 65), Agamemnon (Tragödie).

Gemälde: P.N.Guérin (1774–1833), Klytaimestra tötet Agamemnon, Paris, Louvre,. – F.Leighton (1830–1896), Klytaimestra erwartet Agamemnon, Leighton House, London. – A.Feuerbach, Iphigenie in Tauris, 1862, Darmstadt. – Iphigenie, 1871, Stuttgart.

Dramen: Hans Sachs, Die mörderisch Königin Clitimestra, Tragödie 1554. – Clitimestra, Die Königin Micennarum, 1558. – Goethe, Iphigenie auf Tauris. Ein Schauspiel. 1787 – A.Dumas, Orestie, 1865. – V.Alfieri, Agamemnon, 1776. – A.Siegert, Klytaemnestra, 1870. – A.Ehlert, Klytämnestra, 1881. – G.Kastropp, Agamemnon, 1890. – E.König, Klytaemnestra, 1903. – E.O.Neills, Mourning Becomes Electra (Trauer muß Elektra tragen), 1931. – G.Hauptmann, Atridentetralogie: Iphigenie in Delphi, 1941. – Iphigenie in Aulis, 1943. – Agamemnons Tod, 1943/1948. – Elektra, 1944/1948. – I.Langner, Klytämnestra, 1949. – R.Bayr, Agamemnon muß sterben, 1956. – H.Rehberg, Der Gattenmord, 1953.

1 *H.J.Rose, Griechische Mythologie (⁹1997) 222*
2 *Dictys Cretensis, Der Trojanische Krieg 1,15*
3 *an der Ostküste Griechenlands*
4 *auf der Halbinsel Krim*
5 *Aischylos, Agamemnon 856f.*

Ares und Aphrodite

Lieblich rauschte die Harfe, dann hub der schöne Gesang an.
Ares' Liebe besang und Aphroditens der Meister (Demódokos),
Wie sich beide zuerst in Hephaistos prächtiger Wohnung
Heimlich vermischt. Viel schenkte der Gott und entehrte des hohen
Feuerbeherrschers Lager. Doch plötzlich bracht' ihm die Botschaft
Helios, der sie gesehn in ihrer geheimen Umarmung.
Aber sobald Hephaistos die kränkende Rede vernommen,
Eilet er schnell in die Esse, mit rachevollen Entwürfen,

Stellt' auf den Block den gewaltigen Amboss und schmiedete starke,
Unauflösliche Ketten, um fest und auf ewig zu binden.
Und nachdem er das trügliche Werk im Zorne vollendet,
Ging er in das Gemach, wo sein Hochzeitsbett geschmückt war,
Und verbreitete rings um die Pfosten kreisende Bande;
Viel spannt er auch oben herab vom Gebälke der Kammer,
Zart wie Spinnengewebe, die keiner zu sehen vermöchte
Selbst von den seligen Göttern, so wunderfein war die Arbeit!
Und nachdem er den ganzen Betrug um das Lager verbreitet,
Ging er gleichsam zur Stadt der schöngebauten Lemnos,
Die er am meisten liebt' von allen Ländern der Erde.
Ares schlummerte nicht, der Gott mit goldenen Zügeln,
Als er verreisen sah den kunstberühmten Hephaistos.
Eilend ging er zum Hause des klugen Feuerbeherrschers,
Hingerissen von Liebe zu seiner schönen Gemahlin.
Aphrodite war eben vom mächtigen Vater Kronion[1]
Heimgekehrt und saß. Er aber ging in die Wohnung,
Fasste der Göttin Hand und sprach mit freundlicher Stimme:
Komm, Geliebte, zu Bett, der süßen Ruhe zu pflegen!
Denn Hephaistos ist nicht daheim; er wandert vermutlich
Zu den Sintiern jetzt, den rauen Barbaren in Lemnos.
Also sprach er, und ihr war sehr willkommen die Ruhe.
Und sie bestiegen das Lager und schlummerten. Plötzlich umschlangen
Sie die künstlichen Bande des klugen Erfinders Hephaistos,
Und sie vermochten kein Glied zu bewegen oder zu heben.
Aber sie merkten es erst, da ihnen die Flucht schon gehemmt war.
Jetzt nahte sich ihnen der hinkende Feuerbeherrscher.
Dieser kehrte zurück, bevor er Lemnos erreichte,
Denn der lauschende Gott der Sonne sagt' ihm die Tat an.
Eilend ging er nach Hause mit tiefbekümmerter Seele,
Stand in dem Vorsaal still, und der rasende Eifer ergriff ihn.
Fürchterlich ruft er aus, und alle Götter vernahmen's:
Vater Zeus und ihr andern, unsterbliche selige Götter,
Kommt und schaut den abscheulichen unausstehlichen Frevel,
Wie mich lahmen Mann die Tochter Zeus', Aphrodite,
Jetzt auf immer beschimpft und Ares, den Bösewicht, herzet;
Darum, weil jener schön ist und gerade von Beinen, ich aber
Solche Krüppelgestalt! Doch keiner ist schuld an der Lähmung,
Als die Eltern allein! O hätten sie nimmer gezeuget!

Aber seht doch, wie beide in meinem eigenen Bette
Ruhn und der Wollust pflegen! Das Herz zerspringt mir beim Anblick!
Künftig möchten sie zwar auch nicht ein Weilchen so liegen!
Wie verbuhlt sie auch sind, sie werden nicht wieder verlangen,
So zu ruhn! Allein ich halte sie fest in der Schlinge,
Bis der Vater zuvor mir alle Geschenke zurückgibt,
Die ich als Bräutigam gab für sein schamloses Gezüchte!
Seine Tochter ist schön, allein unbändigen Herzens.
Also sprach er. Da eilten zum ehernen Hause die Götter:
Poseidon kam, der Erdumgürter; und Hermes
Kam, der Bringer des Heils; es kam der Schütze Apollon.
Aber die Göttinnen blieben vor Scham in ihren Gemächern.
Jetzt standen die Götter, die Geber des Guten, im Vorsaal,
Und ein langes Gelächter erscholl bei den seligen Göttern,
Als sie die Künste sahn des klugen Erfinders Hephaistos.
Und man wendete sich zu seinem Nachbar und sagte:
Böses gedeiht doch nicht; der Langsame haschet den Schnellen!
Also ertappt Hephaistos, der Langsame, jetzt Ares,
Welcher am hurtigsten ist von den Göttern des hohen Olympos,
Er, der Lahme, durch Kunst. Nun büßt ihm der Ehebrecher!
Also besprachen sich die Himmlischen untereinander.
Aber zu Hermes sprach Zeus' Sohn, der Herrscher Apollon:
Hermes, Zeus' Gesandter und Sohn, du Geber des Guten,
Hättest du auch wohl Lust, von so starken Banden gefesselt,
In dem Bett zu ruhn bei der goldenen Aphrodite?
Ihm erwiderte drauf der geschäftige Argosbesieger:
O geschähe doch das, ferntreffender Herrscher Apollon!
Fesselten mich auch dreimal soviel unendliche Bande,
und ihr Götter sähet es an und die Göttinnen alle,
Siehe, so schlief ich doch bei der goldenen Aphrodite!
Also sprach er; da lachten laut die unsterblichen Götter.
Nur Poseidon lachte nicht mit; er wandte sich bittend
Zum kunstreichen Hephaistos, den Kriegsgott wieder zu lösen.
Und er redet' ihn an und sprach die geflügelten Worte:
Lös ihn! Ich stehe dafür: er soll, wie du es verlangest,
Vor den unsterblichen Göttern alles bezahlen, was recht ist.
Darauf antwortete jenem der hinkende Feuerbeherrscher:
Fordere solches nicht, du Erdumgürter Poseidon!
Elende Sicherheit gibt von Elenden selber die Bürgschaft.

Sage, wie könnt' ich dich vor den ewigen Göttern verbinden,
Flöhe nun Ares fort, der Schuld und den Banden entrinnend?
Ihm erwiderte drauf der Erderschüttrer Poseidon:
Nun, Hephaistos, wofern denn auch Ares fliehend hinwegeilt,
Um der Schuld zu entgehn, ich selbst will dir dieses bezahlen!
Drauf antwortete jenem der hinkende Feuerbeherrscher:
Unrecht wär' es und grob, dir eine Bitte zu weigern.
Also sprach er und löste das Band, der starke Hephaistos.
Und kaum fühlten sich beide der mächtigen Fessel entledigt,
Sprangen sie hurtig empor. Der Kriegsgott eilte gen Thrakien,
Aber nach Kypros ging Aphrodite, die Freundin des Lächelns,
In den paphischen Hain, zum weihrauchduftenden Altar.
Da badeten sie die Charitinnen und salbten
Sie mit ambrosischem Öle, das ewige Götter verherrlicht,
Schmückten sie dann mit schönen und wundervollen Gewändern.
HOMER, ODYSSEE 8,266–366

1 Kronion: Beiname des Zeus (Sohn des Kronos)

Mars und Venus

Eine Geschichte erzählt man sich, die im gesamten Olymp
                                    wohlbekannt ist,
wie Mars und Venus durch des Feuergotts List ertappt wurden.
Gott Mars, von wahnsinniger Liebe zu Venus verwirrt,
hatte sich vom schrecklichen Helden zum Liebhaber gewandelt.
Und Venus – sie ist ja die nachgiebigste der Göttinnen –
War gegen den werbenden Kriegsgott nicht bäurisch und spröde.
O, wie oft soll sie ausgelassen über die Füße des Gatten gelacht haben
Und die Hände, die hart von der Glut und dem Handwerk.
Und sobald sie vor Mars' Augen Vulkan nachahmte, stand ihr das
reizend, und viel Anmut hatte sich mit ihrer Schönheit verbunden.
Doch zuerst pflegten sie ihr Liebesverhältnis mit Erfolg zu verbergen.
Ihr Schuldbewusstsein war mit Scham noch vereint.
Weil es ihm aber Sol verriet – wer könnte den Sonnengott täuschen? –
Wurde Vulkan das Treiben seiner Gattin bekannt. Welch schlechtes
Beispiel, Sonnengott, gibst du da? Bitte doch selbst Venus um die

Gabe der Liebe: sie hat auch für dich, wenn du schweigst,
was sie zu geben vermag! Mulciber[1] legt rings um das Bett
und darüber unsichtbare Schlingen, das kunstvolle Werk
entgeht selbst dem schärfsten Blick. Er täuscht vor, nach Lemnos[2]
zu reisen; die Liebenden kommen zur Liebe zusammen:
Doch plötzlich liegen sie beide nackt in den Schlingen verstrickt.
Vulkan ruft die Götter herbei, die Gefangenen bieten einen erstaun-
lichen Anblick. Kaum konnte Venus, so glaubt man, sich der Tränen
erwehren. Sie können im Netz nicht ihr Gesicht bedecken, nicht
die Hand vor die Körperteile halten, die als anstößig gelten.
Da sagt einer[3] der Götter lachend: «Auf mich übertrag', tapferster

Mavors[4],

wenn sie dir zur Last sind, die Fesseln.» Nur ungern, Neptun,
lässt Vulkan auf deine Bitten die gefangenen Körper frei.
Mars nimmt sich Thrakien[5], sie erwählt Paphos[6] zum Ziel.
Das hast du nun erreicht, Vulkan, jetzt tun sie freier, was sie
früher verbargen, jede Scham ist mit der Entdeckung dahin.
Doch oft bekennst du jetzt, im Wahn gehandelt zu haben,
und man sagt, du hast deine List schon bereut.

Ovid, Liebeskunst 2,561–592

1 *Beiname Vulkans*
2 *Insel im Ägäischen Meer, dem Vulkan heilig*
3 *der Gott Hermes*
4 *ältere Form von Mars*
5 *Mars' Heimat im Nordosten Griechenlands*
6 *Zypern, der Venus heilig*

Homerisches Gelächter
Ilias 1,599; Odyssee 8,326; 20,346

Der griechischen Sage nach ist Ares der Sohn des Zeus und der
Hera, der Gott des Krieges, und zwar der blutigen, zerstörerischen
Feldschlacht, im Gegensatz zu seiner Schwester Pallas Athene, der
anderen Kriegsgottheit, die ihn verachtete, da sie als Schlachtenlen-
kerin selbst immer höhere, außerhalb des eigentlichen Kampfgesche-
hens liegende Ziele verfolgte. Selbst dem Zeus war Ares verhasst.
(Il. 5,890) Hephaistos, der Gott des Feuers, der Schmiede und
Handwerker, war ebenfalls ein Sohn des Zeus und der Hera. Er kam

jedoch schwach, lahm und hässlich zur Welt und wurde von der ent-
täuschten Hera nach seiner Geburt aus dem Olymp auf die Erde ge-
schleudert. Fortan litt er unter seiner Behinderung. Tief unter der
Erde arbeitete er in einer Schmiede, in der er Metalle umschmolz.
Mit seinen überaus geschickten Händen – ein Ausgleich der Natur –
brachte er wahre Wunderwerke der Handwerkskunst und Architek-
tur hervor. Gewaltig starke Kyklopen waren seine Gehilfen. Dem be-
gabten Gott gehörte Aphrodite, die schönste der Göttinnen, als Gemahlin an. Die Römer setzten Vulkan und Venus dem Hephaistos
und der Aphrodite gleich.

Bei den Phäaken trägt der Sänger Demódokos in Anwesenheit des
Odysseus die Geschichte von Ares und Aphrodite vor. Der starke
und wilde Ares hatte seine Begierde auf die schöne Aphrodite gerichtet und sich mit der Göttin, die ihm ihre Gunst schenkte, öfter
heimlich im Haus des Hephaistos zur Liebe getroffen. Den Ehebruch
aber offenbarte ihm Helios, der Sonnengott, dem nichts verborgen
bleiben kann. (Il. 3,277; Od. 8,270f.) Der betrogene Ehemann ent-
brannte in Zorn und rasender Eifersucht, wagte aber nicht, dem
Kriegsgott offen gegenüberzutreten. Er reagierte ganz im Rahmen
seiner ihm verliehenen außerordentlichen Kräfte, schmiedete ein
unglaublich feines, kunstvolles Stahlnetz und befestigte es wie ein
Spinnengewebe über seinem Bett. Als die Gattin hier ihren göttlichen
Ehebrecher in der schönsten Umarmung empfing, fiel es herab, hielt
beide unlösbar fest und machte sie bewegungsunfähig. Dass die Verliebten trotz ihrer göttlichen Augen das Netz nicht vorher bemerkt
hatten, mag seine Erklärung darin finden, dass Liebe wirklich blind
macht, und zwar beide Beteiligten, nicht nur hinsichtlich des Part-
ners, sondern oft auch gegenüber der Situation. Leidenschaftliche
Liebe geht mit einem partiellen Verlust an Realitätssinn einher. Jetzt
rief Hephaistos mit lautem Gebrüll sämtliche Götter als Zeugen herbei
und verlangte von Zeus, dem Vater seiner Gattin, die Brautgeschenke
zurück. Er bestand also auf einer Scheidung. Die völlig überraschten
Götter eilten herbei, Poseidon, Hermes und Apollon ergriffen das
Wort, die Göttinnen blieben aus Scham in ihren Gemächern. Der Fang
des Hephaistos war fatal. Angesichts der Lächerlichkeit der ganzen
Szene erhob sich unter den Göttern das *homerische Gelächter* (vgl.
Il. 1,599; Od. 20,346), das seit mehr als zweieinhalb Jahrtausenden
eine feste Größe im Bewusstsein der Literaturkenner blieb. Spannung
lösend und kommunikationsstiftend angesichts des Lächerlichen, das

in der «*Inkongruenz zwischen einem Begriff und den realen Objekten besteht*»[1]. Dieses Lachen wurde zum Urbild der Heiterkeit der griechischen Götter. Die Mischung der ernsten und der komischen Affekte der Szene erheitert und macht zugleich betroffen. Das Lachen ist auch Ausdruck einer fast unheimlichen Überlegenheit der Götter.

Über wen lachen sie eigentlich? Über den wackelig auf den Beinen stehenden hintergangenen Ehemann, der schon häufiger Ziel ihres Spotts gewesen war? (Il. 1,599 f.) Wohl weniger, denn er fertigte ja das geniale Netz, in dem sich der Nebenbuhler verfing. Über Aphrodite? Keineswegs, die Verkörperung der Liebe, des Begehrens und der Liebesvereinigung bleibt würdig und schön und wird noch durch Hermes legitimiert, der auf Apolls Frage, ob er an Ares' Stelle liegen möchte, ohne Zögern zugibt, er würde gerne bei der *goldenen Aphrodite* liegen, selbst wenn alle Götter und Göttinnen zuschauten. Der Kriegsgott Ares, stark, aber zu wenig klug, muss sich auslachen lassen, da er als der Schnelle und Starke vom Lahmen überlistet und gefangen wurde. Ares ist überall, wo der Krieg tobt. Er hätte sein Metier, den Krieg, nicht so unvorsichtig verlassen sollen. Ares war fremd gegangen. Aber das Starke, Ungestüme wird vom Zarten auch angezogen, beide ergänzen sich gelegentlich.

Als Hephaistos schließlich auf Bitten Poseidons, dem bei dem ganzen Vorgang gar nicht wohl ist, die Fesseln löst, eilt Ares, der unrecht tat und dessen Verstrickung im Netz des Hephaistos ein so unrühmliches Ende fand, sogleich in sein Heimatland, das barbarische Thrakien, die lächelnde Aphrodite aber begibt sich auf die ihr heilige Insel Kypros (Zypern), an deren Gestade sie ja nach ihrer Geburt dem Meere entstiegen sein soll. Auch sie musste erfahren, dass ihrem Wirken gelegentlich harte Grenzen gesetzt sind. Die Beziehung zwischen dem Liebespaar scheint damit zu Ende gewesen zu sein.

Dass Aphrodite aus ihrer Verbindung dem Kriegsgott die Tochter Harmonia[2] gebar, wird bei Homer nicht erwähnt. Die Liebe zwischen Ares und Aphrodite ist durch die von Homer geschilderte Episode für immer festgehalten. Das Bild der ungleichen Verliebten im Netz charakterisiert die Beziehung für alle Zeiten. Die Burleske zeigt darüber hinaus den die Odyssee kennzeichnenden Sieg der Bewusstheit und Berechnung über das spontane Handeln.

Die Geschichte von Mars und Venus wird auch von dem römischen Dichter Ovid erzählt, der sie in seine *Ars amatoria*, ein bis heute viel gelesenes Buch über die Kunst der Liebe, in enger Anlehnung an Homers Dichtung einfügte. Der Unterschied zwischen beiden Dichtern in der Auffassung und der Behandlung des gleichen Stoffes tritt deutlich hervor. Ovid übertreibt, hebt Details hervor, die Götter Mars und Venus sind zu komischen Figuren umgestaltet. Der Kriegsgott wird zum ungeschickten[3] Liebhaber. Venus gibt eine pantomimische Einlage, indem sie vor dem Bettgenossen ihren Ehemann mit den schwächlichen Beinen nachäfft. Sie bezieht damit als Ehefrau Position gegen ihren Mann und gibt bohemienhaftes Verhalten und bürgerliche Lüsternheit zu erkennen. Vor dem Bettvergnügen wird verspottet und gelacht. Das Psychologische tritt in den Vordergrund. Zartere Zwischentöne kommen auf. Die Nacktheit des Paares wird dadurch hervorgehoben, dass es beiden wegen der Fesseln nicht gelingt, vor den Augen der belustigten Götter mit der Hand ihre Blöße zu bedecken. Venus ist in dieser peinlichen Situation nahe daran zu weinen. Das Ereignis zeigt aber mehr den intimen Kontakt zweier Personen als die Liebesvereinigung der beiden Götter. Die unüberwindliche Macht des Eros gewinnt bei Ovid ebenso die Oberhand wie bei Homer. Dass die Liebesleidenschaft ein unentrinnbarer Affekt sein kann, ist geradezu Ovids Interpretation der Episode Homers von Ares und Aphrodite. Das Parodistische meistert er dabei souverän. Das Pikante, Aufregende der Situation interessiert den Dichter ebenso wie das genusssüchtige Lesepublikum des Augusteischen Zeitalters.

Die Lehre, die der aufgeklärte Ovid, der alles nicht mehr so ernst nehmen kann, vermitteln will, soll sein: die Ertappten werden in Zukunft bedenkenloser handeln als vorher, da sie noch unentdeckt waren. Vielleicht nach dem Motto: Ist der Ruf erst ruiniert, lebt (*liebt*) sich's gänzlich ungeniert. Darum lasst die Verliebten beim Seitensprung doch lieber ungestört! Die Macht der Liebe ist stärker. Diskretion ist da nützlicher.

Ovid empfiehlt, der Liebhaber, *amator,* soll lernen, mit Verstand zu lieben (*doctus amet*[4]). Zu diesem Zweck schrieb er seine *Liebeskunst.* Die mythologische Erzählung von Vulkan und Venus innerhalb seines Werkes soll daher als anschauliches Beispiel die Erkenntnis vermitteln, dass Eifersucht schädlich ist und das Ertappen des Ehepartners in flagranti gar keine oder eine falsche Strategie des Betrogenen verrät. Die – wie alles, was Ovid sonst noch an anderer Stelle zum Thema Liebe sagt – nicht ganz von der Hand zu weisende, aber doch fragwürdige These soll, wie die Gestaltung des Vorgangs selbst, neben der Liebesdidaktik der prickelnden Unterhaltung dienen.　　　　　　　　　　　　　　　　　　　　　　　　　　H. K.

Quellen: Homer, Odyssee 8,266 ff.; Pindar, Pythische Oden 3,88 ff.; 4,87; Hesiod, Theogonie; Hyginus, Fabulae (Geschichten) 148; Ovid, Ars amatoria (Liebeskunst) 2,561–592 Metamorphosen 4,171 ff.

Gemälde: Ares und Aphrodite, mehrere Wandgemälde in Pompeji. – Botticelli (ca. 1476–78), Mars und Venus, London, National Gallery. – P. di Cosimo (1462–1521), Ares und Aphrodite, Berlin, Kaiser-Friedrich-Museum Dahlem. – Marten van Heemskerk (1498–1574), Vulkan fängt Venus und Mars, Wien, Kunsthistorisches Museum. – Tintoretto (1518–94), Vulkan überrascht Venus und Mars, München, Alte Pinakothek. – Pado Veronese (1528–88), Venus und Mars, Wien, Kunsthistorisches Museum. – B. Spranger (1546–1611), Mars und Venus, Wien, Kunsthistorisches Museum. – J. Rottenhammer, Mars und Venus, 1604, Augsburg, Schaezler-Palais. – P. P. Rubens, Mars mit Venus und Amor, ca. 1625, früher Berlin, Kaiser-Friedrich-Museum. – Ch. Lebrun (1619–90), Mars und Venus, Paris, Louvre. – L. Giordano (1632–1705), Mars und Venus, von Vulkan überrascht, Wien, Akad. Der bild. Künste. – L. Giordano, Mars und Venus, Paris, Louvre. – J. Amigoni (1675–1752), Mars und Venus, von Vulkan überrascht, Braunschweig, Museum. – L. Silvestre d. J. (1675–1760), Mars und Venus, Dresden, Gemäldegalerie. – Lovis Corinth (1858–1925), Das Homerische Gelächter, München, Neue Pinakothek. – Lovis Corinth, Mars in der Schmiede des Vulkan, 1910.

Opern: M. A. Ziani, Marte deluso, 1691 (Text von R. Ciallis). – J. Eccles, The Loves of Mars and Venus, 1696. – A. Campra, Les amours de Mars et Venus, 1712 (Text von A. Danchet).

1 *Vgl. A. Schopenhauer, Die Welt als Wille und Vorstellung I § 13*
2 *Gemahlin des Kadmos von Theben*
3 *Darauf deuten die lateinischen Namen für Mars, Gradivus und Mavors, hin.*
4 *Ovid, Liebeskunst 1,2*

Zeus und Alkmene

Zeus zu Hera:
Denn so sehr hat keine der Göttinnen oder der Weiber
Je mein Herz im Busen mit mächtiger Glut mir bewältigt
... auch nicht Alkmene von Theben,
Welche mir Mutter ward des hochgesinnten Herakles.
HOMER, ILIAS 14,315–16; 323–24

... aber auch ihn (Zeus) hat
Hera, wiewohl ein Weib, durch listige Ränke verleitet
Jenes Tags, wie Alkmene die hohe Kraft Herakles'
Jetzt gebären sollt' in der stark ummauerten Thebe.
ILIAS 19,96–99

... und hemmte
Dort der Alkmene Geburt, die Eileithyen[1] entfernend.
ILIAS 19,118–19

In der Unterwelt begegnet Odysseus unter den Schatten der Toten
auch Alkmene

Hierauf kam Alkmene, Amphitryons Ehegenossin,
Welche den Allbesieger, den löwenbeherzten Herakles
Hatte geboren, aus Zeus', des großen Kroniden, Umarmung.
HOMER, ODYSSEE 11,266–68

1 *Geburtsgöttinnen*

Plautus, *Amphitruo* II, 2, 676 ff.

Amphitruo kehrt in sein Haus zurück. Zeus hatte vorher in Amphitruos Gestalt Alkmene besucht. Es kommt zu ersten großen Verwirrungen.

AMPHITRUO *Voll Freude grüßt Amphitruo seine sehnsuchtvoll*
Erwartete Gemahlin, die er als Gatte vor allen
Thebanerfrauen für die weitaus beste hält,
Die sogar Thebens Bürger rühmen wegen ihrer Sittsamkeit.
Ging es dir immer gut? Komm ich erwünscht?
SOSIA *Nie sah ich etwas Erwünschteres;*
Kaum anders als einen Hund begrüßt sie ihn.
AMPH. *Und dass ich dich schwanger und so guter Hoffnung*
Erblicke, freut mich.
ALKMENE *Ich bitt' dich, bei Gott, was grüßt du mich so zum Spott,*
Und sprichst zu mir, als hättest du mich lange nicht gesehn,
Als ob du eben erst aus Feindesland nach Hause kämst?
AMPH. *Allerdings, ich sah dich nirgendwo als hier und heute.*
ALKM. *Was leugnest du's?* AMPH. *Weil ich die Wahrheit sagen*
ALKM. *Nicht recht handelt, wer verlernt, was er gelernt hat*
                                                        lernte.
Wollt ihr vielleicht mich auf die Probe stellen? Warum kehrt ihr
so schnell hierher zurück? Hielt böser Vogelflug dich auf, oder
hindert dich ein Sturm, dass du nicht zu den Legionen gingst, wie
du mir vorhin sagtest?
AMPH. *Vorhin? Wann war denn dieses vorhin?*
ALKM. *Du stellst mich wieder auf die Probe. Vorhin, eben erst.*
AMPH. *Wie kann das sein, ich bitt' dich, was du sagst: Vorhin, eben*
                                                        erst?
ALKM. *Was meinst du denn? Dass ich dir Spott mit Spott vergelte,*
Da du sagst, du seiest eben angekommen, und gingst doch eben erst
                                                        hier weg?
AMPH: *Die Frau spricht Unsinn.*
SOSIA *Warte ein Weilchen, bis sie aus dem Schlaf erwacht.*
AMPH. *Träumt sie mit offnen Augen?*
ALKM. *Freilich, bei Kastor, ich bin wach und wachend sag ich, was*
Geschehen ist, denn längst vor dem Morgen sah ich den und dich.

AMPH. *Wo denn, bitte?*

ALKM. *Hier im Hause, wo du wohnst.*

AMPH. *Nie im Leben.*

SOSIA *Schweig doch still. Wie, wenn das Schiff uns schlafend vom Hafen hier hertrug?*

AMPH. *Redest auch du ihr nach dem Mund?*

SOSIA *Was denn sonst?*
Weißt du nicht, wenn du dich der Bacchantin entgegenstellst,
Machst du sie nur noch rasender und sie schlägt öfter zu;
Gibst du ihr nach, kommst du mit einem Schlag davon.

AMPH. *Bei Pollux, ich muss sie doch schelten, da sie mir*
Bei meiner Ankunft heute ihren Gruß verweigerte.

SOSIA *Reize die Hornissen nicht!*

AMPH. *Schweig du doch! – Alkmene, Eines will ich dich noch fragen.*

ALKM. *Frag, was du willst.* überhand?

AMPH. *Hat etwa Irrsinn dich befallen oder nimmt dein Hochmut /*

ALKM. *Wie kommt's dir in den Sinn, mein lieber Mann, mich das zu*
fragen?

AMPH. *Weil du mich früher bei der Ankunft wohl zu grüßen*
Und nach der Sitte zücht'ger Frauen anzusprechen pflegtest.
Diesen Brauch vermiss' ich heut' von deiner Seite
Hier bei meiner Heimkehr.

ALKM. *Bei Gott, ich habe doch gewiss schon als du gestern kamst,*
Dich gleich begrüßt, und auch nach deinem Wohlsein mich erkundigt,
Deine Hand ergriff ich, Lieber, und gab dir einen Kuss.

SOSIA *Den hast du schon gestern hier begrüßt?*

ALKM. *Und ebenso auch dich, Sosia.*

SOSIA *Amphitruo, ich hoffte stets, sie werde dir*
Den Sohn gebären; doch ist es kein Sohn, mit dem
Sie schwanger ist.

ALKM. *Was dann?*

SOSIA *Es ist ein Wahn.*

ALKM. *Ich bin ganz bei Verstand und bitte nur die Götter,*
Dass ich gesund den Sohn gebäre. Zu Sosia gewandt. *Doch dir*
Wird's schlecht ergeh'n, wenn hier mein Mann tut, was er muß.
Für deine Deutung sollst du, falscher Prophet, sogleich
Den wohlverdienten Lohn empfangen.

SOSIA *Den Schwang'ren muss man*
Äpfel und Ärger geben, dass sie was zu nagen

Haben, wenn sie schlechte Laune bekommen.
AMPH. *Du hast mich gestern*
Hier gesehen? ALKM. *Willst du, dass ich dir's zehnmal sage?*
AMPH. *Vielleicht im Traum?* ALKM. *Nein, wach war ich und du*
AMPH. *Weh mir Armem!*   / *auch.*
SOSIA *O was ist dir?* AMPH. *Meine Frau*
Ist doch verrückt. SOSIA *Sie ist erregt von schwarzer Galle.*
Nichts macht sonst so schnell die Menschen rasend.
AMPH. *Wann spürtest du zuerst, dass du verwirrt warst, Frau?*
ALKM. *Ich bin, bei Kastor, durchaus gesund und wohlauf.*
AMPH. *Warum sagst du dann, du habest gestern mich geseh'n,*
Da erst heut' nacht im Hafen wir gelandet sind?
Dort speiste und dort ruhte ich die ganze Nacht
Und habe auch nicht meinen Fuß in dieses Haus gesetzt, seit
Ich mit meinem Heere von hier aufgebrochen zu den Feinden und
Über die Teleboer den Sieg errungen habe.
ALKM. *Aber du hast doch mit mir gespeist und auch geruht.*
AMPH. *Was?* ALKM. *Das ist doch wahr!* AMPH. *Zumindest nicht*
In diesem Punkt; beim Herkules, ob sonst, das weiß ich nicht.
ALKM. *Im Morgengrauen gingst du fort zu deinem Heere …*
Plautus, Amphitruo ii, 2 (v. 676–737)

Heinrich von Kleist, *Amphitryon*
Ein Lustspiel nach Molière

Jupiter hat Alkmene besucht. Sie ist sich sicher, dass es Amphitryon
war. Dann tauchen leichte Zweifel auf.

ALKMENE.
O Charis! – Eh will ich irren in mir selbst!
Eh will ich dieses innerste Gefühl,
Das ich am Mutterbusen eingesogen,
Und das mir sagt, dass ich Alkmene bin,
Für einen Parther oder Perser halten.
Ist diese Hand mein? Diese Brust hier mein?
Gehört das Bild mir, das der Spiegel strahlt?
Er wäre fremder mir als ich! Nimm mir
Das Aug, so hör ich ihn; das Ohr, ich fühl ihn;
Mir das Gefühl hinweg; ich atm' ihn noch;

Nimm Aug und Ohr, Gefühl mir und Geruch,
Mir alle Sinn und gönne mir das Herz;
So lässt du mir die Glocke, die ich brauche,
Aus einer Welt noch find ich ihn heraus.
II. AKT, 4. SZENE
Charis: *Gemahlin des Dieners Sosias*

JUPITER. (für sich)
Verflucht der Wahn der mich hierher gelockt!
ALKMENE.
Was ist dir? Zürnst du? Kränkt ich dich, Geliebter?
JUPITER. *Du wolltest ihm, mein frommes Kind,*
Sein ungeheures Dasein nicht versüßen?
Ihm deine Brust verweigern, wenn sein Haupt,
Das weltenordende, sie sucht,
Auf seinen Flaumen auszuruhen? Ach Alkmene!
Auch der Olymp ist öde ohne Liebe.
Was gibt der Erdenvölker Anbetung,
Gestürzt in Staub, der Brust, der lechzenden?
Er will geliebt sein, nicht ihr Wahn von ihm.
In ew'ge Schleier eingehüllt,
Möchte er sich selbst in einer Seele spiegeln,
Sich aus der Träne des Entzückens widerstrahlen.
Geliebte, sieh! So viele Freude schüttet
Er zwischen Erd und Himmel endlos aus;
Wärst du vom Schicksal nun bestimmt,
So vieler Millionen Wesen Dank,
Ihm seine ganze Fordrung an die Schöpfung
In einem einz'gen Lächeln auszuzahlen,
Würdest du dich ihm wohl – ach! Ich kanns nicht denken –
Laß michs nicht denken – lass –
ALKMENE. *Fern sei von mir,*
Der Götter großem Ratschluss mich zu sträuben,
Ward ich so heil'gem Amte auserkoren,
Er, der mich schuf, er walte über mich!
Doch –
JUPITER. *Nun? –*
ALKMENE. *Lässt man die Wahl mir –*
JUPITER. *Lässt man dir –?*

ALKMENE. *Die Wahl, so bliebe meine Ehrfurcht ihm,*
Und meine Liebe dir, Amphitryon.
JUPITER. *Wenn ich nun dieser Gott dir wär –?*
ALKMENE. *Wenn du*
– Wie ist mir denn? Wenn du mir dieser Gott wärst
– Ich weiß nicht, soll ich vor dir niederfallen,
Soll ich es nicht? Bist dus mir? Bist dus mir?
JUPITER. *Entscheide du. Amphitryon bin ich.*
ALKMENE. *Amphitryon –*
JUPITER. *Amphitryon, dir ja.*
Doch wenn ich, frag ich, dieser Gott dir wäre,
Dir liebend vom Olymp herabgestiegen,
Wie würdest du dich dann zu fassen wissen?
ALKMENE.
Wenn du mir, Liebster, dieser Gott wärst – ja,
So wüsst ich nicht, wo mir Amphitryon wäre,
So würd ich folgen dir, wohin du gehst,
Und wärs auch, wie Eurydike, zum Orkus.
JUPITER. *Wenn du nicht wüsstest, wo Amphitryon wäre.*
Doch wie, wenn sich Amphitryon jetzt zeigte?
ALKMENE.
Wenn sich Amphitryon mir – ach, du quälst mich.
Wie kann sich auch Amphitryon mir zeigen,
Da ich Amphitryon in Armen halte?
II. AKT, 5. SZENE

Jean Giraudoux, Amphitryon 38

Alkmene will Jupiter nicht empfangen

ALKMENE *Ich werde ihn nicht empfangen. Ich flehe Sie an, Merkur.*
Wenden Sie Jupiters Gunst von mir ab.
MERKUR *Ich verstehe Sie nicht.*
ALKMENE *Ich kann nicht Jupiters Geliebte sein.*
MERKUR *Warum nicht?*
ALKMENE *Er würde mich danach verachten.*
MERKUR *Spielen Sie nicht die Naive.*
ALKMENE *Ich bin gottlos. Ich lästere in der Liebe.*
MERKUR *Sie lügen. Ist das alles?*

ALKMENE *Ich bin erschöpft, krank.*

MERKUR *Das ist nicht wahr. Glauben Sie ja nicht, Sie könnten sich gegen einen Gott mit den Waffen wehren, die Männer außer Gefecht setzen.*

ALKMENE *Ich liebe einen Mann.*

MERKUR *Welchen Mann?*

ALKMENE *Meinen Gatten.*

Merkur, der sich zu ihr geneigt hatte, richtet sich auf.

MERKUR *Ah, Sie lieben Ihren Gatten?*

ALKMENE *Ich liebe ihn.*

MERKUR *Aber gerade darauf setzen wir ja! Er, Jupiter, ist doch kein Mensch, er wählt seine Geliebten nicht unter den untreuen Frauen ...*

II. AKT, 5. SZENE

Alkmene widersteht Jupiter

ALKMENE *... Warum müssen Sie mich so quälen, warum ein Paar, das vollkommen eins ist, entzweien, warum müssen Sie das Glück eines Augenblicks an sich reißen und nichts als Trümmer hinterlassen?*

JUPITER *Ganz so ist die Liebe ...*

ALKMENE *Und wenn ich Ihnen Besseres böte als die Liebe? Die Liebe können Sie doch mit anderen genießen. Ich aber möchte zwischen uns eine Bindung schaffen, die zarter und mächtiger ist als Liebe. Allein von allen Frauen kann ich sie Ihnen bieten. Ich biete sie Ihnen.*

JUPITER *Und das wäre?*

ALKMENE *Freundschaft!*

III. AKT, 5. SZENE

Vgl. Jean Giraudoux, Amphitryon 38. Komödie in drei Akten. Aus dem Französischen von Robert Schnorr. Vorwort von Peter Szondi. Langen – Müller, München – Wien 1964

In Homers *Ilias* (14,323–24) nennt Zeus Alkmene unter den Frauen, denen er seine Liebe schenkte. Sie gebar ihm Herakles, der unter den Heroen der größte und stärkste wurde. Göttliche Macht zeugte durch eine sterbliche Frau einen Menschen und nahm in ihm ihre sichtbare, überragende Gestalt an.

Alkmene, die Tochter des Elektryon und der Anaxo, war die weithin schönste und intelligenteste der sterblichen Frauen. Groß, mit schlanken Gliedern und schwarzen Wimpern und Augenbrauen, kam sie an Ausstrahlung und Liebreiz der Aphrodite gleich. (Hesiod, *Der Schild des Herakles* 1 ff.)

Als Zeus den Plan gefasst hatte, einen unüberwindlich tapferen Mann zu zeugen, der den Göttern in dem bevorstehenden Kampf mit den Giganten siegreich beistehen sollte, hatte er als Mutter des Helden Alkmene ausersehen. Sie musste unter den zahlreichen Frauen, die Zeus besuchte, eine einzigartige Rolle übernehmen: noch unberührt, gewährleistete sie eine jungfräuliche Geburt; sie war auch die letzte Sterbliche, mit der Zeus ein Kind zeugte, und Zeus täuschte sie, indem er, wie in keinem anderen Falle vorher, die Gestalt ihres legitimen Ehemanns Amphitryon annahm. Wenn die fundamentale Macht des Patriarchats in der Fähigkeit besteht, eine Frau notfalls auch gegen ihren Willen zu schwängern bzw. sie durch vollkommene Täuschung zur Zustimmung zu reizen, dann zeigte sich diese Macht in der Vereinigung des Zeus mit Alkmene.

Die Vorgeschichte sei trotz ihrer Kompliziertheit hier nur kurz dargestellt. Amphitryon wurde nach Elektryons Tod, den er ungewollt verschuldet hatte, von dessen Bruder Sthenelos aus der Argolis vertrieben und kam mit seiner Gattin Alkmene nach Theben. Von hier aus übernahm er an Elektryons Stelle die Kriegführung gegen die Teleboer (Taphier). Da er aber seiner Gattin gelobt hatte, sie nicht zu berühren, ehe er den Tod ihrer sieben Brüder gerächt hätte, lebte er mit ihr im Stand der nicht vollzogenen Ehe zusammen. Auf diese Weise war die jungfräuliche Empfängnis des Herakles durch Zeus vorbereitet.

Während der Abwesenheit Amphitryons wurde Zeus von Liebe zu dessen Gattin Alkmene ergriffen. Er nahte ihr nachts in Gestalt ihres Ehemanns und dehnte die Nacht dabei auf die dreifache Länge aus, d. h. der darauffolgende Tag wurde um die entsprechende Zeit verkürzt. Nachdem Zeus sein Verlangen nach ihr gestillt hatte, erzählte er ihr noch im Ehebett – in Gestalt ihres Mannes – über den Krieg mit den Teleboern. Als jedoch (der echte) Amphitryon überraschend zurückkehrte, hatte er Alkmene bereits verlassen. Amphitryon stellte zu seiner Verwunderung fest, dass Alkmene über seine Rückkehr keineswegs überrascht war und seinem Versuch, sich ihr in Liebe zu nähern, zunächst nicht entsprach. Sie gab als Grund an, er habe doch bereits nach seiner Rückkehr in der Nacht vorher mir ihr geschlafen. Vom Seher Teiresias erfährt Amphitryon tags darauf, dass

Zeus, der höchste der Götter, in die Gestalt Amphitryons verwandelt, seine Frau besucht habe, um mit ihr einen gewaltigen Helden zu zeugen. In der folgenden Nacht vereinigte sich Amphitryon mit Alkmene. Alkmene, von Zeus und von ihrem Gatten zugleich befruchtet, gebar Zwillingssöhne[1]: von Zeus den Herakles (Herkules), der eine Nacht älter war und der größte und gottähnlichste der Heroen wurde, und von Amphitryon den Iphikles. Herakles war also nicht Amphitryons Sohn[2].

In der Zeugung eines Halbgotts (Herakles/Herkules) mit der Ehefrau eines Sterblichen wirkt höchste göttliche Kraft ins Menschenleben hinein. Diese göttliche Kraft tritt (vgl. Leda und der Schwan, Danae und der Goldregen u. a.) in Verkleidung auf.

Psychische Vorgänge zwischen den betroffenen Menschen wurden weder vom Dichter Hesiod noch von dem Mythographen Apollodor geschildert. Das mythische Geschehen um Zeus, Alkmene und Amphitryon übte jedoch auf zahlreiche Dichter eine starke Anziehungskraft aus. Sie – nicht der Mythos – gestalteten in ihren Werken die seelischen Beziehungen zwischen den Hauptpersonen.

Sophokles' Drama *Amphitryon*, sowie Aischylos', Ion's von Chios und Euripides' *Alkmene* sind uns leider nicht erhalten. Der römische Komödiendichter Titus Maccius Plautus (ca. 250–184 v. Chr.) dichtete den *Amphitruo* (ca. 200 v. Chr.), ein Stück, das er, entsprechend den von ihm geschaffenen inneren Beziehungen zwischen den Hauptfiguren, als Tragikomödie bezeichnete (Prolog 51 ff.; 88; 96). Jupiter naht Alkmene in Gestalt Amphitruos. Merkur als Doppelgänger des Dieners Sosia sorgt für possenhafte Szenen, Alkmene ist die vollendet Getäuschte. Sie kann Zeus als Amphitruo nicht von ihrem Mann unterscheiden. Amphitruos Erscheinen nach dem Feldzug löst Verwechslungen aus, die unsägliche Verwirrungen stiften und Identitätszweifel bei Amphitruo und Sosia hervorrufen. Jupiter verlässt die verführte Alkmene zunächst. Als diese dem heimkehrenden Gatten nicht mehr glaubt, entsteht Ehezwist. Man weiß nicht, wer der echte Amphitruo ist. Alkmene gebiert unter Donner und Blitz zwei Knaben. Einer von ihnen, Herakles, erwürgt bereits in der Wiege zwei Schlangen. Es folgt die erneute Epiphanie des Jupiter: Alkmene sei schuldlos, sie sei nur seiner Macht erlegen. Amphitruo beugt sich schließlich Jupiter und findet sich damit ab, mit ihm sein Gut geteilt zu haben. Molières (Jean Baptiste Poquelin) (1622–1673) Komödie *Amphitryon* wurde 1668 am Königshof (Tuilerien) in Paris aufgeführt. Die amüsierten Zuschauer sahen in dem Verhältnis Jupiters zu Alkmene eine geistreiche Anspielung auf den Sonnenkönig Ludwig XIV. und seine Mätresse, die Marquise de Montespan. *Amphitryon* ist der einzige Stoff aus der antiken Mythologie, den Molière verwendete. Da die Verführung von Ehefrauen zum guten Ton der galant-höfischen Gesellschaft des 17. Jahrhunderts gehörte, erscheint der große Bühnenerfolg der sublimen Komik des Dichters nicht verwunderlich. Es handelte sich um verkleidete Gesellschaftskritik, aber jeder wusste, was gemeint war.

> *Das ist das witzig-anmutvollste, das geistreichste,*
> *das tiefste und schönste Theaterspielwerk der Welt.*
> (Thomas Mann, *Amphitryon. Eine Wiedereroberung.* 1928)

Heinrich von Kleist (1777–1811), übersetzte im Jahre 1806 Molières *Amphitryon* in deutsche Verse, entwickelt den Stoff jedoch weiter, indem er die Charakteristika der Molièreschen Gesellschaftssatire aufgab und die Dreiecksgeschichte Amphitryon – Alkmene – Jupiter psychologisch und philosophisch vertiefte. Als Jupiter Alkmene – nach Art eines Verhörs – fragt, ob sie eben den Gemahl oder den Geliebten empfangen habe, erkennt sie in Jupiter nur ihren Gatten Amphitryon. Jupiter sieht sich von Alkmene zurückgewiesen und muss erkennen, dass er an ihrer Liebe zu Amphitryon scheitert.

Alkmene (2. Aufzug, 4. Auftritt) ist ganz sicher, dass sie Amphitryon in ihrem Herzen *aus einer Welt noch* herausfindet. Amphitryon sei bei der Vereinigung mit ihm (d. h. mit Jupiter in Amphitryons Gestalt) wie im Traum vor ihr gestanden, ein unsägliches Gefühl des Glücks habe sie ergriffen. Der mögliche Vorwurf der Untreue wird zunehmend entkräftet. Als Jupiter dann zwischen dem echten Amphitryon und dem Geliebten, der er war, unterscheidet, fällt Alkmene in Verzweiflung: sie fühlt sich hintergangen. Jupiter attestiert ihr *unfehlbares Gefühl.* Triumph der Liebe und der Gefühlssicherheit der liebenden Ehefrau! Jupiter hat Amphitryons Gestalt wählen *müssen*, um Alkmene erobern zu können. Als Gott, der irdisch erscheint, hätte er Alkmene nicht erreicht und wäre zurückgewiesen worden. Amphitryon wertet die Erschleichung des Liebesaktes bei Alkmene durch seinen Doppelgänger (Jupiter) als ein *Höllenstück des Satans*, Alkmene betrachtet er als verrückt.

Totale Verwirrung und Unsicherheit bemächtigt sich des thebanischen Feldherrn, als mit dem Auftritt Jupiters zwei Amphitryonen auf der Bühne stehen, weil Jupiter sich als Amphitryon ausgibt und der Streit um die Echtheit beginnt. Amphitryon jedoch bleibt unbeirrbar erkenntnissicher und hält sein Doppel für einen *lügnerischen Höllengeist*, der ihn aus *seinem eigenen Bewusstsein* drängen will. Der Diener Sosias nennt sich von seinem *anderen Ich* (Merkur) *entsosiatisiert*, Amphitryon sieht er als *entamphitryonisiert*. Die Spannung zwischen Amphitryon und Alkmene wächst. Die Unsicherheit, die Zweifel an der Fähigkeit der Menschen, die Wahrheit zu erkennen, erreichen ihren Höhepunkt, als auch Amphitryon anerkennt, *dass er* (der Doppelgänger) *Amphitryon ihr* (d.h. für sie) *ist*. Alkmenes Gefühlssicherheit ist, so scheint es, gegenüber Jupiters göttlicher Allmacht aus den Angeln gehoben. Da gibt sich Jupiter zu erkennen. Blitz und Donnerschlag ertönen, ein Adler schwebt hernieder. Jupiter steigt in Wolken auf. Amphitryon erkennt Jupiter, Alkmene flüchtet in Amphitryons Arme. Symbolischer Bewegungsablauf auf der Bühne! Jupiter ruft Amphitryon zu: *Zeus hat in deinem Hause sich gefallen ...* Alkmene: *Amphitryon!* ... Amphitryon: *Alkmene!* Alkmene: *Ach!* – Das Unsagbare, das Mysterium, das Wunder beginnt beiden als solches erahnbar und tiefer verstehbar zu werden. Das Gefühl hat Alkmene unzerstörbar mit Amphitryon verbunden. Ist, was Alkmene in der Gestalt Jupiters erscheint, eine Halluzination der Liebe, ein Traum von einem Gatten, ein Geschöpf Alkmenes? Kleists *Amphitryon* ist vor dem Zeithintergrund des frühen 19. Jahrhunderts zu sehen und ohne die Identitätsphilosophie Schellings nicht denkbar und nicht zu verstehen.[3]

«Nur dem Gotte konnte es gelingen, Alkmene zu gewinnen, weil und nur insofern er, kraft seiner göttlichen Allmacht, völlig und in allem *Amphitryon* zu werden vermag.»[4] Alkmene liebte in dem Gott Amphitryon – und in Amphitryon den Gott. «Die Liebe zu ihrem Mann ist das, was Alkmenes Existenz ausmacht und wovon sie so ausschließlich beherrscht wird, dass nur der Erhabenste der Gatte sein kann: Jupiter in der Gestalt Amphitryons. (...) Der gewaltige Augenblick des letzten Aufzuges, als sie sich von dem irdischen Amphitryon abwendet und sich für den göttlichen entscheidet, ist in Wahrheit ein Akt äußerster Treue, ist die letzte Konsequenz ihres Herzens. Der Gott in der Gestalt ihres Gatten hat ihr den Gatten recht eigentlich erst geschenkt, hat ihr zur tiefsten, ungeahnten Übereinstimmung mit ihm verholfen. In Jupiter erkennt ihr untrügliches Gefühl den wahren Amphitryon.»[5]

JUPITER ZU AMPHITRYON: *Ich liebe ja nicht Alkmene allein; ...*
Ich liebe euch beide, als Paar.
Ich liebe diese zwei schönen und starken Leiber, die ihr
hier am Beginn der Menschenzeit über den Bug der Mensch-
heit ragt wie zwei geschnitzte Galionsfiguren. Ich möchte
mit euch im Bunde sein.
(Giraudoux, *Amphitryon 38*, 3. Akt, 4. Szene)

Jean Giraudoux schrieb 1929 seine Komödie *Amphitryon 38*. Der überraschende Titel gibt zu verstehen, dass der Autor dabei von 37 vorausgehenden Bearbeitungen des antiken Stoffes Kenntnis hatte. Jupiter kann als Liebhaber Alkmene dem Amphitryon nicht abspenstig machen. Obwohl er als Gott erheblich über alle Menschen erhaben ist, findet er doch in ihrem Inneren keinen Zugang zu Alkmene.

Nur durch Täuschung und Gebrauch seiner göttlichen Allmacht gelingt es Jupiter, mit Alkmene den göttlichen Sohn Herakles zu zeugen. Wie Alkmene selbst Jupiter als Liebhaber ablehnt, erweist sich in Giraudoux's Komödie als psychologisch feinfühliges, höchst modernes Hohelied auf die unbeirrbare Liebe einer Frau zu ihrem Mann.

Jupiter will als Gott geliebt werden, Alkmene aber schwört, ihrem Gatten treu zu sein oder zu sterben. Jupiter gelingt die Täuschung, Herakles wird gezeugt. Alkmene jedoch hält an ihrer Treue zu Amphitryon fest. Jupiter erkennt gegenüber Merkur an: Alkmene hat über ihn triumphiert. Ihm gelang es nicht, in ihren Augen ein anderer als ihr Mann zu sein. Von seiner Göttlichkeit wollte sie nichts wahrhaben. Daher beschließt er, erneut zu Alkmene zu gehen, und zwar als Gott, um als solcher geliebt zu werden.

Alkmene gesteht dem Gott Merkur, sie wisse um den Sinn der Leidenschaften, die Jupiter sich in die Arme einer Sterblichen stürzen lassen: Veredelung, Verbindung der Menschen mit der Schönheit und Reinheit. Das Los der erwählten Frauen erscheine ihr *unendlich glücklich*. Sie aber könne nicht seine Geliebte sein, sie liebe ihren Gatten. *Mein Mann kann mir Jupiter sein, Jupiter kann nicht mein Mann sein.* Naive Tugend verbindet sich mit Instinktsicherheit und Schlagfertigkeit. Als der echte Amphitryon kommt, glaubt Alkmene in ihm Jupiter zu erkennen, lockt ihn durch Täuschung in ein dunkles Gemach, in dem Leda, die auf Besuch anwesend ist, *auf Jupiter* wartet. Amphitryon wird hier seiner Gattin ungewollt durch ihre List untreu. Damit wird ein durch die Konstellation des Dramas bedingtes Ungleichgewicht ausbalanziert. Beide Ehepartner waren jetzt einander untreu, ohne dies gewollt zu haben. Als Jupiter erscheint, bietet ihm Alkmene statt Liebe Freundschaft an. Jupiter lässt sich diese erklären und nimmt das Angebot an. Nun erkennt Alkmene, dass Jupiter schon vorher *die Erfüllung seines Verlangens* gefunden hat. Die Schlussszene des witzigen Stückes vereint das Paar und entlässt die Zuschauer in die Nachdenklichkeit:

Amphitryon tritt auf.

Alkmene: *Er* (Jupiter) *hat uns nur auf die Probe gestellt! Alles, was er von uns begehrt, ist ein Sohn.* Alkmene und Amphitryon stehen in einem *Kreis von Licht* als Paar, das *sich nie vergangen hat und sich auch niemals vergehen wird.* Vorhang. H. K.

Quellen: Homer, Ilias 14,15 f.; 19,98 ff. Odyssee 11,266 ff. Hesiod, Der Schild des Herakles 1–56; Pindar, Pythische Oden 9,81 f.; Nemeische Oden 4,20. Apollodor, Bibliothek 2,4. 6. 7. 8 Hyginus, Fabulae 129; Titus Maccius Plautus, Amphitruo (Tragikomödie, ca. 200 v. Chr., mit allen wesentlichen Motiven, grundlegendes römisches Vorbild für die weiteren Bearbeitungen des Stoffes).

Dramen: Aischylos (515/24–456 v. Chr.), Alkmene. – Sophokles (496–406), Amphitryon. – Ion von Chios (5. Jh. v. Chr.), Alkmene. – Euripides (ca. 480 – 406 v. Chr.), Alkmene. (Die vier Dramen sind nicht erhalten.) – Molière, Amphitryon, 1668. – John Dryden, Amphitryon, 1690. – Johannes Daniel Falk, Amphitryon, 1804. – Heinrich von Kleist, Amphitryon, 1807. – A. W. Henzen, Amphitryon, 1903. – G. Stommel, Amphitryon, 1911. – O. Fischer, Jupiter, 1919. – Jean Giraudoux (1882–1944), Amphitryon 38, 1929. – Georg Kaiser, Zweimal Amphitryon, 1944. – Eckart Peterich, Alkmene, 1959. – Armin Stolper, Amphitryon, 1967. – Peter Hacks, Amphitryon, 1968.

Opern: André Ernest Gretry, Amphitryon, 1788. – Ermanno Wolf-Ferrari, Kuckuck von Theben, 1943. – Robert Oboussier, Amphitryon, 1951. – Giselher Klebe, Alkmene, 1961. – I. Zimmermann/A. Kunad, Amphitryon, 1984.

1 *Über die Deutung von Zwillingsgeburten in der Antike vgl. H. Rose, Griechische Mythologie (⁹1997) 203 f.*

2 *Vgl. Apollodor, Bibliothek 2,4. 6. 7. 8 Hesiod, Schild des Herakles 1–56 Hyginus, Fabulae 129 Plautus, Amphitruo, Prolog 113*

3 *Vgl. auch P. v. Matt (⁵2001) 210: XVI. Das Wort Liebe und die deutsche Gegenreligion*

4 *G. Fricke, Gefühl und Schicksal bei Heinrich von Kleist. (1929, Nachdr. 1963) 76 f.*

5 *G. Blöcker, Heinrich von Kleist oder das absolute Ich (1960, Nachdr. 1977) 138 f.*

Zeus und Hera

Hera wirft Zeus vor, er wolle die Trojaner unterstützen. Hephaistos besänftigt Zeus und Hera.

Gegen sie rief antwortend der Herrscher im Donnergewölk Zeus:
Immer, du Wunderbare, vermutest du; spähst mich immer aus!
Doch nicht schafft dein Tun dir das mindeste; sondern entfernter
Wirst du im Herzen mir stets: was dir noch schrecklicher sein wird;
Wenn auch jenes geschieht, so wird mir's also belieben!
Sitze denn ruhig und schweig', und gehorche du meinem Gebote.
Kaum wohl schützten dich sonst die Unsterblichen all im Olympos,
Trät ich hinan, ausstreckend zu dir die unnahbaren Hände!
Jener sprach's; da erschrak die hoheitblickende Hera;
Schweigend saß sie nunmehr und bezwang die Stürme des Herzens.
Doch rings trauerten im Saale die göttlichen Uranionen.
Jetzt begann Hephaistos, der kunstberühmte, zu reden,
Seiner Mutter zu Gunst, der lilienarmigen Hera:
Heillos wird solches zuletzt und gar unerträglich,
Wenn ihr beid' um Sterbliche nun euch also entzweiet,
Und zu Tumult aufreizt die Himmlischen! Nichts ja genießt man
Mehr von der Freude des Mahls; denn es wird je länger, je ärger!
Jetzt ermahn' ich die Mutter, wiewohl sie selber Verstand hat;
Unserem Vater zu nahn mit Gefälligkeit, dass er hinfort nicht
Schelte, der Vater Zeus, und uns zerrütte das Gastmahl.
Denn sobald er es wollte, der Donnergott des Olympos,
Schmettert er uns von den Thronen; denn er ist mächtig vor allen.
Aber wohlan, du wollest mit freundlichen Worten ihm schmeicheln;
Bald wird wieder zu Huld der Olympier uns versöhnt sein.
Jener sprach's, und erhob sich, und nahm den doppelten Becher,
Reicht' in die Hand der Mutter ihn dar, und redete also:
Duld', o teuerste Mutter, und fasse dich, herzlich betrübt zwar!
Dass ich nicht, du Geliebte, mit eigenen Augen es sehe,

Wenn er dich straft; dann sucht' ich umsonst, wie sehr ich mich
härmte,
Rettung; schwerlich mag ja dem Olympier einer begegnen!
Denn schon einmal vordem, als abzuwehren ich strebte,
Schwang er mich hoch, bei der Ferse gefasst, von der heiligen Schwelle.
Ganz den Tag hinflog ich, und spät mit der sinkenden Sonne
Fiel ich in Lemnos hinab, und atmete kaum noch Leben;
Aber der Sintier Volk empfing mich Gefallenen freundlich.
Sprach's; da lächelte sanft die lilienarmige Hera;
Lächelnd darauf entnahm sie der Hand des Sohnes den Becher.
Jener schenkte nunmehr auch der übrigen Götterversammlung
Rechts herum, dem Kruge den süßen Nektar entschöpfend.
Doch unermessliches Lachen erscholl den seligen Göttern,
Als sie sahn, wie Hephaistos in emsiger Eil' umherging.
Also den ganzen Tag bis spät zur sinkenden Sonne
Schmausten sie und nicht mangelt' ihr Herz des gemeinsamen Mahles,
Nicht des Saitengetöns von der lieblichen Leier Apollons,
Noch des Gesangs der Musen mit hold antwortender Stimme.
Aber nachdem sich gesenkt des Helios leuchtende Fackel,
Gingen sie auszuruhn, zur eigenen Wohnung ein jeder,
Dort wo jedem vordem der hinkende Künstler Hephaistos
Baute seinen Palast mit erfindungsreichem Verstande.
Zeus auch ging zum Lager, der Donnergott des Olympos,
Wo er zuvor ausruhte, wenn süßer Schlaf ihm genaht war;
Dorthin stieg er zu ruhn, mit der goldthronenden Hera.

HOMER, ILIAS 1,560–611

Hera und Athene zürnen Zeus, weil er den Trojanern hilft. Zeus beharrt auf seinem Willen, die Trojaner so lange zu unterstützen, bis Achill sich wieder am Kampf beteiligt.

Zeus sprach's; da murrten geheim Athena und Hera.
Nahe sich saßen sie dort, nur Unheil sinnend den Troern.
Jene nunmehr blieb schweigend und redete nichts, Athena,
Eifernd dem Vater Zeus, und ihr tobte das Herz in Erbitterung.
Hera nur konnte den Zorn nicht bändigen, sondern begann so:
Welch ein Wort, Kronion, du Schrecklicher, hast du geredet!
Wohl ja erkennen auch wir, wie an Macht unbezwinglich du waltest.
Aber es jammern uns der Danaer streitbare Völker,

Welche das böse Geschick nunmehr vollendend verschwinden.
Dennoch entziehn wir hinfort dem Gefecht uns, wenn du gebietest;
Rat nur wollen wir geben den Danaern, welcher gedeihe,
Dass nicht all' hinschwinden vor deinem gewaltigen Zorne.
Ihr antwortete drauf der Herrscher im Donnergewölk Zeus:
Morgen gewiss noch mehr, du hoheitblickende Hera,
Wirst du schaun, so du willst, den überstarken Kronion
Tilgen ein großes Heer von Achaias Lanzengeübten.
Denn nicht ruhn soll eher vom Streit der gewaltige Hektor,
Eh' sich erhebt bei den Schiffen der mutige Renner Achilleus,
Jenes Tags, wann dort sie zusammengedrängt um die Steuer
Kämpfen in schrecklicher Eng', um den hingesunknen Patroklos.
Also sprach das Verhängnis! Doch dein, der Zürnenden, acht' ich
Nichts, und ob du im Zorn an die äußersten Enden entflöhest
Alles Lands und des Meeres, wo Iapetos drunten und Kronos
Sitzen, von Helios nie, dem leuchtenden Sohn Hyperions,
Noch von Winden erfreut; denn tief ist der Tartaros ringsum!
Nicht ob auch dort hinschweifend du wandertest, nicht auch ein wenig
Acht' ich der Tobenden doch; weil nichts schamloser denn du ist!
Homer, Ilias 8,457–487

Hera, mit Aphrodites Gürtel geschmückt, verführt Zeus auf dem Ida, damit Poseidon, wenn Zeus in Schlaf sinkt, den Griechen im Kampf Beistand leisten kann.

Hera mit hurtigem Schritt erstieg des Gargaros Gipfel,
Idas Höh'. Und sie sah den Herrscher im Donnergewölk Zeus.
So wie er sah, so umhüllt' Inbrunst sein waltendes Herz ihm,
Jener gleich, da zuerst sich beide gesellt zur Umarmung,
Nahend dem bräutlichen Lager, geheim vor den liebenden Eltern.
Und er trat ihr entgegen, und redete, also beginnend:
Hera, wohin verlangst du, da hier vom Olympos du herkommst?
Auch nicht hast du die Ross' und ein schnelles Geschirr zu besteigen.
Listenreich antwortete drauf die Herrscherin Hera:
Zeus, ich geh' an die Grenzen der nahrungsprossenden Erde,
Dass ich den Vater Okeanos schau', und Thetys, die Mutter,
Welche beid' im Palaste mich wohl gepflegt und erzogen;
Diese geh' ich zu schaun, und den heftigen Zwist zu vergleichen.
Denn schon lange Zeit vermeiden sie einer des andern

Hochzeitsbett und Umarmung, getrennt durch bittere Feindschaft.
Aber die Ross', am untersten Fuß des quelligen Ida
Stehen sie, mich zu tragen durch festes Land und Gewässer.
Deinethalb nun bin ich hierher vom Olympos gekommen,
Dass nicht etwa dein Herz mir eiferte, wandelt' ich heimlich
Zu des Okeanos Burg, des tiefhinströmenden Herrschers.
Ihr antwortete drauf der Herrscher im Donnergewölk Zeus:
Hera, dorthin magst du nachher auch enden die Reise.
Komm, wir wollen in Lieb' uns vereinigen, sanft gelagert.
Denn so sehr hat keine der Göttinnen oder der Weiber
Je mein Herz im Busen mit mächtiger Glut mir bewältigt:
Weder als ich entflammt von Ixions Ehegenossin
Einst den Peirithoos zeugt', an Rat den Unsterblichen ähnlich;
Noch da ich Danae liebt', Akrisios' reizende Tochter,
Welche den Perseus gebar, den herrlichsten Kämpfer der Vorzeit;
Noch auch Phönix' Tochter, des ferngepriesenen Königs,
Welche mir Minos gebar, und den göttlichen Held Rhadamanthys;
Noch da ich Semele liebt', auch nicht Alkmene von Thebe,
Welche mir Mutter ward des hochgesinnten Herakles;
Jene gebar die Freude des Menschengeschlechts, Dionysos,
Noch da ich einst die erhabne, die schöngelockte Demeter,
Oder die herrliche Leto umarmte, oder dich selber:
Als ich jetzt für dich glühe, durchbebt von süßem Verlangen!
Listenreich antwortete drauf die Herrscherin Hera:
Welch ein Wort, Kronion, du Schrecklicher, hast du geredet!
Wenn du jetzt in Liebe gesellt zu ruhen begehrest
Oben auf Idas Höhn, wo umher frei alles erscheinet;
O wie wär's, wenn uns einer der ewigwährenden Götter
Beid' im Schlummer erblickt, und den Himmlischen allen es eilend
Meldete? Ach nie kehrt' ich hinfort zu deinem Palaste,
Aufgestanden vom Lager; denn unanständig ja wär' es!
Aber wofern du willst, und deiner Seel' es genehm ist;
Hast du ja ein Gemach, das dein Sohn, der kluge Hephaistos,
Dir gebaut und die künstliche Pfort' an die Pfosten gefüget:
Dorthin gehn wir zu ruhn, gefällt dir jetzt das Lager.
Ihr antwortete drauf der Herrscher im Donnergewölk Zeus:
Hera, weder ein Gott, vertraue mir, weder ein Mensch auch
Wird uns schaun; denn ein solches Gewölk umhüll' ich dir ringsum,
Strahlend von Gold; nie würd' uns hindurchspähn Helios selber,

Der doch scharf vor allen mit strahlenden Augen umherblickt.
Also Zeus, und umarmte voll Inbrunst seine Gemahlin.
Unten nun spross die heilige Erd' aufgrünende Kräuter,
Lotos mit tauiger Blum', und Krokos, samt Hyakinthos,
Dichtgedrängt und weich, die empor vom Boden sie trugen.
Hierauf ruhten beide, und hüllten sich rings ein Gewölk um,
Schön und strahlend von Gold; und es tauten glänzende Tropfen.
Also schlummerten dort auf Gargaros Höhe der Vater,
Sanft von Schlaf bezwungen und Lieb', und umarmte die Gattin.
HOMER, ILIAS 14,292–353

Die überragende Bedeutung die Zeus, dem höchsten Gott, von den
Griechen beigemessen wurde, geht aus den vielen Attributen und
Beinamen hervor, die ihm bei Homer gegeben sind. Er ist der stärk-
ste der Götter (I. 8,31), regiert das All (Il. 13,632), ist der Vater der
Götter und Menschen (Il. 1,503, 544; 5, 757; 7,446;), beherrscht die
Naturkräfte, ist der Wolkenversammler (Il. 1,560; 8,469; 14,315;
Od. 1,63), Blitzeschleuderer (Od. 11,184; 12,415; 13,243; 19,121)
und Donnerer (Od. 5,4; 8,465; 15,180), Spender des Reichtums
(Il. 2,670) und Schicksalslenker der Menschen – allerdings ist er
auch selbst dem Schicksal unterworfen (Il. 16,434). Die Reihe ließe
sich fortsetzen. Zeus ist die Verkörperung der olympischen Macht
und der souveränen Klarheit einer oft nicht gleich erkennbaren Entscheidung. Er ist der Hüter und Verfechter der olympischen Ordnung im Gegensatz zum ungesicherten, der Willkür und Stärke des
einzelnen überlassenen Urzustand. Seine Kultstätten befanden sich in
Dódona (in Epirus in Nordgriechenland, Il. 16,233) und auf dem
Berg Ida (Gegend von Troja, Il. 8,47 f.). In der Kunst sind Zepter,
Blitze und der Adler an seiner Seite seine Attribute. Zeus war der
Sohn des Kronos und der Rhea, die beide Geschwister waren. Nach
seinem Vater auch *Kronide* oder *Kronion* genannt, vermählte sich
Zeus mit Hera, seiner älteren Schwester. «Unter den Götterpaaren ist
Zeus-Hera das wichtigste, das Urbild des Ehepaares überhaupt.»[1]
Hera war wohl eine besonders in der Landschaft Argolis auf der
Peloponnes verehrte Göttin. Im zweiten Jahrtausend vor Christus
herrschte dort die kretisch-mykenische Kultur. Hera wurde u. a. im
Hain des Zeus in Olympia verehrt und hatte in Argos, in Knossos
auf Kreta und auf der Insel Samos, ihrem Geburtsort, ihre berühmte-
sten Tempel. Sie selbst sagt (Il. 4,51 f.), die Städte Argos, Sparta und

Mykene seien ihr bei weitem die liebsten. Hera herrschte wie eine Königin an Zeus' Seite; als direkte Nachkommen aus dieser Ehe gelten die fünf Kinder: Ares, Hephaistos, Athene, Hebe (Jugendgöttin) und Eileithyia (Geburtsgöttin).

Dass Athene ohne Heras Zutun aus dem Haupt des Zeus entsprang, Hephaistos von Hera ohne Vater geboren wurde und Ares möglicherweise ein aus Thrakien eingedrungener Gott war, sei hier nur erwähnt. Hebe und Eileithyia sind weniger bekannte Gottheiten. Zeus war durch die Überwindung seines Vaters Kronos an die Macht gelangt, konnte diese aber im Olymp nicht ganz ungestört ausüben. Gelegentlich murrten die Götter über seine Entscheidungen.

Als *goldthronende* (Il. 1,611) Himmelskönigin hatte Hera den Einfluss und das Ansehen der mächtigsten aller Göttinnen. Auf Erden wurde sie als Göttin der Fruchtbarkeit der Frauen verehrt (vgl. Il. 1,269; 19,117) und galt als zuständig in allen Fragen der Ehe. Die Frauen sahen in Hera ihre Schutzpatronin. Apfel und Granatapfel waren ihr heilig und gelten als ihre Erkennungszeichen. Die Macht und die Ränke seiner Gemahlin, die zwischen Himmel und Erde ein prachtvolles Rossegespann benützte (Il. 5,768 f.; 8,382; 14,299), durfte Zeus nicht unterschätzen. Er scheute es, sich mit ihr zu verfeinden. (Il. 1518 f.) In den häufigen Streitereien mit seiner listigen Gattin bediente er sich sogar drastischer Mittel: er drohte ihr Schläge an (Il. 1,565 ff.), oder schlug sie (Il. 1,587; 15,17). Hera hatte sich einmal mit Athene und Poseidon, dem Bruder des Zeus, verbündet und Zeus, während er schlief, gefesselt, um die Götter gegen ihn aufzuwiegeln. (Il. 1,397 ff.) Doch hatte Thetis Zeus befreit, indem sie rasch den hundertarmigen Riesen Briareos in den Olymp holte, der die vielen Knoten alsbald löste. Die Verschwörer wurden dadurch abgeschreckt, die denkbar schlimmste Auseinandersetzung war damit abgewendet.

Zur Strafe aber hängte Zeus Hera in Äther und Wolken an den Handgelenken auf und beschwerte ihre Füße mit Ambossen. (Il. 15,18 ff.) Aus ihrer peinvollen Lage befreite er sie erst, als die olympischen Götter schworen, sich nie wieder gegen ihn zu erheben. Seitdem fürchtete Hera ihren Mann und lenkte deshalb ihm gegenüber oft genug ein, nicht selten durch ihr Schweigen. Gelegentlich beklagt sich Zeus bitter über Heras Trotz und unerträglichen Starrsinn, den er nur mühsam durch Worte bezwingen kann. (Il. 5,892) Es scheint, dass Hera, die Schützerin des Großviehs, in ganz alter

Zeit eine Göttin außerhalb einer Paarverbindung war. Ihre selbstbewussten Reaktionen gegenüber Zeus lassen auf eine frühere Selbständigkeit schließen. Wie rachsüchtig Hera oft war, ersehen wir aus
ihrer und Athenes Reaktion auf das Parisurteil. Als Paris den Apfel
Aphrodite zugesprochen hatte, schmiedeten die beleidigten Göttinnen Hera und Athene in dem daraus entstehenden Trojanischen
Krieg finstere Pläne gegen die Trojaner und halfen wirkungsvoll auf
Seiten der Griechen. (Il. 24,25 ff.) Ihre Rachegelüste, die sie in ständiger Eifersucht hegte, kühlte sie unermüdlich an den zahlreichen
Göttinnen und irdischen Frauen, denen Zeus, stets nur für kurze
Zeit, seine Liebe geschenkt hatte. Selbst deren Kinder verfolgte sie
unerbittlich. Zeus' Liebesverhältnisse mit anderen Frauen, von denen
er einige im Text freimütig gesteht, waren ihr, der Beschützerin der
Einehe unter den Menschen, stets ein Dorn im Auge.

Vor allem durch Darstellungen in der Bildenden Kunst wurden am
bekanntesten: seine Liebe zur Königstochter Danae, der sich Zeus in
Gestalt eines Goldregens näherte. Aus dieser Verbindung wurde Perseus geboren. – Die Tochter des Phoenix war Europa. Zeus entführte
sie in Gestalt eines Stiers nach Kreta und zeugte mit ihr Rhadamanthys, der als Richter im Totenreich bekannt ist, sowie Minos,
den König von Kreta. – Semele, die Tochter des Kadmos und der
Harmonia, empfing bei ihrer Vereinigung mit Zeus den Gott Diónysos. Als Zeus sich Semele auf ihren Wunsch hin in seinem göttlichen
Strahlenkranz, d.h. mit Donner und Blitz, näherte, verzehrte sich
ihr Körper. Der Gott Hermes holte das ungeborene Kind im letzten
Augenblick aus dem Leib seiner Mutter und Zeus ließ es sich in sei-
nen Schenkel einnähen. Nach drei Monaten wurde Diónysos aus
Zeus geboren. Diónysos wurde auch Bakchos genannt und erfreute
sich als Erfinder des Weinbaus und Gott des Weines und der Ekstase
in der ganzen hellenistischen Welt allgemeinen Ansehens und größter
Beliebtheit. – Demeter war wie Zeus und Poseidon ein Kind des
Kronos und der Rhea. Sie ist die große Erdgöttin, die von den
Römern Ceres genannt wurde, und zählt zu den zwölf bedeutendsten
Göttern des Olymp. Zeus zeugte mit ihr Persephone, die spätere
Gemahlin des Hades (Pluto).

Als letzte in dem Katalog der schönen Geliebten oder auch Ge-
mahlinnen des Zeus wird Leto, die Tochter des Titanen Koios und
der Phoebe, genannt. Leto hatte als Schwangere kurz vor der Niederkunft besonders unter der Verfolgung durch die eifersüchtige

Hera zu leiden. Da Hera verboten hatte, dass irgendein Land oder eine Insel Leto aufnehme, wanderte diese umher, bis sie schließlich auf Delos, das damals noch eine schwimmende Insel war, nach neuntägigen Wehen niederkam. Sie wurde Mutter der Zwillingsgötter Apoll und Artemis. Erst nach der Geburt befestigte Poseidon die Insel durch eine Säule auf dem Meeresboden. – Natürlich zeugte Zeus auch noch mit anderen Frauen Kinder, doch kann hier nicht weiter auf die lange Reihe der Liebesabenteuer des Göttervaters eingegangen werden.

Auf Zeus' vielfache Untreue – die Einehe bindet bei den Griechen homerischer Zeit und später im Prinzip nur die Frau – reagierte Hera mit List und Intrigen. Doch obwohl beide Gatten einander in den persönlichen Beziehungen nicht vertrauten, bildeten sie doch ein untrennbares Paar. Da Zeus und Hera in den Epen Homers ständig streiten, zeigen sie dem Leser Verhaltensweisen, die denen der Menschen auffallend gleichen. Wir sehen, dass gewisse Charakteristika der Beziehungen zwischen Mann und Frau zeitunabhängig auftreten können. Insgesamt spiegeln die ehelichen Beziehungen des göttlichen Paares natürlich die menschlichen, dichterisch überhöhten Verhältnisse eines zu Homers Zeiten längst vergangenen Heroen-Zeitalters wieder. Es lässt sich daraus aber auch erkennen, dass in Zeus' Weltregierung dem weiblichen Element stärkste, aus der Existenz entspringende Mitwirkung zugewiesen ist. Als Zeus' Gattin erfährt Hera als erste von allen Sterblichen und Unsterblichen, was ihr zu hören bestimmt ist. Doch was Zeus allein beschließt, soll sie nicht zu erfahren trachten. (Il. 1,544 ff.) Er fürchtet, sie könne seine Pläne mit List vereiteln. (Il. 8,408) «Zeus ist auch als Gatte, wie als oberster Gott, ein Teil innerhalb eines Systems, das in seiner Struktur labil ist. Deshalb (ge)braucht er Macht, um seine Position zu erhalten.»[2]

Hera, groß und stattlich, auch als kuhäugig bezeichnet, was damals als schön galt, plante und taktierte in ihrer Ehe unaufhörlich. Als sie den Entschluss gefasst hatte, Zeus auf dem Berg Ida zu verführen, wollte sie sicherstellen, dass dabei nichts schief ging und bediente sich einer unerhörten List. Sie versuchte zu erreichen, dass Zeus nach dem Beischlaf eine Zeitlang unaufmerksam war, d. h. in Schlaf fiel, damit während dieser Zeit die Griechen im Kampf um Troja mit dem Beistand des Gottes Poseidon die Trojaner erfolgreich angreifen und zurückschlagen könnten. Zur Absicherung ihres Erfolgs – offenbar traute sie ihren eigenen Reizen nicht ganz – lieh sie sich daher von der Liebesgöttin Aphrodite einen Gürtel aus, der allen Zauber enthielt:

Liebe, Begierde, betörendes Liebesgeflüster, / Schmeichelnde Bitte, die selbst dem Verständigsten raubt die Besinnung.[3]

Erstaunlicherweise wird den zärtlichen, verlockenden Worten der Frau beim Liebesspiel allergrößte Bedeutung beigemessen. Hera legt das erotisierende Kleidungsstück selbst an. Der breite, eng anliegende Gürtel betonte die unbedeckten Körperteile umso mehr. Ihr Vorhaben gelingt, sie betört ihren Gatten, und als er, der lebenspendende Besamer, der an einen Regengott erinnert, nach dem Liebesakt einschläft, kann sie triumphieren. Die Verse 14,346–51 zählen zu den berühmtesten der *Ilias*. Die Vermählung[4] des Götterpaares lässt Blumen, Kräuter und Gräser emporsprießen. Die durch die Vereinigung entstehende Fruchtbarkeit des Bodens kann als Bild der Verbindung des Himmels mit der Erde gedeutet werden. Darf man sich an dieser Stelle der Gedichtzeilen Eichendorffs erinnern?: «Es war, als hätt' der Himmel / Die Erde still geküsst, / Dass sie im Blütenschimmer / Von ihm nun träumen müsst' ...»

Hera nützt Zeus' Schlaf, um die ihr verhassten Trojaner mit Poseidons Hilfe verlustreich zurückwerfen zu lassen. Als Zeus erwacht, sieht er die Trojaner in wilder Flucht. Er erkennt, dass seine göttliche Gattin ihn tückisch hintergangen und den Liebesakt als Mittel zu seiner Täuschung instrumentalisiert hat. «Zeus erfährt den vollkommenen Liebesgenuss gerade da, wo er getäuscht wird.»[5] Der prinzipielle Gegensatz der Geschlechter ist unübersehbar. Heras Anspielung auf die Entfremdung zwischen Okeanos und Thetis (Il. 14,305f.) und ihre angeblich geplante Versöhnung verstärkt durch die gegebene Parallele den Eindruck eines Urgegensatzes. Jetzt wird verständlicher, warum Hera Aphrodites Gürtel braucht. Zeus wird von bezwingender Liebe oder Begierde geleitet, Hera dagegen bietet eine berechnete Inszenierung. Für den Zeitpunkt, das Zustandekommen und Gelingen des Liebesaktes waren der Wille und die Initiative der Frau von entscheidender Bedeutung. Danach aber kommt es zum Zerwürfnis.

Hera treffen harte Vorwürfe und massive Drohungen ihres Gatten. Sie versucht sich herauszureden (Il 15,4ff. 14ff.), aber: «indem die Frau ihre eigenen Zielsetzungen – als nicht von der patriarchalischen Wertewelt bestimmte – durchzusetzen versucht, muss sich der Mann in seiner eigenen Intentionalität zwangsläufig als der Betrogene empfinden, und dafür rächt er sich mit brutaler Gewalt bzw. mit der Demütigung der Frau.»[6]

Permanentes Rivalisieren, Ehezwist als Dauerzustand charakterisieren in Homers Dichtung das Verhältnis zwischen Zeus und Hera. Sie versucht, ihm nachzuspionieren und ihn zu kontrollieren, er hat Mühe, sie auf Distanz zu halten. Dass Hera auf Dauer unterlegen bleiben muss, will sie nicht offen in ihren Handlungen realisieren, sie weiß es aber. Ehebrüche ihres Mannes mit anderen Frauen kann sie nicht verhindern, die ständigen Eifersüchteleien seiner herrschsüchtigen Gattin aber erträgt Zeus mit Missmut und Unbehagen. Das mangelnde Vertrauen lassen die Ehegatten einander fühlen. Im Kampf um Troja unterstützt Zeus in der Regel die Trojaner, Hera dagegen immer die Achaier (Griechen). Diese Konstellation ist ein Abbild des Verhaltens beider in der Ehe, des Urstreits zwischen Mann und Frau. Hera scheint in ihrer Ehe mit Zeus weniger Mutterschaft als eigene Erfüllung und persönliche Macht gesucht zu haben.[7]

In den Mythen der Griechen ist die Erinnerung an die vorgriechische Kultur im dritten und in der ersten Hälfte des zweiten Jahrtausends v. Chr. erhalten. Die Mythen, auf die Homer zurückgreift, spiegeln großenteils Geschehnisse des zweiten Jahrtausends v. Chr. wieder. Archäologische Funde aus der vorgriechischen, der minoisch-kretischen Zeit in Kreta und Mykene vermitteln uns heute ein lebendiges, aber begrenztes Bild von der noch weitgehend unbekannten, hochentwickelten Kultur jener Epoche. Erst seit dem 15. Jahrhundert v. Chr. wurde Kreta von den Machthabern der mykenischen Kultur beherrscht. Platon[8] und Plutarch[9] berichten, dass die Kreter nicht vom Vaterland, sondern vom *Mutter*land sprechen. Unter den vorgeschichtlichen Ausgrabungsgegenständen sind in Kreta weibliche Gottheiten zahlreich vertreten, aber keine männlichen. Verehrt wurde eine Ur-Erdmutter. Aufgrund dieser und anderer Tatsachen kann mit einer gewissen Wahrscheinlichkeit auf eine Frauenherrschaft vorhistorischer Zeit in Kretas Kulturgebiet geschlossen werden, was immer man darunter verstehen mag. Es kann davon ausgegangen werden, dass es später zu einer Konfrontation der zwei Gesellschaftsformen, des Matriarchats der kretischen Gesellschaft und des Patriarchats der Griechen kam, dass aber der Kult der kretischen Muttergottheit zunächst weiter fortbestand. Lassen sich in Heras Verhalten virulente Reste eines vorolympischen Matriarchats[10] erkennen, das dem Patriarchat der olympischen Zeit (Zeus) weichen musste? Zu Heras Zeit ist der Einfluss der mutterrechtlichen Welt geschwunden, Zeus muss aber allerhand Scharfsinn aufbieten, um seine Herrschaft gegen die Nachwirkungen des Matriarchats zu behaupten. Unter diesem Gesichtspunkt kann auch das Phänomen besser verstanden werden, dass Zeus ohne Mitwirkung einer Frau aus seinem Kopf Athene und aus seinem Schenkel (seiner Hüfte) Diónysos (Bakchos) gebären konnte, Hera hingegen ohne Zeus Hephaistos und Typhon zur Welt brachte. Die Rollen von Mann und Frau scheinen vorübergehend austauschbar gewesen zu sein.

Wir erinnern uns in diesem Zusammenhang daran, dass Mythen nicht eindeutig in begriffliche Sprache übersetzt werden können, weil sie nicht eindeutig verstehbar sind. Sie entstanden in vorhistorischer Zeit aus dem Wunsch und auf der Suche nach Erkenntnis und sprechen in großen Bildern. Die mythischen Menschen lebten jedoch in einer anderen psychischen Verfassung als wir.[11] «Der Mythos wendet sich nun einmal nicht an die Ratio, sondern an das Gefühl, und er spricht so, dass er von diesem verstanden wird.»[12] Das Verständnis des Verhältnisses Zeus-Hera bei Homer unter den vorgetragenen Gesichtspunkten mag zunächst als hypothetisch erscheinen, es gewährt aber doch Einblick in tiefere Schichten des Mythos und schließt andere Deutungen nicht aus. Es macht Verhaltensweisen der Ehepartner einleuchtender und vor allem das wiederholte Einander-gegenüber-Treten und anschließende Zurückweichen voreinander begreiflicher.

Daher lässt es auch den Gedanken plausibel erscheinen, die Paarbeziehung Zeus-Hera nicht nur als ein der Ilias immanentes Phänomen zu betrachten, sondern die ständigen Konflikte beider in vertretbaren Vergleichen und Analogiebildungen für die Klärung tiefenpsychologisch zu therapierender Beziehungen in Streitehen und Partnerschaften heranzuziehen. Es gehört zu den Geheimnissen der Mythen, dass der Einzelne sich in ihnen wiederfindet. An der Gegenwart des Mythischen besteht kein Zweifel.   H. K.

Quellen: Homer, Ilias 1,560 ff.; 8,457 ff.; 14,292 ff. Hesiod, Theogonie 914 ff. Plastiken, Amphoren, Münzen: Die berühmteste Zeusstatue der Antike (Gold und Elfenbein) stammte von dem Bildhauer Phidias (5. Jh. v. Chr.) und befand sich im Zeustempel von Olympia. – Heilige Hochzeit des Zeus und der Hera (Relief), Metope vom Heraion in Selinunt, ca. 460 v. Chr., Palermo, Museo Nazionale. – Zeuskopf von Otricoli (Kopie), Rom, Vatikan. Museum. – Zeus und Hera, thronend, Amphora des Nikoxenos – Malers, um 500 v. Chr., München, Staatl. Antikensammlungen. – Zeus und Adler.

Lakonische Schale des Naukratis – Malers. Um 560 v. Chr., Paris, Louvre.
– Zeus als Blitze-Schwinger. Bronzestatuette aus Dodona, um 470 v. Chr.,
Berlin, Charlottenburg. – Kopf des Zeus, 133 n. Chr., Bronzemünze von
Elis, Berlin Staatl. Münzkabinett. – Sitzbild des phidiasischen Zeus (Rück-
seite einer Bronzemünze), Florenz, Museo Archeologico. – Juno Ludovisi
(Kopf), ca. 40/50 n. Chr., Rom, Museo Nazionale.
Gemälde: Zeus und Hera auf dem Ida. Röm. Wandgemälde aus Pompeji,
Haus des tragischen Dichters, Neapel, Museo Nazionale. – A. Schiavone
(gest. 1563), Geburt Jupiters, Wien, Kunsthistor. Museum. – Paolo Veronese, Jupiter, Blitze schleudernd, 1554, Paris, Louvre. – H. van Balen
(1575–1632), Jupiter und Europa, Wien, Kunsthistor. Museum. –
J.-B. Pierre, Jupiter und Juno, 1748, Paris, Louvre. – A. Carracci (1560–
1609), Jupiter und Juno, Rom, Galleria Borghese. – J. Breughel d. Ä.
(1568–1625), Juno in der Unterwelt, Dresden, Gemäldegalerie. – J. Both
(1610–52), Juno schmückt ihre Pfaue, München, Alte Pinakothek. –
L. Corinth, Jugend des Zeus, 1905.

1 W. Burkert (1977) 335
2 Th. Reucher (1983) 293
3 Ilias 14,216 Übers. von H. Rupé
4 Vgl. Hieros Gamos In: Der Kleine Pauly 2 (1979) Sp. 1139 ff.
5 Th. Reucher (1983) 280 f.
6 Th. Reucher (1983) 280 f.
7 Vgl. K. Kerényi, Die Mythologie der Griechen ([18]1999) 1,79
8 Der Staat 9, 575 d
9 Ob ein Greis Staatsgeschäfte führen solle 17
10 Vgl. Der Kleine Pauly 2 (1979) Sp. 1031 Heraia V. Kast, Paare (1985) 93 f.
11 Vgl. W. F. Otto, Die Götter Griechenlands ([3]1947) 175
12 N. Bischof ([2]2000) 330

Oidipus und Iokaste

Odysseus sieht bei seinem Besuch in der Unterwelt den Schatten der Iokaste

Hierauf kam Epikaste (Iokaste), die schöne, Oidipus Mutter,
Welche die schreckliche Tat mit geblendeter Seele verübet:
Ihren leiblichen Sohn, der seinen Vater ermordet,

Nahm sie zum Mann! Allein bald rügten die Götter die Schandtat.
Oidipus herrschte, mit Kummer behäuft, in der lieblichen Thebä
Über Kadmos' Geschlecht, durch der Götter verderblichen Ratschluß.
Aber sie fuhr hinab zu den festen Toren des Todes,
Denn sie knüpft an das hohe Gebälk, in der Wut der Verzweiflung,
Selbst das erdrosselnde Seil und ließ unnennbares Elend
Jenem zurück, den Fluch der blutgeschändeten Mutter.
HOMER, ODYSSEE 11,271–280

Laios, aus der Stadt Theben verbannt, hielt sich bei Pelops auf der Peloponnes, *Pelopsinsel*, auf. Dort unterrichtete er Chrysippos, den Sohn des Pelops und einer Nymphe, in der Kunst des Wagenlenkens. Dabei verliebte er sich leidenschaftlich in den schönen Jungen, entführte ihn nach Theben und entehrte ihn. Daraufhin soll sich Chrysippos aus Scham getötet haben. (Nach einer anderen Version der Sage konnte Chrysippos bald darauf zu seinem Vater zurückkehren.) Aus Erbitterung über die Undankbarkeit des Laios sprach Pelops einen schrecklichen Fluch aus: Der seinem unbeherrschten Trieb zur Knabenliebe erlegene Laios solle, falls er einen Sohn zeuge, von ihm getötet werden. Laios' Gattin war Iokaste (Homer: Epikaste), die Tochter des Menoikeus.

Als Laios, der sich um die Nachfolge sorgte, da seine Ehe bislang kinderlos geblieben war, den Apoll von Delphi befragte, bestätigte das Orakel nur den Fluch: Werde Laios ein Sohn geboren, dann werde ihn dieser erschlagen. Trotz der unheilvollen Voraussage schlief Laios nach einem ausgiebigen Weingenuss mit seiner Frau – und sie schenkte einem Sohn das Leben. Weil die Eltern aber die vom Orakel prophezeite Gefahr abwenden wollten, sollte das drei Tage alte Knäblein in der wilden Natur ausgesetzt werden. Vorher durchbohrte der Vater ihm, wie bei erlegtem Wild, die Fersen mit Metallspitzen und band sie zusammen. Die Aussetzung eines verkrüppelten Kindes sollte verhindern, dass es durch andere Menschen aufgenommen werde. Das Aussetzen eines behinderten Kindes war damals keineswegs strafbar. Iokaste übergab ihren kleinen Sohn (Sophokles, *König Oidipus* 1173–74) einem Hirten mit dem Auftrag, ihn im Waldgebirge des Kithairon seinem Schicksal zu überlassen. Dieser jedoch schenkte das Kind aus Mitleid einem korinthischen Hirten, der im Nachbargebiet seine Herde weidete. Von ihm wurde der Junge zu Polybos und Merope gebracht, dem Königspaar von Korinth.

Da diese kinderlos waren, nahmen sie das Findelkind als ihr eigenes an und gaben ihm wegen seiner durchstochenen Fersen den Namen Oidipus, *Schwellfuß*. Oidipus übertraf seine Altersgenossen an Tüchtigkeit weit. Aber bei einem Gelage musste er den Vorwurf hören, er sei kein echter Sohn des Polybos, sondern ein untergeschobenes Kind. (Sophokles, *König Oidipus* 780) Seine Zieheltern gaben ihm jedoch auf seine drängenden Fragen keine befriedigende Antwort über seine Herkunft. Oidipus erlitt er einen Schock und brach, innerlich verunsichert, selbst nach Delphi auf, um das Orakel zu befragen, wer seine wahren Eltern seien. Die Prophezeiung des Orakels war grausig: ihm sei vom Schicksal bestimmt, seinen Vater zu töten und seine Mutter zu heiraten. Oidipus sah sich in einer Zwangssituation. Das Orakel hatte seine Zweifel nicht beseitigt. Um aber das vorausgesagte Verbrechen zu vermeiden, kehrte er nicht nach Korinth zu seinen vermeintlichen Eltern Polybos und Merope zurück, sondern wanderte nach Theben weiter. Doch das Verhängnis ließ sich nicht aufhalten: Unterwegs begegnete er an einer Weggabelung einem vornehmen Wagen, dessen Lenker ihm befahl, aus dem Weg zu gehen. Es kam zu einem Streit, in dessen Verlauf der Wagen Oidipus über den Fuß fuhr. (Hyginus, Fabulae 67,3) Der Fahrgast stieß mit einem Stock nach ihm, Oidipus schlug darauf den Insassen des Wagens mit seinem Wanderstab, und als dieser aus dem Wagen fiel, tötete er ihn. Im anschließenden Kampf erschlug er drei weitere Männer der Begleitung, einer entkam. Der erschlagene ältere Mann aber war sein richtiger Vater, König Laios. – Der erste Teil des Orakelspruchs hatte sich erfüllt, ohne dass Oidipus dies wusste. Das Orakel hatte die Führung des Geschehens übernommen. – Nach dem Tod des Laios übernahm Kreon, der Bruder der Königin Iokaste, die Regentschaft in Theben. Damals bedrohte die *Sphinx*, ein gefährliches Ungetüm, die Stadt. Der Kopf des Untiers trug weibliche Gesichtszüge, und sie sprach mit menschlicher Stimme; sie hatte den Körper eines geflügelten Löwen, der Schwanz war eine Schlange. Wenn sie nicht die Felder der Thebaner verwüstete, hockte sie vor der Stadt auf einem Felsen und gab jedem Vorbeikommenden ein Rätsel auf. Wer es nicht lösen konnte, wurde von ihr zerrissen oder in einen Abgrund gestürzt. Erst wenn jemand die Rätselfrage richtig beantworten könne, werde sie von der Stadt abziehen, verkündete sie Kreon. Um die ständigen Blutopfer thebanischer Männer zu beenden und die Stadt von der Plage zu befreien, ließ Kreon in ganz

Griechenland bekannt machen: Wer das Rätsel löse, werde König von Theben und erhalte die Hand der Königswitwe Iokaste. Das Rätsel aber, das die Sphinx von den Musen gelernt hatte (Hesiod, *Theogonie* 326) lautete: Welches Lebewesen hat eine Stimme und geht auf vier, zwei, und drei Füßen? Wenn es auf drei Füßen geht, ist die Schnelligkeit der Glieder am geringsten. – Oidipus, der auf dem Weg nach Theben an der Sphinx vorbeikam, fand die Lösung: Das sei der Mensch, der sich als Kind auf allen Vieren, als Erwachsener auf zwei Füßen und im Alter, auf einen Stock gestützt, auf drei Füßen fortbewege. Aus Ärger über die richtige Antwort stürzte sich die Sphinx selbst vom Felsen herab. Die Klugheit des Oidipus wurde fortan sprichwörtlich.[1] Theben war nun von der großen Bedrängnis befreit. Als Sphinx-Besieger gefeiert, wurde Oidipus König von Theben und Gemahl der Iokaste.

So war der zweite Teil des Orakelspruches in Erfüllung gegangen: Oidipus hatte, und zwar ohne es zu wissen, seine leibliche Mutter geheiratet.[2] – Das Wesen und die Funktion der Sphinx im Oidipus-Mythos bleiben geheimnisvoll. Sie selbst[3] gibt schon durch ihr Aussehen Rätsel auf. Die Sphinx hatte Böses getan. Wer ist und wen symbolisiert die Sphinx? Ist sie eine weibliche Bildgestalt für die ebenso bösen wie starken Kräfte in Iokaste, die ihren Sohn Oidipus weggegeben hatte und mit seiner Tötung einverstanden gewesen war? Erscheint die Königin hier zuerst als Sphinx? Aus der Rückschau gesehen: Hat Iokaste die Rolle der Sphinx übernommen? Die später erfolgende Aufklärung des Mordes an Laios und der Selbstmord Iokastes stehen in einer auffälligen Parallelität zur Rätsellösung und zum Tod der Sphinx. In H. von Hofmannsthals Drama *Ödipus und die Sphinx* kennt die Sphinx Oidipus, sie hat nur auf ihn gewartet. «Da bist du ja.» (3. Aufzug) Die Sphinx eröffnet Oidipus, wie Iokaste, den Weg zum Königtum in Theben.

Oidipus muss, bevor er König von Theben werden kann, die von der Sphinx gestellte Bedingung erfüllen. Die Lösung des Rätsels, an der schon viele andere gescheitert waren, stellt eine bemerkenswerte intellektuelle Leistung dar, die Oidipus aber selbst noch nicht in ihrer Tiefe versteht. Er hatte in seiner Deutung der Bilder des Rätsels nicht nur die körperlichen, sondern auch die verschiedenen, aufeinanderfolgenden geistigen Entwicklungsstufen (Bewusstseinsstufen) des Menschen erkannt und beschrieben. Das Märchenmotiv des Rätsellösens durch Klugheit erweist sich für Oidipus als bedeutsames Fortschreiten auf die nächste, sein bisheriges Leben ablösende Entwicklungsstufe.

Oidipus herrschte nun viele Jahre in Theben und zeugte mit Iokaste die Zwillingssöhne Eteokles und Polyneikes sowie die Töchter Ismene und Antigone. Als eine schwere Seuche Theben heimsuchte – hier beginnt die Oidipus-Tragödie des Sophokles –, Menschen und Tiere dahinraffte und auch Unfruchtbarkeit der Felder zur Folge hatte, sollte Oidipus, jetzt als Herrscher, wiederum dem Volk helfen. Da er die Stadt schon einmal gerettet hatte, erhofften sich die Thebaner von seiner bewährten Klugheit Hilfe. Der König ließ das Orakel von Delphi nach der Ursache der Seuche befragen, erhielt aber eine völlig unerwartete Antwort: Blutschuld laste auf Theben. Die Seuche werde erst ein Ende finden, wenn der vor Jahren an König Laios verübte Mord durch Bestrafung des Mörders gesühnt sei. Steht die Seuche als Bild für die verdeckte Korrumpierung?[4] Der Orakelspruch nennt doch kein allgemein anerkanntes Seuchenbekämpfungsmittel. Der blinde Seher Teiresias zögerte zunächst auffallend, als man auch von ihm eine Auskunft erbat, bezichtigte dann aber Oidipus selbst der Mordtat. Sofort stellte der König, noch immer ungläubig, mit fanatischem Eifer Nachforschungen an. Dabei gewann er die entsetzliche Erkenntnis, dass die Spur des Verbrechens an Laios zu ihm selbst führte. Der erste Hirte, der ihn als drei Tage altes Kind aussetzen sollte und der zweite Hirte, der ihn nach Korinth gebracht hatte, wurden herbeigebracht. Sie bestätigten als nunmehr alt gewordene Zeugen, die lange geschwiegen hatten, den Vorwurf des Sehers. Diese Hirten spielten in Oidipus' Leben zweimal eine entscheidende Rolle. Zuerst hatten sie ihm das Leben gerettet, jetzt aber führten sie ihn zur Findung der Wahrheit. Iokaste hatte bereits wiederholt versucht, bei Oidipus Zweifel am Wahrheitsgehalt der Orakelsprüche, also an den Göttern, sowie an den Aussagen des Teiresias und Kreons zu wecken. Sie überhob sich damit über den Orakelgott Apoll. Wollte sie Oidipus täuschen oder seinen Glauben an die Macht der Götter auf die Probe stellen? Vielleicht wollte sie ihn auch nur vor dem Schlimmsten bewahren. Doch wer als Herrscher den Glauben an die Allmacht der Götter in Frage stellt, bringt Unglück über seine Familie und über das eigene Volk. Iokastes Denken scheint geradezu schizophrene Züge zu zeigen, da sie gleichzeitig den Göttern opfert und von Apollo eine gute Lösung ihrer Not erfleht. (Sophokles, *König Oidipus* 911 ff.) Beim Verhör der Hirten war Iokaste zunehmend unruhig geworden. (1054–59) In höchster Panik beschwor sie Oidipus, nicht weiter nachzuforschen – sie wollte die Wahrheit unentdeckt lassen –, und stürzte in den Palast. Iokastes Wille zum *Verschweigen in Ewigkeit* (1062) – sie möchte ihren Sohn/Gatten «in den Dunkelheiten des Unbewussten erhalten»[5] – steht in schroffem Gegensatz zu Oidipus' verspätetem Wahrheitsfanatismus. Er will die Klarheit des Bewusstseins. Dieses so unterschiedliche Verhalten der beiden kennzeichnet auch ihre Beziehung zu einander. Als Oidipus selbst in den Palast geht, wohl um seine Frau und Mutter zu töten (1255 ff.), findet er Iokaste erhängt im Schlafzimmer. Er sticht sich darauf mit den Spangen ihres Gewandes die Augen aus. Oidipus ist sich der Schwere seiner (unwissentlich) begangenen Verbrechen (Vatermord, Mutterinzest) bewusst. Er hat die Wahrheit des Orakelgottes nicht verstanden, den Willen der Götter falsch gedeutet, er will diese Welt nicht mehr sehen. Die Blendung der Augen drückt bildhaft aus: meine Erkenntnis war vordergründig, meine begrenzte Sicht hat mich in schwerste Schuld geführt, ich vollziehe die Strafe dafür selbst. Oidipus war nach dem Bekanntwerden seiner Taten in der Gesellschaft der Thebaner völlig isoliert und aus der Bürgerschaft ausgeschlossen. Der Mord an vier Menschen lag schwer auf ihm. Der Selbstmord der Iokaste aber – sie hatte einst in die Tötung ihres Säuglings eingewilligt (1173–74), dann nach Jahren mit ihrem erwachsenen Sohn vier Kinder gezeugt und so schwere Schuld auf sich geladen –, kann als zweiter Höhepunkt der Geschichte betrachtet werden.[6] Das Schicksal Iokastes, sie ist aber im Grunde keine tragische Gestalt, tritt bei vielen Interpreten des Oidipus-Mythos und der Oidipus-Tragödie in den Hintergrund, da sie ihr Hauptinteresse Oidipus zuwenden. Dass Oidipus einmal seinen Vater erschlagen werde, stand schon vor seiner Geburt fest. Der Orakelgott hatte dies dem Laios auch mitgeteilt. Bei der Tat wurde er, wie er es später deutete, *geführt von Göttern.* (Sophokles, *Oidipus auf Kolonos* 997) Das Schicksal eines Menschen, das wird hier demonstriert, ist in seinen Grundzügen schon vor seiner Geburt festgelegt und vorherbestimmt.

Auf Oidipus, Iokaste und Laios wirken die Götter, insbesondere der allwissende Apoll (das Orakel) von Delphi, sowie das persönliche Fatum ein. Dem Schicksal (gr. *moira*) muss sich selbst Zeus beugen. Die Menschen im Mythos sind dem Druck dieser Mächte jedoch nicht völlig willenlos ausgeliefert. Ihr persönliches Wollen und Entscheiden, Leiden und Ertragen bietet ihnen auch im Netz des Schicksals eine gewisse Chance, die eigene Existenz von Verfehlungen, z. B. der Missachtung des Götterwillens, freizuhalten. Voraussetzung dazu wäre freilich, dass die Beschränktheit des eigenen Wissens und Denkens und die von Irrtümern durchsetzte Deutung von Orakelsprüchen von Einzelnen weitgehend überwunden wird. Laios, Iokaste und Oidipus tragen Selbstverantwortung[7] trotz der Orakelverkündigungen. Psyche und Schicksal des Oidipus erfordern an dieser Stelle eine eingehendere Betrachtung.

Als der junge Oidipus zur Orakelbefragung nach Delphi aufbricht – er ist da noch ein ganz junger Mann, fast noch ein Knabe – hat er das feste Ziel der Identitätsfindung.[8] Auf dem Weg von Delphi nach Theben befindet er sich dann in einem Zustand äußerster innerer Erregung. Er will wissen, wer sein Vater ist. Das Urverlangen, voll anerkannt zu werden, ist in ihm übermächtig. Die Angst, minderwertig zu sein, quält ihn noch, als er als Rätsellöser längst berühmt, König von Theben und Gatte der Iokaste ist. Auch in der Ehe mit ihr hat er seine Identität nicht gefunden. Er findet keine Ruhe, bis die unbewusste Schuld aufgedeckt und gesühnt ist.

> *Soll brechen, was da will! Doch meine Herkunft,*
> *Und sei sie noch so niedrig, will ich wissen.*
> *Indes sie (Iokaste) – denn sie ist ein Weib und eitel –*
> *Schämt sich vielleicht des unvornehmen Mannes.*
> SOPHOKLES, KÖNIG OIDIPUS 1076–79

Die Aggression des Oidipus gegen seinen Vater am Kreuzweg ist teils verschuldet, teils aber auch unverschuldet. An Kreuzwegen überschneiden sich numinose Machtsphären. Dort kann das Unheil seinen Anfang nehmen, wie es Oidipus geschah.[9] Die Weggabelung ist ein symbolischer Ort. Oidipus war aufgefordert worden, aus dem Weg zu gehen, wich aber nicht aus, so dass der Wagen ihm über den Fuß fuhr. Der Schmerz machte Oidipus wütend und löste seine Aggression aus, das Adelsethos nötigte den Ziehsohn des Königs von Korinth, sich in der nun eingetretenen Situation durchzusetzen. Jetzt stand König gegen Königssohn, der Ranghöhere gegen den anscheinend niedriger Gestellten, der Vater gegen den Sohn, übrigens auch: Wagenlenker gegen Fußgänger. Immerhin muss gesehen werden, dass Oidipus den alten Mann, König Laios, in einem Ausbruch von Hass tötete. Hybris erfüllte den jungen, kräftigen Oidipus am Dreiweg so sehr, dass er sich über die üblichen Regelungen des Verkehrs – er hätte ausweichen müssen – hinwegsetzte. Hemmungslosigkeit und Egozentrik bleiben sein Charakteristikum neben seiner Klugheit. Hass entsteht als Gegenreaktion gegen die Verweigerung von Nähe und Liebe und durch existenzbedrohende Erlebnisse.[10] Oidipus empfand die Unsicherheit, ob Polybos sein Vater sei, als unerträglich. Seine echten Eltern hatten ihn, vom Orakel vorgewarnt, aus Angst innerlich abgelehnt. Sie waren zwar hochstehende, mächtige Persönlichkeiten, jedoch nicht bereit, trotz des Orakels in freier Entscheidung das Wagnis auf sich zu nehmen und für ihr Kind als Eltern einzustehen.

Wer versucht, dem Orakel auszuweichen, wird schuldig und erfüllt es. Mit der Markierung des Kindes, dem Durchbohren der Fersen, war Oidipus der Gezeichnete, mit einer Körperbehinderung Behaftete. Die angeschwollenen Fersen symbolisieren seinen ihm von den Eltern mitgegebenen Makel der Isolierung. Die Wundmale dienen auch dazu, ihn später zu identifizieren. So wurde auch Odysseus bei seiner Ankunft in der Heimat von der alten Amme Eurykleia an einer Narbe erkannt. Der Mythos berichtet nicht, ob Polybos und Merope Oidipus wie einen vollwertigen Sohn aufzogen. Die Möglichkeit, dass die Zuwendung seiner Pflegeeltern Defizite aufwies, kann in Betracht gezogen werden. Dass er sich aber, da er den Spott eines Altersgenossen bei einem Gelage so ernst nahm, als ein seinen richtigen Eltern unwillkommenes Kind empfand, das weggegeben wurde, ist mit Sicherheit anzunehmen. Vor allem aus seiner Orakelanfrage geht hervor, dass Oidipus von schweren Zweifeln bezüglich seiner Herkunft geplagt war. Eine symbiotische Bindung an die echten Eltern fehlte Oidipus. Männer, die töten, wurden in ihrer Kindheit oft emotional vernachlässigt.[11] Es kann nicht ausgeschlossen werden, dass in Oidipus auf Grund der Nichtbewältigung seiner Elternsehnsucht in der Konfrontation mit einem Mann, der, wie er am Kreuzweg sah, etwa das Alter seines Vaters hatte, das aufgestaute Aggressionspotential plötzlich losbrach und die ausbleibende kindliche Mutterbindung schließlich in das Gegenteil eines Mutterinzests umschlug.

Der Mythos will zeigen, welche Folgen aus welchen Anfängen erwachsen können. Eine Erklärung des Geschehens unter Berücksichtigung auch psychologischer Aspekte ist nicht bedrückender als die vorgegebenen Fakten im Mythos[12] selbst.

Oidipus, dem als Kind schwerstes Unrecht zugefügt worden war, dessen Lebensweg ihn in Schuld führte, durchlief aber auch beeindruckende Reifungsprozesse (1. Aufenthalt in Korinth, Vorherrschaft des Unbewussten 2. Sieg über die Sphinx, Heirat mit der/Sieg über die Mutter, Schuldigwerden durch Inzest, Pest in Theben, Phase begrenzter Klugheit 3. Überführung als Vatermörder und Inzestgatte, Selbsttötung der Iokaste, Selbstblendung, Verstehen des Orakelspruches, Vordringen auf die Stufe des Bewusstseins, Einsicht in persönliche Schuld, Weg nach Kolonus, Erkenntnis der Zusammenhänge)[13]. Nach seiner Blendung wird Oidipus von Kreon aus Theben ausgewiesen.

Er verflucht seine Söhne Eteokles und Polyneikes, weil sie seine Ausweisung nicht verhindert hatten und wandert, von seiner Tochter Antigone begleitet, nach Kolonos in Attika. Von König Theseus aufgenommen, lebt er hier im Hain der Eumeniden und wird am Ende seines Lebens von den Göttern entrückt.   H.K.

Die gewaltigen Geschehnisse des Mythos erweisen … nicht einfach die Unzulänglichkeit der sittlichen Maßstäbe, sondern deuten in ihrer tragischen Auslegung auf Götter, deren Wille weiterreicht als alles, was die Menschen füreinander ausgedacht haben.
A. DIHLE (1991) 138 f.

1 *Vgl. Pindar, 4. Pythische Ode 263 Terenz, Andria 194*

2 *Hypothesis zu Sophokles, Oedipus Tyrannus*

3 *Die Sphinx war die Tochter des Typhon, eines Ungeheuers mit Drachenköpfen, und der Echidna, halb Mädchen mit schönen Augen, halb Schlange. Hesiod, Theogonie 295 ff. Sie war von Hera den Thebanern als Strafe für das Verbrechen des Laios an Chrysippos gesandt worden.*

4 *Vgl. J. Steiner, Orte des seelischen Rückzugs (1998) 187*

5 *H. Politzer (1974) 37*

6 *Vgl. N. Bischof (²2000) 657. Strukturanalyse der Oidipus-Tragödie ebd. 663*

7 *H. Flashar, Sophokles (²2000) 115*

8 *Vgl. N. Bischoff (²2000) 640 f.*

9 *K. Hübner (1985) 162*

10 *Vgl. Arnold, Eysenck, Meili (1988) 2,847*

11 *Die Rolle, die der Serotonin-Stoffwechsel bei bestimmten psychischen Zuständen spielt, muss hier unerörtert bleiben.*

12 *Eine Deutung des Oidipus-Mythos, die zu anderen Ergebnissen führt, gibt W. Schmidbauer (1970) 128 ff.*

13 *Vgl. Th. Dethlefsen (1990) 148 ff.*

Ödipuskomplex

Wie Werke der Dichtkunst zeigen, wurde früh erkannt, dass der uralte, schon in vorhomerischer Zeit bekannte Ödipus-Mythos Botschaften von zeitlos gültiger Aktualität vermittelt. Durch Forschungen Freuds rückte der Ödipus-Mythos gegen Ende des 19. Jahrhunderts weltweit in das Blickfeld nicht nur der praktizierenden Psychoanalytiker. Freud erklärte mit dem Begriff *Ödipuskomplex*[1] das aus seiner Sicht und nach dem Stand der damaligen Forschung in der kindlichen Entwicklung zu beobachtende Phänomen, dass der Junge etwa ab dem Alter von vier Jahren (Beginn der genitalen bzw. ödipalen Phase) seine Mutter unbewusst begehrt und um ihre Zuwendung mit dem Vater rivalisiert. Entsprechend kann die Tochter ihr Interesse vermehrt auf den andersgeschlechtlichen Elternteil ausrichten und den gleichgeschlechtlichen als Konkurrentin in dieser Beziehung empfinden. (Elektrakomplex) – Dass kleine Mädchen oft die verstärkte Beachtung ihrer eigenen Person eher beim Vater suchen und finden, Jungen dagegen die Beachtung und Bewunderung ihrer Leistungen besonders bei der Mutter, ist eine Lebenserfahrung. Die uneingeschränkte Anerkennung der Richtigkeit der Freudschen Auffassung vom *Ödipuskomplex* aber gehört der Vergangenheit an. Innerhalb der psychoanalytischen Literatur der Gegenwart wird zunehmend diskutiert, inwieweit der Begriff *Ödipuskomplex* zu relativieren und enger einzugrenzen ist.[2]

Quellen: Homer, Ilias 23,679 Odyssee 11,271–280 Sophokles (496–406 v. Chr.), König Oidipus (ca. 428 v. Chr.). Oidipus auf Kolonos. Antigone. Euripides (ca. 480–406 v. Chr.), Die Phoinikerinnen. L. Annaeus Seneca (4–65 n. Chr.), Oidipus (Tragödie). Apollodor, Bibliothek 3,5,7 ff. Hyginus, Fabulae 66 ; 67

Vasenbild: Oidipus u. d. Sphinx, 440 v. Chr., Berlin, Staatl. Museum

Gemälde: Laios, Theben, Sphinx, spätantikes Fresko aus Hermupolis, Kairo, Ägypt. Museum. – G. Moreaux, Oidipus und die Sphinx, 1864, Paris, G. Moreau-Museum. – J. Ingres, Oedipus und die Sphinx, 1908, Paris, Louvre.

Dramatische Nachgestaltungen des Stoffes: Alessandro dei Pazzi, ca. 1520, Oidipus Rex. – Hans Sachs, Die unglückhafftig Königin Jokasta, 1550. – G. Gascoigne, Iocasta, 1566. – A. Neville, Oedipus Rex, 1581. – W. Waldung, Oedipus, 1596. – J. Prevost, Oedipe, 1605. – P. Corneille, Oedipe, 1659. – N. Lee und J. Dryden, Oedipus, 1679. – Voltaire, Oedipe, 1718. – J. Bodmer, Oedipus, 1761. – F. Hölderlin, König Oedipus, 1804 (Übertragung des Sophokles-Dramas). – K. W. F. Solger, König Oedipus, 1805. – A. Klingemann, Oidipus und Iokasta, 1813. – P. B. Shelley, Oedipus Tyrannus or Swellfoot the Tyrant, 1820. – A. Platen, Der romantische Oedipus, 1828. – G. M. Spor, Oedipus, 1858. – E. Fitzgerald, The Downfall and Death of King Oedipus, 1880. – J. Péladan, Oedipe et le Sphinx, 1903. – G. Prellwitz, Oedipus, das Rätsel des Lebens, 1898. – H. v. Hofmannsthal,

Oedipus und die Sphinx, Tragödie in drei Aufzügen, 1906. – König Oedi-
pus, 1909 (Nachdichtung des Sophokles-Dramas). – R.Degen, Das Schick-
sal, 1919. – F.Zavrel, Oedipus a Jokaste, 1919. – J.Cocteau, Oedipe-Roi,
1928. – A.Gide, Oedipe, 1931. – J.Cocteau, La Machine infernale (Die
Höllenmaschine), Satire, 1934. – T.S.Eliot, The Elder Statesman, 1958.
Opern: Carl Orff, Oidipus, der Tyrann (Text nach Sophokles, übers. von
F.Hölderlin), 1959. – I.Strawinsky (Text J.Cocteau), Oedipus Rex, 1928.
– G.Enescu, Oedipus, 1936. – W.Rihm, Oedipus, 1987.
Romane: Einer Mutter Sohn, C.Viebig, 1906. – Oedipus im Norden, P.Adolf
(G.Wiedersheim), 1907. – Oedipus, W.Speyer, 1907. – Jokaste, die Mutter.
C.Moreck, 1912. – Oedipus siegt bei Stalingrad, G.Rezzori, 1954.
Film: Oedipus (H.Eder) D, 1960. – Edipo Re (Regie P.P.Pasolini), 1967. –
Oedipus The King (König Oedipus), GB, 1967. – Ödipussi (Buch: Loriot,
Vico von Bülow) D, 1987.

1 Vgl. Briefe an Wilhelm Fließ v. 3. u. 15. 10. 1897. Traumdeutung (1899)
GW, ⁸1976, II/III 264; 270–271. Beiträge zur Psychologie des Liebes-
lebens (1910) GW VIII 75. Die Identifizierung GW XIII 115
2 Vgl. A.Miller (1983) 185 ff. R.Brunner, M.Titze (1995) 359 ff.
N.Bischof (⁵2001) 121 ff.

Theseus und Ariadne

Ariadne an Theseus

Der Kunstbrief, den Ovid die verlassene Ariadne an den wort- und
eidbrüchigen Theseus schreiben lässt, spiegelt die widersprüchlichen
Gefühle der immer noch liebenden Frau wieder.

Mondschein. Ich blickte mich um, ob ich außer dem Strand noch was
sehe.
Was auch die Augen seh'n, sie schauen nichts als nur Strand.
Hierher rannte ich jetzt, dann ohne zu denken dorthin;
Aber der tiefe Sand hemmte die Füße der Frau.
Doch inzwischen rief ich am ganzen Gestade: «Theseus»,
Es hallte vom hohlen Fels nur dein Name zurück.
Und wie oft ich dich rief, so oft rief dich auch der Ort,

Hilfe der Armen bringen wollten die Felsen sogar.
Gleich in der Näh' war ein Berg, wenige Sträucher am Kamme,
Hier ragt' ein Fels schroff empor, Wellen zernagten den Stein.
Ihn stieg ich nun hinauf – mein Mut gab mir Kräfte – und weithin
Von dieser Warte durchmaß ich mit meinen Blicken das Meer.
Und da erblickt' ich, denn auch die grausamen Winde bestand ich,
Prall deine Segel gespannt, Südwind trieb eilig das Schiff.
...
«Wo fliehst du hin?» rief ich, «Theseus, du Frevler, kehr' um!
Wende dein Schiff, denn es hat an Bord nicht die richtige Zahl!»
...
Schon warst du den Blicken entschwunden, da weinte ich endlich
...
Theseus, wir leben beide, doch ich bin nicht die Deine –
Wenn eine Frau noch lebt, die Meineid des Mannes begrub.
OVID, HEROIDES X 17–28; 29–30; 35–36; 43; 75

Gemeinsame Flucht

Die Schande des Geschlechts war gewachsen, und der Mutter scheuß-
licher Eh'bruch
Ward offenbar durch die Neuheit des zwiegestalteten Scheusals;
Minos beschließt, das Schandmal[1] aus seinem Gemach zu entfernen,
Ihn im verwinkelten Bau in dunklem Versteck einzuschließen;
Dädalus, hochberühmt durch Talent in der Handwerkskunst,
Erbaut das Werk, vertauscht die Zeichen, führt den Blick in die
Irre durch Krümmung und täuschenden Umweg verschiedener Gänge.
So wie Phrygiens Mäander spielt mit fließendem Wasser
Und in wechselndem Gleiten zurückfließt, dann wieder dahinfließt,
Wie er sich selbst begegnend, die Wellen erblickt, die sich nahn,
Bald zu den Quellen, bald zum offenen Meere gewandt,
Nicht in bestimmter Richtung strömen lässt seine Fluten,
So füllt Dädalus jetzt das Haus mit dem Trug vieler Gänge.
Kaum fand er selbst zum Eingang zurück; so täuscht das Gebäude.
Als er die Doppelgestalt aus Stier und Mann hier verschlossen,
Zweimal schon hatt' das Gezücht mit athenischem Blut sich gesättigt,
Besiegt' es[1] doch das dritte Los[2] nach neunjähr'ger Pause.

Als nun des Aigeus Sohn unter dem Beistand der Jungfrau
Die schwer zu findende Tür, die noch keinem erneut sich geöffnet,
Durch den Faden des Mädchens, indem er ihn aufrollt', gefunden,
Führt' er sogleich mit dem Schiff die Tochter des Minos nach Naxos,
Ließ aber dort die Gefährtin grausam am Strande zurück.
Ihr, der Verlass'nen, die klagt, brachte Bacchus Umarmung und Hilfe.
Dass sie als leuchtendes Sternbild ewig hell erstrahle,
Nahm er ihr die Krone vom Haupt und warf sie gen Himmel.
Jene durchfliegt die flüchtigen Lüfte, im Fluge verwandeln
Ihre Juwelen sich in glitzernde Funken und bleiben
Steh'n an der Stelle des Himmels, die Gestalt einer Krone bewahrend,
Zwischen des Knieenden[3] Bild und dem Sternbild des Trägers[3] der
Schlange.

OVID, METAMORPHOSEN 8, 155–182

1 den Minotaurus
2 Theseus
3 der Knieende (Herkules), der Schlangenträger (gemeint: Bootes), Krone: Sternbilder

Zeus hatte in Gestalt eines weißen Stieres Europa, die Tochter des Königs Agenor von Tyros (Homer, Ilias 14,321 f.: des Phoenix) nach Kreta entführt und mit ihr mehrere Kinder gezeugt, darunter Minos. Er wurde der mächtige König der Stadt Knossos und ganz Kretas. Sein Name war so bedeutend, dass noch heute die alte Kultur Kretas nach ihm benannt wird. Bei einem Opfer erbat sich Minos vom Gott Poseidon einen Stier, der an Schönheit alle anderen übertreffen sollte. Poseidon sandte ihm darauf einen Stier aus der Tiefe des Meeres. Minos fand an ihm großes Gefallen, opferte ihn aber nicht dem Gott, wie er versprochen hatte, sondern behielt ihn für sich und bestimmte einen anderen, weniger wertvollen, zur Opferung. Poseidons Strafe für diesen Betrug ließ nicht lange auf sich warten. Minos' Gemahlin Pasiphaë verliebte sich in den schönen Stier. Sie überredete den Künstler und Baumeister Daidalos, ihr in ihrer Liebesqual zu helfen. Dieser schuf für sie die hölzerne Figur einer Kuh auf Rädern und überzog sie mit einer Kuhhaut. (Apollodor, Bibliothek 3,1,4) Pasiphae schlüpfte in den hohlen Leib der Kuh, ließ sich auf die Wiese rollen, der Stier besprang die vermeintliche Kuh und die beiden paarten sich. Das Ergebnis dieser Vereinigung war grässlich und konnte sich wirklich (nicht) sehen lassen: der Minotaurus (Pausanias II 31,2: Asterios), ein Wesen, das den Körper eines Mannes, aber den Kopf eines Stiers hatte. Ein Sohn des Stiers, teils menschlicher, teils göttlicher Natur. Eine prähistorische Kulturschicht, in der die Existenz von göttergleichen Herrschern selbstverständlich war, tritt hier zutage. Ein Gott verbindet sich mit einem weiblichen Mitglied der Königsfamilie. Spätes, dem Ursprünglichen fremdes, griechisches Denken ließ den Minotaurus zum Monster werden.[1] – Um das gefährliche Ungeheuer von den Menschen fernzuhalten, erfand und erbaute nun Daidalos im Auftrag des Minos das Labyrinth, das die Funktion eines Gefängnisses erfüllte. In einem Raum in der Mitte des komplizierten Baues mit unentwirrbaren, sich kreuzenden Gängen und Irrwegen mit Hunderten von Räumen und Kammern hauste der Minotaurus. Wer aber einmal das Labyrinth betreten hatte, verlor die Orientierung und war nicht mehr imstande, den Rückweg zum Eingang zu finden.

Als Sühne für den von den Athenern verschuldeten Tod seines Sohnes Androgeos hatte König Minos der Stadt Athen als Tribut auferlegt, alle neun Jahre (Plutarch, Theseus 15. Apollodor 3,15,8. Hyginus 41,1: alljährlich) sieben Knaben und sieben Jungfrauen nach Kreta zu überstellen, wo sie von Minos in das Labyrinth gesperrt wurden. Da sie sich hier verirrten, starben sie entweder vor Hunger oder sie wurden vom Minotaurus getötet und aufgefressen. Theseus, der Sohn des Aigeus (oder Poseidons) und der Aithra erklärte sich freiwillig bereit, einer der durch das Los bestimmten Jünglinge zu sein, die in diesem Jahr wieder von Athen nach Kreta verbracht werden sollten. Selbstbewusst verlangte er von Minos, der die kostbare Menschenladung abholte, die Beendigung des Tributs, der gerade zum drittenmal geleistet werden sollte, falls er den Minotaurus besiege. Seinem Vater Aigeus versprach er, er werde ein weißes Segel setzen, wenn er mit den dreizehn ausgewählten Jungen und Mädchen glücklich zurückkehre. Denn das Schiff trug als Zeichen der Trauer über den bevorstehenden Tod ein schwarzes. Vor der Abfahrt opferte Theseus der Aphrodite. Die Göttin der Liebe beeinflusste daraufhin das Kerngeschehen in Kreta.

Auf der Fahrt nach Kreta holte Theseus einen goldenen Siegelring aus dem Meer, den König Minos hineingeworfen hatte, um den jungen Athener auf die Probe zu stellen. Beim Tauchen in die Tiefe des Meeres half ihm Amphitrite, die Gemahlin Poseidons, die ihm auch einen goldenen Kranz schenkte. Vor dem verblüfften Minos aber hatte Theseus durch seine übermenschliche Taucherleistung eine wichtige Bewährungsprobe bestanden und seine göttliche Herkunft bewiesen.

In Kreta begegnete Theseus Ariadne. Sie war die Tochter des Minos und der Pasiphaë und Erbin der kretischen Herrschaft. Der junge Held und die Königstochter entbrannten in Liebe zueinander und Theseus versprach ihr die Ehe, wenn er mit ihr nach Athen zurückkehren könne. Ariadne gab Theseus darauf einen Wollknäuel mit in das tödliche Labyrinth, mit dessen Hilfe ihr Geliebter den Rückweg finden sollte (Plutarch, Theseus 29. Apollodor, Epitome 1,8) Sie selbst hatte den Knäuel von Daidalos erhalten, um damit im Labyrinth ein und ausgehen zu können. Aus Liebe verriet sie Theseus auch, in welchem Raum er ihren Halbbruder, den Minotaurus, mitten im Labyrinth finden werde. Sie gab ihm ein Schwert, damit er ihn töten könne. Theseus befestigte den Faden am Eingang und wickelte ihn ab, während er in die Tiefe des komplexen Systems verschlungener Irrgänge vordrang. Der goldene Kranz, den er von Amphitrite erhalten hatte, erleuchtete die Dunkelheit der unterirdischen Gänge, die dem Hades gleichkamen. Im Labyrinth gelang es Theseus, die Schreckensgestalt des Minotaurus zu töten. Mit Hilfe des Fadens der Ariadne fand er den Weg zum Eingang zurück. Unmittelbar darauf segelte Theseus mit Ariadne und den anderen geretteten jungen Leuten von Kreta ab. Ariadne war voller Sehnsucht, in Athen Theseus' Gemahlin zu werden. Doch auf der Insel Naxos ließ Theseus sie, während sie am Strand schlief, zurück und segelte mit den Anderen nach Athen weiter.

Welche Beweggründe Theseus veranlassten, Ariadne auf Naxos zurückzulassen, bleibt ein Geheimnis. Schon in der Antike gab es darüber verschiedene Meinungen: Theseus hätte sich einer neuen Geliebten, Aigle, der Tochter des Panopeus, zugewandt. (Plutarch, Theseus 29) Oder: Er fürchtete einen Skandal in Athen. Minos war der König, dem die Athener ihre Jugend hatten opfern müssen. Seine Macht konnte Athen gefährlich werden. Schließlich: Dionysos (Bacchus) habe im Traum von ihm Ariadne für sich gefordert. Deshalb überließ Theseus sie dem Gott freiwillig. Auch: Theseus habe Ariadne gar nicht geliebt und einfach vergessen. Als nun Ariadne an der menschenleeren Küste erwachte und mit Entsetzen bemerkte, dass die Athener ohne sie abgesegelt waren, erhob sie lautes Klagen. Sie konnte nicht begreifen, warum ihr Geliebter, dessen Leben sie im Labyrinth gerettet und dessentwegen sie Eltern und Heimat verlassen hatte, sich ohne Erklärung und ohne Abschied von ihr davon gemacht hatte. Ihre Liebe hatte keine beständige Gegenliebe gefunden. Als Verräterin, die ihres Halbbruders Tod verursacht hatte, konnte sie jedoch nicht zu ihrem Vater Minos zurückkehren. Da nahte als Bräutigam Dionysos zu Schiff mit seinem turbulenten Gefolge von Satyrn, Silenen und Nymphen. Er tröstete die junge Frau mit den gelösten schönen Haaren, brachte sie auf die Insel Lemnos (Apollodor, Epitome 1,9) und erhob sie dort zu seiner, nunmehr unsterblichen, Gemahlin. Bei der Hochzeitsfeier schleuderte der Gott im Jubel ihre Krone an den Himmel, um Ariadne damit zu verewigen (Sternbild Nördliche Krone).

Als frühes Bild der am einsamen Strand verlassenen, leidenschaftlich klagenden Geliebten ging Ariadne in die Literatur und Kunst ein. In ihrem Wehklagen bewahrt sie dem Geliebten die Treue. Sie wird mit ihren wilden Schmerzen, ihrer Trauer und ihrem Liebesleid identifiziert[2]. Der Ariadne-Faden bedeutet im Mythos Kommunikation, Leben und Liebe, er blieb seitdem Sinnbild des Zusammenhangs.

Die Götter ließen Theseus nicht ungestraft davonkommen: Er hatte vergessen, das weiße Segel zu setzen, wie er es für den Fall seiner glücklichen Heimkehr versprochen hatte. Sein Vater Aigeus hielt gerade Ausschau nach Schiffen. Als er das schwarze Segel erblickte, das ihm den Tod seines Sohnes und der anderen zu Opfern bestimmten jungen Athener(innen) zu verkünden schien, stürzte er sich aus Verzweiflung von einem Felsen ins Meer. Seit diesem Ereignis heißt das östliche Mittelmeer nach ihm die Ägäis.

Theseus hatte Athen von dem furchtbaren Menschentribut an Minos und damit von kretischer Abhängigkeit befreit und wurde bald darauf König von Athen. Mit dem Sieg über den Minotaurus hatte sich Athen gegenüber der kretischen Vorherrschaft durchgesetzt. Das Heldenstück in Kreta war Theseus mit Hilfe der in Ariadne wirkenden Liebesgöttin Aphrodite geglückt.

Der Wortbruch gegenüber Ariadne wurde durch seinen eigenen Irrtum, indem er das falsche Segel setzte, von den Göttern geahndet: so trieb er seinen Vater in den Tod und lud damit schwere Schuld auf sich. Die überlegene Macht des Dionysos triumphierte über Theseus, indem der Gott Ariadne heiratete. Theseus aber vereinte die Gemeinden Attikas zu einem Staatsgebilde mit der Hauptstadt Athen (Synoikismos). Er stiftete u. a. auch die Panathenaien, das größte Fest der Athener. In seinem Verhältnis zu Ariadne jedoch hatte wohl bei Theseus staatsorientierte Rationalität über die persönliche Bindung gesiegt. Theseus wurde zur Symbolfigur einer neuen Epoche. Der Sage nach heiratete Theseus später Ariadnes Schwester Phaidra.

Mit dem Ariadnefaden unlösbar verbunden ist der Begriff *Labyrinth*. Die Entstehung der Sage vom Labyrinth kann heute als geklärt gelten[3]. Das zugrunde liegende Wort *labrys* bedeutet Doppelaxt, das Symbol der alten kretischen Herrschaft. Uralte Doppeläxte können heute neben zahlreichen anderen archäologischen Exponaten aus der Blütezeit der minoischen Kultur im archäologischen Museum von Heraklion besichtigt werden. Als gewaltig großes Labyrinth bzw. Anlage von Irrgängen und Räumen, in denen man keinen Ausgang finden konnte, betrachteten die frühen Griechen wohl das nach der Zerstörung des großen minoischen Palastes in Knossos zutage tretende, ausgedehnte Gänge-, Keller- und Treppensystem. Angesichts Hunderter von unübersichtlich zusammenhängenden, sich kreuzenden Gängen, Kammern und Räumen (etwa 1300) mag es ihnen unvorstellbar erschienen sein, dass sich ein Ortsunkundiger in diesem Gewirr des Palastes der Doppeläxte, des Herrschersitzes des Minos (ca. 14.–13. Jahrhundert v. Chr.), zurechtfinden konnte. Ovids Vergleich der Irrwege des Labyrinths mit den vielfach gewundenen halbkreis- bis kreisförmigen Flussschlingen des Mäanders in seinem Mündungsgebiet ist originell. Der Mäander, heute Großer Menderes in der Nähe der antiken Stadt Milet in der Westtürkei, ist eine Attraktion für Geologen und Touristen. Ein in stilisierter Form gezeichnetes Labyrinth, in dem man den Weg zu einem zentralen Raum, dem Zielpunkt, finden muss, findet sich als Denksportaufgabe immer wieder in Zeitschriften. In der Psychologie spielen der Labyrinth-Test und der Labyrinth-Versuch eine wichtige Rolle. Die Wörter Ariadne-Faden und Labyrinth gelten weltweit als Bestandteil des Kulturwortschatzes. So ragen zwei sinnträchtige Begriffe aus prähistorischer Zeit aus dem Zusammenhang mit der Sage von Theseus und Ariadne in die Gegenwart des modernen Menschen hinein. H. K.

Quellen: Apollodor, Bibliothek III.1; 2; 4. 15, 8. 9 Catull, Gedichte 64,50 ff.; 116 ff. Ovid, Heroides X. Metamorphosen 8,176 ff. Fasti 3,459–516 Hyginus, Fabulae 40–43 Diodorus Siculus 4,61 u. 77 Philostratos d. Ä. 1,16
Gemälde: Dionysos und Ariadne auf Naxos. Röm. Wandgemälde aus Pompeji, Casa del Citarista, Neapel, Nationalmuseum. – Theseus verlässt Ariadne, Wandgemälde aus Pompeji, Casa del poeta tragico, Neapel, Na-

tionalmuseum. – Giulio Romano (1492–1546), Pasiphae und die hölzerne Kuh, Mantua, Pal. del Tè. –Tizian, Bacchus und Ariadne, 1523, National Gallery, London. – P. P. Rubens, Dädalus und das Labyrinth, La Coruña. – Fresco von A. Carraci, Rom, Palazzo Farnese. – Tintoretto (1575–1642), Ariadne und Bacchus, Rom, Galleria Albani. – M. van Wittenbroeck (1590–1648), Prag, Nationalgalerie. – G. Reni (1575–1642), Bacchus und Ariadne, Rom, Galleria Albani. – F. Migliori (1684–1734), Bacchus findet Ariadne, Dresden, Gemäldegalerie. – C. van Loo (1705–1765), Theseus und der Minotaurus, Besançon, Museum. – T. Stothard (1755–1834), Theseus und Ariadne, Zürich, Kunsthaus. – A. Kauffmann, Die verlassene Ariadne (vor 1782), Dresden, Gemäldegalerie. – H. Makart, Triumph der Ariadne, 1893, Wien, Galerie des 19. Jahrhunderts. – L. Corinth, Ariadne auf Naxos, 1913. – P. Picasso, Minotaurus, 1933.

Opern: Cl. Monteverdi, Arianna, 1608. – G. F. Händel, Ariadne auf Kreta, 1733. – J. Haydn, Ariadne auf Naxos, 1791. – R. Strauss, Ariadne auf Naxos, 1912, Text von Hugo von Hofmannsthal, 1919. – D. Milhaud, L'Abandon d'Ariane, 1927. – B. Martinu, Ariadne, 1958.

Dramatische Bearbeitungen: Th. Corneille, Ariane, 1672. – Chr. H. Postel, Schöne und getreue Ariadne, Operndichtung, 1691. – H. W. von Gerstenberg, Ariadne auf Naxos, Kantate 1777. – A. Kotzebue, Ariadne auf Naxos, Travestie, 1803. – P. Ernst, Ariadne auf Naxos, 1912. – F. G. Jünger, Der verkleidete Theseus, 1934. – E. W. Eschmann, Ariadne, 1939. – A. Gide, Thesée, 1946. – N. Kazantzakis, Theseus, 1953.

Film: Theseus, der Held von Hellas (Originaltitel: Teseo contro il Minotauro), Italien 1960.

1 B. Otto (2000) 297. 404
2 Vgl. Hugo von Hofmannsthal, Ariadne auf Naxos, Oper (1910)
3 Vgl. Wilamowitz, Der Glaube der Hellenen I 112. B. Otto (2000) 58

Amor und Psyche

Psyche erregt den Hass der Göttin Venus

Es waren einmal in einer Stadt ein König und eine Königin, die hatten drei Töchter von auffallender Schönheit ... Aber die Anmut der Jüngsten war so außergewöhnlich, so wunderbar, dass die menschliche

Sprache zu arm war, um sie anschaulich schildern oder hinreichend rühmen zu können ...

Und schon hatte sich in den nächsten Städten und angrenzenden Gebieten die Kunde verbreitet, ... wieder hätten aus einem neuen Keim himmlischer Tropfen nicht die Meere, sondern die Erde eine andere Venus, geschmückt mit jungfräulicher Blüte, hervorgebracht.

Diese maßlose Übertragung himmlischer Ehren auf den Kult eines sterblichen Mädchens erregte den heftigen Unmut der wahren Venus. Und eilends ruft sie ihren Jungen, den berühmten geflügelten Draufgänger ... und führt ihn zu jener Stadt, und zeigt ihm Psyche – so nämlich hieß das Mädchen – von Angesicht.

«Sei so gut und bringe das eine fertig und statt allem anderen einzig dies: das Mädchen soll von brennender Liebe verzehrt werden zu einem Menschen niedrigster Art, den Fortuna zugleich an seiner Würde, an Vermögen, ja selbst an der Gesundheit gestraft hat, zu einem, der so weit unten steht, dass er auf dem ganzen Erdkreis keinen findet, den er mit seinem Elend vergleichen könnte.»

Das Lustparadies

Auf Geheiss des Orakels wird Psyche, als Todesbraut düster geschmückt, auf einem Berggipfel ausgesetzt, um dort ihren Bräutigam, ein furchterregendes, geflügeltes Untier, zu erwarten. Aber plötzlich erfasst sie ein sanfter Lufthauch und trägt sie in ein liebliches Tal.

Ganz in der Mitte des Hains, nahe der heransprudelnden Quelle, steht ein Palast, nicht von Menschenhänden erbaut, sondern durch Götterkünste ... Vom Zauber solcher Räume verlockt, tritt Psyche näher ...

Nachdem die Köstlichkeiten aufgezehrt sind und der Abend dazu rät, geht Psyche schlafen. Und schon ist die Nacht vorgerückt, da trifft ein sanfter Ton ihr Ohr ... Und nun war er da, der unbekannte Gemahl und hatte das Lager bestiegen und Psyche zu seiner Gattin gemacht und war vor Tagesanbruch eilends wieder entschwunden ... So geschah das eine lange Zeit ... Und wie es die Natur will, hatte ihr das neue Leben durch die ständige Gewöhnung Ergötzen bereitet.

Die Störung

Allmählich wird Psyche die Einsamkeit unerträglich. Sie sehnt sich nach ihren Schwestern, die sie bereits suchen.

Und es dauert nicht lange, da legt sich etwas früher als sonst ihr Gatte zu ihr und umarmt sie, während sie auch jetzt noch weint. Da entringt sie ihrem Gatten mit Bitten und durch die Drohung, sie werde sonst sterben, dass er ihren Wünschen zustimmt, ihre Schwestern zu sehen, ihre Trauer zu lindern, und mit ihnen zu sprechen ... Aber er mahnte sie immer wieder und drohte ihr wiederholt, sie solle niemals, von dem unheilvollen Zureden ihrer Schwestern beraten, nach der Gestalt ihres Gatten forschen und sich nicht von solch überreichem Glück ins Verderben stürzen, denn dann könne sie ihn nimmermehr umarmen ... Und sie bedeckt ihn mit Küssen, ihn zu überreden und flüstert ihm schmeichelnde Worte zu und schmiegt ihren Körper an den seinen, ihn zu drängen ... Durch die mächtige Gewalt des Liebesgeflüsters unterlag ihr Gemahl wider seinen Willen und gelobte, alles zu tun, und da auch schon der Tag nahte, entschwand er aus den Armen seiner Gattin.

Die entscheidende Tat

Bei ihren Besuchen reden die Schwestern Psyche ein, ihr nächtlicher Geliebter sei ein geflügelter Drache, der sie und ihr ungeborenes Kind vertilgen wolle. Sie stiften Psyche dazu an, ihn im Schlaf zu töten.

Da gewinnt Psyche, obwohl sie sonst schwach ist an Körper und Mut, dennoch neue Kräfte, die das grausame Schicksal ihr zuwachsen lässt: Sie holt die Lampe hervor, reisst das Messer an sich, und die Kühnheit verändert ihr Geschlecht. Aber sobald im Lichtschein das Geheimnis des Lagers erhellt ist, erblickt sie von allen wilden Wesen das sanfteste und süßeste Ungeheuer, ihn selbst, Amor, den herrlichen Gott, wie er so schön da ruht ... Sie sieht das wonnevolle Haar des goldenen Hauptes, duftend getränkt von Ambrosia[1], sieht den milchweißen Nacken und die purpurnen Wangen, die in zierlichem Gewirr Lockenringel umspielen ... An den Schultern des geflügelten Gottes leuchten die taubenetzten Federn in schimmernder Blüte ... Doch der Körper ist glatt und glänzend ... Zu Füßen des Bettes lagen der Bogen, der Köcher und die Pfeile, des großen Gottes liebezeugende Geschosse.

Die Katastrophe

Aber während sie, von so großem Glück erregt und krank vor Liebe, noch unschlüssig schwankte, ... da ergoss die Lampe ... einen Tropfen siedend heißen Öls über die rechte Schulter des Gottes ... So versengt sprang der Gott auf und da er sein Vertrauen schmählich verraten sah, flog er ohne ein Wort unmittelbar aus den Küssen seiner todunglücklichen Gattin davon ... Doch verließ sie der verliebte Gott nicht, als sie am Boden lag, er flog auf die nächste Zypresse, und von ihrem hohen Wipfel aus redet er sie schmerzlich bewegt an: «Ich habe, du arglos törichte Psyche, die Gebote meiner Mutter Venus übergangen ... und bin vielmehr selbst als Liebender zu dir geflogen. Aber das habe ich aus Leichtsinn getan, das weiß ich, und ich, der vielgerühmte Bogenschütze, habe mich selbst mit meinem Geschoss durchbohrt und dich zu meiner Gattin gemacht, natürlich damit du mich für ein Untier halten und mir mit dem Messer den Kopf abschneiden solltest, der doch diese in dich verliebten Augen trägt. Das war es, so riet ich dir immer wieder, wovor du dich stets hüten solltest, und davor habe ich dich, da ich es gut mit dir meinte, wiederholt gewarnt. Aber sie, deine hervorragenden Ratgeberinnen, werden mir für ihren so verderblichen Rat sogleich büßen; dich aber werde ich nur durch meine Flucht strafen.» Und mit dem Ende seiner Rede entflog er auf seinen Fittichen in die Höhe.

Psyche aber, die ausgestreckt am Boden lag und dem Flug ihres Gatten, solange er noch zu sehen war, nachschaute, grämte sich mit bitterlichem Weinen.

Psyche in der Macht der Venus

Auf ihrer verzweifelten Suche nach Amor gelangt Psyche endlich zum Lustschloss der Venus. Eine Dienerin ergreift sie und zerrt sie vor die Göttin.

Sobald Venus sie (Psyche) hereingeführt und ihr ausgeliefert sah, ...
schrie sie: «Hast du es endlich für wert befunden, deine Schwieger-
mutter zu begrüßen? Oder bist du vielmehr gekommen, nach deinem
Gatten zu sehen, der durch die Wunde, die du ihm zugefügt hast,
gefährlich erkrankt ist? Aber sei unbesorgt, denn ich will dich schon
aufnehmen, wie es einer guten Schwiegertochter zukommt;» und dann
rief sie: «Wo sind Kummer und Traurigkeit, meine Mägde?» Als sie
hereingerufen waren, übergab sie ihnen Psyche zur Folterung.

Psyches Tod?

Um Venus zu versöhnen, soll Psyche als ihre Dienerin vier Aufgaben
erfüllen, die allerdings darauf abzielen, sie und das Kind, das sie
trägt, zu verderben. Mit Hilfe verschiedener Naturkräfte besteht sie
jedoch alle Gefahren. Bei ihrem letzten Auftrag gelingt es ihr sogar,
die Schönheitssalbe der Proserpina aus der Unterwelt zu holen, um
sie Venus zu überbringen.

«Bin ich denn eine Närrin, dass ich hier die göttliche Schönheit trage
und nicht einmal ein wenig davon nasche, um vielleicht so meinem
schönen Geliebten zu gefallen?», und mit diesen Worten öffnet sie die
Dose ... Aber es war überhaupt nichts Greifbares darin, auch keine
Schönheit, sondern ein höllischer und wahrhaft stygischer Schlaf, der,
vom Deckel befreit, sie sogleich befällt, sich in einem dichten, be-
täubenden Nebel über alle ihre Glieder breitet und sie, während sie
auf der Stelle und mitten auf dem Weg zusammensinkt, ganz umfängt.
Unbeweglich lag sie da, nichts anderes als ein Körper im Todesschlaf.

Die Erlösung

Doch Amor, von seiner Wunde geheilt, auf dem Wege der Genesung,
konnte die lange Abwesenheit seiner Psyche nicht mehr ertragen; so
schlüpfte er durch das turmhohe Fenster des Schlafgemachs, in dem er
festgehalten wurde, ... eilt zu seiner Psyche, streift den Schlaf sorg-
fältig ab und birgt ihn wieder in der Dose ... Dann weckt er Psyche

durch einen feinen Stich seines Pfeils und sagt: «Siehst du, wieder wärst du Ärmste durch die gleiche Neugier verloren gewesen. Aber inzwischen führe du die Aufgabe, die dir durch die Weisung meiner Mutter aufgetragen ist, sorgsam aus, nach dem übrigen will ich selber sehen.» Nach diesen Worten wirft sich ihr Geliebter leicht in die Schwingen, Psyche aber liefert eilends bei Venus das Geschenk der Proserpina ab.

Der ewige Bund

Inzwischen fliegt Amor in den Olymp und bittet den Göttervater um Hilfe. Jupiter zeigt Verständnis und beruft eine Versammlung aller Götter ein.

... Auf hohem Sitze thronend lässt sich in seiner erhabenen Gestalt Jupiter also vernehmen: «... Jede Gelegenheit ist ihm (Amor) zu nehmen und seine jugendliche Zügellosigkeit muss durch Ehefesseln unterbunden werden ... In Psyches Umarmung mag er für immer Liebeslust genießen.» Und zu Venus das Antlitz gewandt, spricht er: «Und du, meine Tochter, sei nicht traurig und fürchte nichts für deine so erlauchte Familie und deine Stellung von der Ehe mit einer Sterblichen ...» Und auf der Stelle lässt er durch Merkur Psyche ergreifen und in den Himmel führen. Er reicht ihr einen Becher Ambrosia und spricht: «Nimm, Psyche, du sollst unsterblich sein, und niemals wird sich Amor aus der Verbindung mit dir lösen, sondern eure Ehe wird ewig währen!»

So wurde Psyche feierlich mit Amor vermählt und als die Zeit für die Niederkunft reif war, wurde ihnen eine Tochter geboren, die wir Menschen «Wonne» nennen.

Apuleius, Metamorphosen. Ausgewählte Texte: IV 28–31; V 1–2, 4, 6, 22–25; VI 9, 20, 21, 23, 24.

1 Ambrosia: Speise der Götter, die unsterblich macht

«Es war einmal ...» so beginnen fast alle Märchen. Die Geschichte von Amor und Psyche, deren Inhalt auf orientalische Isismysterien, folkloristische Motive und griechische Vorbilder zurückgeht, ist das einzige vollständig ausgeführte Märchen der Antike. Sein Verfasser Apuleius (etwa 125–180 n. Chr.), ein Universalgenie – Schriftsteller, Rhetor, Sophist, Jurist und Naturwissenschaftler –, hat dieses allegorisierende Kunstmärchen als Rahmenerzählung in die Mitte seines Abenteurerromans *Metamorphosen* gestellt. Später benannte der Kirchenvater Augustinus das Werk, wohl in Anlehnung an einen von Lesern geprägten lobenden Titel, in *Der goldene Esel* um, denn infolge der verhängnisvollen Verwechslung eines Zaubermittels – Apuleius befasste sich auch mit Magie – verbringt der Haupteld des Romans einen Großteil seines Lebens in dieser Gestalt und besteht grandiose Abenteuer.

Amor und Psyche aber, *Liebe und Seele,* verheissen Glück und Seligkeit. Dies wäre jedoch eine grobe Vereinfachung dieses subtilen und vom Verfasser hintergründig und vielschichtig bearbeiteten Themas, denn er hat es zu einem psychologischen Meisterwerk ausgestaltet.

Psyche, die bildschöne Prinzessin, erregt Hass und Eifersucht der Venus. Obwohl sie, wie ihre beiden Schwestern, lieber geheiratet hätte, findet sich kein Freier. Dagegen erweisen ihr die Menschen göttliche Ehren und betrachten sie als zweite Venus. Für die echte Göttin muss es besonders peinlich gewesen sein, dass die Menschen ihr, die aus dem Schaum des im Meer versenkten abgeschnittenen Phallus des Uranus entstanden ist, nun eine *erdgeborene, mit himmlischen Tropfen gezeugte* (Met. IV 28,4) Rivalin vorziehen. Ihre Kultstätten werden vernachlässigt, die Tempel entstellt, Bilder und Altäre nicht mehr geschmückt – die Menschen beten d a s M ä d c h e n an.

Während Psyche die ihr erwiesenen Ehrungen verabscheut und über ihre Vereinsamung weint, schmiedet die eifersüchtige Venus, tief in ihrer Eitelkeit gekränkt, niederträchtige Rachepläne. Dabei will sie ihren Sohn Amor (griech. Eros, lat. auch Cupido) als Werkzeug benutzen. Cupido, der mutwillige Knabe, der nicht einmal die Götter mit seinen Pfeilen verschont, soll Psyche durch seine treffsicheren Geschosse in Liebe zu dem allerverkommensten Menschen auf Erden entflammen. Um Verwechslungen vorzubeugen, führt Venus den jungen Gott in Psyches Stadt und zeigt sie ihm persönlich.

Inzwischen befragt Psyches Vater, da sich noch immer kein Freier gefunden hat, das Orakel des Apollo und erhält eine furchtbare Antwort: Das Mädchen soll als Todesbraut ausgestattet auf die höchste Spitze des Berges gestellt werden und dort auf ihren Bräutigam warten, ein schreckliches, geflügeltes Ungeheuer, das Menschen und Götter heimsucht.

Diese «Todeshochzeit» lässt sich als Relikt alter Mythen verstehen, in denen der Gedanke von der Braut als Sterbender häufiger anklingt. Psyche nimmt den Orakelspruch in Erkenntnis des tieferen Hintergrundes an: Sie büßt für die Hybris der Menschen, nicht für ihre eigene, und opfert sich. In tödlicher Einsamkeit erwartet sie, düster geschmückt, das Mann-Ungeheuer.

Und jetzt ereignet sich das typisch Märchenhafte der Geschichte. Nachdem alle Psyche verlassen haben, ergreift sie ein milder Wind, der Zephyr, und trägt sie in ein entlegenes, blumiges Tal. Neugierig betritt sie dort einen prächtigen Palast, der aber unbewohnt scheint. Im Inneren erklären ihr sanfte Stimmen, dass sie nun hier die Herrin sei, und erfüllen ihr jeden Wunsch.

Was war geschehen? Amor, der Rache für seine gekränkte Mutter üben sollte, traf sich, als er Psyche sah, selbst mit seinem Pfeil und verliebte sich im wahrsten Sinne des Wortes «unsterblich» in sie. Heimlich ließ er sie von Zephyr in seinen Palast bringen. Einerseits durfte seine rachsüchtige Mutter nicht erfahren, dass er ihr Gebot missachtet hatte, andererseits konnte und wollte er nicht mehr von Psyche lassen, er betrachtete sich bereits als ihr Gemahl. Im Lichte der Öffentlichkeit hätte er sich keinesfalls mit Psyche verbinden können, ohne dass Venus es bemerkt hätte. Es blieb ihm daher nur die Möglichkeit, sich Psyche im Dunkeln zu nähern.

So erfährt nun der Leser, wie Psyche in der ersten Nacht ihres neuen Aufenthalts in absoluter Finsternis von einem unsichtbaren Mann *mit sanftem Ton* zur Frau genommen wird. So stellt sich wohl keine Braut ihre Hochzeitsnacht vor. Nachdem der unbekannte Liebhaber im Morgengrauen wieder entschwunden ist, wird Psyche von ihren gestaltlosen Dienerinnen getröstet und gesalbt. Der Autor lässt die Erzählerin des Märchens jedoch versichern, im Laufe der Zeit habe sich durch allmähliche Gewöhnung auch Vergnügen bei der Königstochter eingestellt. Trotzdem wird sich Psyche nach und nach ihrer Einsamkeit immer bewusster. Sie verfällt zunehmend in Schwermut. Das ist nicht verwunderlich, denn welche Frau möchte sich allnächtlich einem unsichtbaren und unbekannten Mann hingeben, mag er noch so zärtlich zu ihr sein? Zudem fehlt ihr jeder Umgang mit Menschen. Daher ist es folgerichtig, dass Psyche unter Tränen mit wiederholten Bitten und Schmeicheleien ihrem Geliebten die Zustimmung abtrotzt, ihre Schwestern, die sie bereits suchen, im Palast empfangen zu dürfen.

Widerwillig und mit ahnungsvollen Warnungen erlaubt Amor seiner Prinzessin den Besuch. Nie dürfe sie nach seiner wahren Gestalt forschen, sonst sei alles verloren.

Die beiden Schwestern erweisen sich jedoch als falsche Schlangen, die Psyches Dunkelparadies stören. Durch sie nimmt das Verhängnis unaufhaltsam seinen Lauf: Bei ihren Besuchen reden sie Psyche ein, ihr nächtlicher Liebhaber sei, wie im Orakelspruch angekündigt, ein abscheulicher Drache, der es letztlich auf sie und das Kind, das sie trage, abgesehen habe. In ihrer Männerfeindlichkeit stellen die Schwestern die unterdrückten matriarchalischen Kräfte in der Geschichte dar. Persönlich handeln sie als frustrierte Ehefrauen: Die eine ist mit einem alten Mann verheiratet, der ihr nichts mehr bieten kann, die andere pflegt ihren leidenden Gatten. Nachdem sie die Pracht, in der Psyche glücklich zu leben scheint, gesehen haben, überkommt sie der blanke Neid, gepaart mit Hass auf ihre eigene elende Lage und auf Psyche, der offenbar alle Annehmlichkeiten in den Schoß gefallen sind. Daher steht ihr Plan fest, Psyche ins Unglück zu stürzen.

Heuchlerisch bieten sie ihr eine Lösung, wie das Geheimnis zu lüften sei, und stiften sie zu einer schrecklichen Tat an: Nachts wartet Psyche, bis ihr Geliebter eingeschlafen ist. Dann nimmt sie ein geschärftes Messer und die versteckte Öllampe und holt zum tödlichen Schlag aus. Apuleius zeigt hier erstmals Psyche in Eigenverantwortung als Frau, die alles wagt, um ihren Geliebten zu erkennen. Bis zu diesem Zeitpunkt war sie im Rausch eines finsteren Lustparadieses befangen; nun aber ist ihr die Beziehung zu einem anonymen Gemahl unerträglich geworden. Daher tritt sie bewusst aus dem Dunkel heraus und führt eine individuelle Begegnung mit ihrem Gatten im Licht herbei. Und was sie jetzt sieht, lässt sie vor Wonne erzittern: Gott Amor persönlich liegt vor ihr, so schön, wie ihn sich keine Sterbliche vorstellen kann. Auch seine Attribute sind da: Flügel, Köcher, Pfeile und Bogen. Als Psyche überglücklich die Pfeile betastet, verletzt sie sich und wird augenblicklich von unendlicher Liebe durchströmt. Doch von der Lampe, die Licht in ihr nächtliches Dasein gebracht hat, fällt ein Tropfen siedenden Öls auf Cupidos Schultern. Der Gott erwacht durch den Schmerz und weiß sich entdeckt. Der Situation gegenüber hilflos, flüchtet er sich sogleich auf den Baum seiner Mutter, eine Zypresse. Aus sicherer Entfernung macht er Psyche bittere Vorwürfe wegen ihrer Neugier – nicht anders versteht er die Tat. Eigentlich wäre es ja an ihr gewesen, ihn zur Rede zu stellen, warum sich ihre Verbindung im Dunkel abspielen musste. Amor jedoch befindet sich noch in Abhängigkeit von seiner eifersüchtigen Mutter; sonst hätte er für Psyches Tat Verständnis aufgebracht.

Anschließend fliegt er zu Psyches Entsetzen davon – in den Palast der Venus, die ihn mit herben Beschimpfungen empfängt. Seine Wunde mag auch symbolisch zu werten sein, denn die für Amor höchst angenehme Situation ist durch Psyches Tat schmerzlich gestört und beendet worden. Daher leidet er im doppelten Sinn: Er hat seine Macht über sie verloren, denn sie hat sein Gebot und damit ihre Gebundenheit überwunden. Psyche war ihm im Dunkel der Abhängigkeit zwar hörig, im Licht der Erkenntnis jedoch liebt sie ihn bewusst – und nur so liebt sie wirklich. «So führt diese Tat zu all den Schmerzen der Individuation, in denen sich eine Persönlichkeit dem Partner gegenüber als anders, d. h. als nicht nur mit ihm verbunden erfährt. Aber erst durch diese doppelte Verwundung entsteht die Liebe, deren Sinn es ist, das Getrennte wieder zusammenzuführen; erst mit ihr entsteht die Möglichkeit einer Begegnung, der Voraussetzung für die Liebe zweier Individualitäten. Es wiederholt sich im Individuellen, was im Symposion Platons als mythischer Ursprung der Liebe dargestellt wurde: Die Trennung des Vereinten und die Liebe als Sehnsucht, das Getrennte wieder neu zu vereinigen.»[1]

In der Folge versucht Psyche durch Leiden und Kampf diese durch ihr eigenmächtiges Handeln geschaffene Trennung zu überwinden.

Sie macht sich auf, um Cupido zu suchen. Vorher allerdings vollzieht sie seine Rache an ihren Schwestern. Auch hier handelt sie ganz bewusst und lockt die beiden mit einer List ins Verderben. Im Wahn, Amor zu gewinnen, der sich, wie ihnen Psyche einredet, jetzt der Schwestern annehmen will, besteigen sie den Berg, auf dem Psyche einst verlassen wurde. Dort aber stürzen sie sich zu Tode, denn der milde Zephyr hatte diesmal nicht die göttliche Weisung einzugreifen.

Dann beginnt Psyches Leidensweg. Auf der verzweifelten Suche nach Amor kommt sie nach mehreren vergeblichen Bitten um den Beistand anderer Gottheiten zum Palast der Venus. Sie liefert sich der feindseligen Göttin freiwillig aus. Die Szene erinnert an Platons

Phaidros. Auch dort ist die Seele, während sie voll Verlangen nach dem Göttlichen sucht, *bereit, sich zur Sklavin zu machen.*[2]

Da stehen sich nun zwei Frauen gegenüber, wie man sie gegensätzlicher nicht erdenken könnte. Die zarte, machtlose Psyche, die im Selbstopfer ihrer Tat, mit der sie ihren Geliebten zu erkennen trachtete, in eine einsame Liebe geraten ist.

Auf der anderen Seite die Große Mutter Venus, in deren Natur- und Fruchtbarkeitsprinzip sich die Vereinigung der beiden Geschlechter nicht wesentlich von der bei Tieren unterscheidet. Psyche aber hat diese relativ primitive Stufe ihres Daseins im Lustparadies überwunden und ist bereits zu einer höheren Stufe der Liebe aufgestiegen, die Bewusstsein, Erkenntnis, aber auch Trennung und Leiden beinhaltet.

Die Liebe beider Frauen in ihrer spezifischen Art gilt Amor. Der allerdings muss sich erst vom Sohngeliebten zum liebenden Mann wandeln. Dazu müsste er aus dem transpersonalen Herrschaftsbereich der Großen Mutter in die persönliche Beziehung der menschlichen Psyche treten. Somit stellt sich jetzt die Frage, ob Psyche stärker ist als Venus. Da Amor schon das Gebot seiner Mutter umgangen und sich – wenn auch anonym im Dunkeln – aus eigenem Willen Psyche als Geliebter genähert hat, ist es jetzt an ihm, seine Selbständigkeit weiterzuentwickeln, bis er bewusst als liebender Gatte Psyche als seine Frau zu erkennen und anzunehmen wagt.

Venus, die sich von ihrem Sohn bereits getäuscht sieht, erkennt die Machtprobe, die sie mit allen Mitteln zu bestehen gedenkt. Die vier Aufgaben, die sie Psyche stellt und deren Lösung sie selbst für unmöglich hält, sind darauf ausgerichtet, die junge Frau und ihr ungeborenes Kind zu verderben.

Doch Venus hat sich verrechnet: Bei der ersten Aufgabe helfen Myriaden von Ameisen der verzweifelten Psyche, Ordnung in ein völliges Durcheinander verschiedener Samen zu bringen. Das ruft die Erinnerung an Aschenputtel wach, dem Tauben beistehen, die aber als Tiere der Venus hier nicht tätig werden können.

Der greise und bei Apuleius auch weise Gott Pan berät Psyche, wie sie den tödlichen Gefahren, denen Venus sie aussetzt, begegnen kann. Ihre Zielgerichtetheit auf Amor und die Unbeirrbarkeit ihrer suchenden Liebe geben ihr die Kräfte, selbst wenn sie mitunter verzweifelt auch an Selbstmord denkt. Im Grunde ihrer Seele fühlt sie sich einer Auseinandersetzung mit der Göttin nicht gewachsen. Aber wieder siegt die Kraft der Liebe über die negativen Empfindungen.

Bei der zweiten Aufgabe soll Psyche eine goldene Locke der im Sonnenlicht todbringenden Widder beschaffen. Diesmal steht ihr das Schilf bei. Es rät ihr abzuwarten, bis die Nacht hereinbricht und die rasenden Tiere schlafen, damit sie unbehelligt eine ihrer Locken an sich nehmen und der Göttin bringen kann.

Hat Psyche bei der ersten Aufgabe wählenden Ordnungssinn entwickelt, so wird ihr diesmal Geduld und kluge Umsicht abverlangt. Venus jedoch lästert lautstark und schreibt die Lösung der Aufgabe der Hilfe Cupidos zu, obwohl sie ihn doch krank und in ihrer Gefangenschaft weiß.

Apuleius hat in seinem Roman der Göttin, die als klassische Venus feinsinnig, klug und liebenswert erscheint, die undankbare Rolle der üblen Schwieger- bzw. Stiefmutter wie in den uns bekannten Märchen zugewiesen, sie trägt auch die Züge der bösartigen Hexe. Unter diesem Gesichtspunkt erstaunt es nicht, dass sie sich für ihre Widersacherin, «die ihr den Sohn wegnehmen will», immer neue Schikanen ausdenkt.

Als dritte Aufgabe verlangt Venus von Psyche, sie solle ein Kristallgefäß mit dem Wasser der Quelle füllen, das die Unterweltsflüsse Kokytos und Styx speist. Vielleicht soll dieses «Wasser des Lebens» Amor heilen. Der Ursprung der Quelle auf dem höchsten Berggipfel ist für Psyche absolut unerreichbar. Den Weg dorthin bewachen Giftschlangen und das Wasser ruft ihr durch sein Sprudeln die Warnung zu: *Du wirst umkommen! Flieh!* Wieder ist Psyche der Verzweiflung nahe, als plötzlich, Jupiters Adler erscheint und ihr das geforderte Nass bringt. Er hatte einst den schönen Ganymed für den Gott von der Erde geraubt und Amor hatte ihm dabei geholfen.

Hier zeigt sich bereits die Sympathie Jupiters für Psyche, die schließlich zum glücklichen Ende führt. Der höchste Gott empfindet auch eine Art männlichen Mitgefühls mit Amor, das vom Ergriffensein durch die Liebe weiß, das aber gleichzeitig protestiert gegen die Herrschsucht der Großen Göttin, die einerseits als Juno dem Gemahl, andererseits als Venus dem Sohn die Freiheit der Liebe zu schmälern versucht. Diesmal geht es um die Befreiung Cupidos als dem Sohngeliebten von seiner beherrschenden Mutter für eine freie und selbständige Partnerbeziehung zu Psyche[3]. Es ist Psyches Vorteil, dass sie von Venus unterschätzt wird, die ihr so viel Beharrlichkeit, Mut und Klugheit nicht zutraut.

In der vierten Aufgabe ist Psyche mit Venus und Proserpina persönlich konfrontiert. Sie soll aus der Unterwelt ein Geschenk der Proserpina, die göttliche Schönheitssalbe, in einer verschlossenen Dose für Venus holen. Dabei muss sich Psyche erneut vor tödlichen Gefahren und hinterhältigen Fallen hüten. Der grimmige Fährmann Charon ist durch einen Obolos zu entlohnen, der Höllenhund Kerberos muss durch süße Brocken friedlich gestimmt werden – alles herkömmliche Motive.

Ein *weitblickender Turm* berät Psyche, die sich wieder einmal aus Verzweiflung zu Tode stürzen will, und ermutigt sie, diese letzte und schwerste Aufgabe zu erfüllen. Auf ihrer Wanderung durch das Schattenreich soll sie sich auch nicht durch unangebrachtes Mitleid von ihrem Ziel abbringen lassen. So darf sie, was ihr eigentlich gegen die Natur geht, einem elenden Eseltreiber nicht beistehen, ein ertrinkendes Gespenst nicht retten und den geplagten Weberinnen keine Hilfe leisten. Es ist das Verbot der «unerlaubten Barmherzigkeit». Ichfestigkeit ist gefragt, wenn sie Venus nicht in die Falle gehen will.

Zum letzten Mal macht sich Psyche auf den Weg. Diesmal ohne Hilfe, ganz auf sich gestellt. Sie ist, wie schon zu Anfang, einer tödlichen Situation ausgesetzt, aber sie ist nicht mehr die, die sie einmal war. Die schweren Aufgaben, die Sehnsucht nach Amor und das Leid, das ihre Liebe durch die Trennung geläutert hat, haben das naive Mädchen zu einer bewusst liebenden, leidgeprüften, aber auch tapferen und klugen Frau gewandelt.

So meistert sie auch diese Prüfung und lässt sich nicht einmal von Proserpina zu Tisch bitten. Sie wäre ihr sonst verfallen.

Die Schönheitssalbe der Proserpina garantiert die ewige Jugend im Tode. Im Märchen kennt man sie bei Dornröschen oder Schneewittchen im Glassarg. In der Erzählung von Amor und Psyche versucht die dämonische Schwiegermutter Venus diese Schönheit des Todes Psyche aufzuzwingen. Psyche soll sterben. Es sieht ganz so aus, als würde der tückische Plan gelingen. Am Ende ihrer Heldentaten missachtet Psyche die Warnung des Turmes, die Dose zu öffnen, und möchte die Schönheitssalbe für sich selbst verwenden, um Cupido zu gefallen. Daher gibt sie alle Prinzipien auf und handelt entgegen jeder Warnung und Vernunft – und versagt. Aber gerade durch ihr

Versagen verhilft sie Amor, sich aus dem verwundeten Knaben zum erlösenden Mann zu wandeln, denn er findet bei Psyche die Liebe, die nur im Irdisch-Menschlichen existiert, die zu sterben bereit ist und daher stärker ist als der Tod. Bei keiner Göttin kann Amor diese Liebe finden, denn Götter sind nicht sterblich. Wenn Götter aber Sterbliche lieben, erfahren sie nur sinnlichen Genuss. Dem sterblichen Teil ist von jeher das Leiden überlassen, dem Menschen, der meist an dieser Begegnung scheitert. Hier aber ist es anders, denn eben weil sie versagt, provoziert Psyche die männliche Selbständigkeit Amors zu seiner erlösenden Befreiung und rettenden Tat.

So hat Psyche durch ihre seelische Entwicklung bewiesen, dass die Liebe die höchste Kraft im menschlichen wie göttlichen Bereich ist und sie hat dadurch auch den liebenden Amor ihrer Liebe würdig gemacht. Bewusst umgeht er alle einschränkenden Gebote, löst sich aus der Gebundenheit und setzt seine ganze Existenz ein, um Psyche zu erlösen.

Jupiter erscheint wieder einmal als der allwissende und allmächtige Vater. Durch die Götterspeise Ambrosia erhebt er Psyche zur Göttin und verleiht ihr damit Unsterblichkeit. So steht der himmlischen Vermählung mit Amor nichts mehr im Wege.

Der Olymp feiert ein rauschendes Hochzeitsfest: Zuoberst an der Tafel sitzt Cupido, in seinem Schoß hält er Psyche umfangen. Dann folgen Jupiter mit Juno und dem Rang nach die anderen Götter. Ganymed kredenzt Jupiter den Wein, den übrigen Göttern Bacchus. Alles ist mit Rosen und bunten Blumen geschmückt. Apollo trägt Gesänge zur Leier vor, ein Satyr bläst Flöte und ein kleiner Pan Rohrpfeife, die Musen singen Hochzeitslieder, Venus wiegt sich anmutig im Tanz.

Erstaunlich, wie leicht sich Venus versöhnen ließ. Vielleicht hat sie endlich erkannt, dass allein *Liebe und Seele – Amor und Psyche –* eine wahrhaft göttliche Synthese eingehen können. Es versteht sich von selbst, dass aus dieser Verbindung die *Wonne* hervorgeht.   H. P.

Quelle: Apuleius, Metamorphosen oder Der Goldene Esel, Rudolf Helm, Darmstadt, 1970
Plastiken: Adriaen de Vries, Merkur und Psyche, 1593, Paris, Louvre. – Canova, Amor und Psyche, 1793, Paris, Louvre. – J. Gibson, Psyche, von zwei Zephyrn getragen, 1822, Rom, Palazzo Corsini. – W. v. Hoyer, Psyche, 1842, München, Neue Pinakothek. – R. Begas, Merkur und Psyche, 1878,

Berlin, Bode-Museum. – P. de Vigne (1843–1901), Psyche, Brüssel, Museum (Bronze). – A. Rodin, Psyché, 1893, Paris, Louvre (Marmorskulptur).

Gemälde: Raffael, Eros und Psyche, 1518, Rom, Villa Farnesina (Zyklus als Deckenfresko). – Giulio Romano (1499–1546), Amors und Psyches Hochzeit und Ehe, Mantua, Palazzo del Tè. – G. da Averara (gest. 1548), Amor und Psyche, Bergamo, Casa Morandi. – L. Cardi (1559–1613), Amor und Psyche, Rom, Capitolinisches Museum (4 Fresken). – A. Bloemaert (1564–1651), Amor und Psyche, Stuttgart, Galerie. – Rubens, Amor und Psyche, 1613, Schweden, Privatbesitz. – M. Gundelach, Der schlummernde Amor, von Psyche betrachtet, 1613, Augsburg, Galerie. – G. da San Giovanni (1592–1636), Der schlummernde Amor, von Psyche betrachtet, Florenz, Uffizien. – A. v. Dyck (1599–1641), Amor und Psyche, Hampton Court. – A. Belluci (1654–1726), Der schlummernde Amor, von Psyche betrachtet, München, Pinakothek. – A. Molinari (1665 bis nach 1727), Amor und Psyche, Dresden, Gemäldegalerie. – C. Charles, Amor und Psyche, 1702, Nancy, Herzoglicher Palast. – Ch.-J. Natoire (1700–1770), Der schlummernde Amor, von Psyche betrachtet, Paris, Hôtel de Soubise. – P. Batoni, Vermählung Amors mit Psyche, 1756, Berlin; Staatliches Museum. – F. Leighton (1830–1896), Bad der Psyche, London. – G. F. Watts, Psyche, 1880, London, Tate-Gallery.

Dramatische Bearbeitungen: Calderón (1600–1681) Psiquis y Cupido. – Sh. Marmion, Legend of Cupid and Psyche, 1637. – Molière – Corneille – Quinault, Psyché, 1671. – W. Weigand, Psyches Erwachen, 1912.

Dichtungen: La Fontaine, Les amours de Psyché et de Cupidon, 1669. – Keats, Ode to Psyche, 1820. – V. Laprade, Psyché, 1841. – W. Morris, Cupid and Psyche, in: The Earthly Paradise, 1868 – 1870. – Th. Storm, Psyche, 1875. – R. Pannwitz, Psyche, 1905.

Romane: P. Louys, Psyche, 1925. – C. Staples Lewis, Till we have faces (dt. Du selbst bist die Antwort), 1958.

Symphonische Dichtungen: M. Adolphe, Les amours de Psyché, 1841 (Text von Dupenty und M. Delaporte). – C. Franck, Psyché, (1887–1888).

Opern: J. B. Lully, Psyché, 1678 (Text von Corneille und Fontenelle). – A. Scarlatti, Psiche, 1683 (Text v. N. Vacaro). – A. Draghi, Psiche cercando Amore, 1688. – A. Caldara, Psiche, 1720 (Text von Pariati). – J. J. Mondonville, L' Amour et Psyché, 1760. – A. Thomas, Psyché, 1857 (Text von Carré und Barbier). – E. Rey, Psyché, 1898 (Text von G. Lamey).

Ballette: Benserade, Psyché ou la puissance de l' Amour, 1656. – J. B. Lully, Psyché, 1671. – P. Juon, Psyche, 1906. – P. Rytel, Faun und Psyche, 1931. – M. Thiriet, Psyche, 1957.

1 *E. Neumann (²1979) 94 ff.*
2 *G. Binder und R. Merkelbach (1968) 7*
3 *E. Neumann (²1979) 114 ff.*

Philemon und Baukis

Jupiter kam hierher in Gestalt eines Menschen, es folgte
Dem Vater der Enkel[1] des Atlas, mit Stab, doch ohne die Flügel.
Tausend Häuser suchten sie auf und erbaten sich Obdach,
Tausend Häuser verschloss der Riegel. Doch eines empfing sie,
Klein zwar ist es gewesen, gedeckt nur mit Stroh und Schilfrohr,
Doch Baucis, die fromme Greisin, wurde dort einst dem Philemon,
An Jahren ihr gleich, in der Jugend vermählt, und ebendort,
In der Hütte, wurden sie alt und machten die Armut sich leicht,
Denn sie bekannten sie offen, und ertrugen sie ruhigen Gemütes.
Nicht ist es bedeutsam, ob du nach Herren dort suchst oder Dienern,
Das ganze Haus sind die beiden, sie gehorchen zugleich und befehlen.
Als nun die Himmelsbewohner dem kleinen Häuschen genaht sind
Und mit geneigtem Haupt die niedrige Pforte durchschritten,
Hieß sie der Greis auf der Bank, die er hinschob, sich zu erholen,
Auf die ein kunstloses Tuch die geschäftige Baucis geworfen.
...
Hier ruhten die Götter zum Mahle. Geschürzt und mit zitternden
                                                        Händen
Brachte die Alte den Tisch. Das dritte Tischbein war kürzer.
Eine Scherbe jedoch glich es aus. Nachdem man sie untergelegt hat,
War die Neigung beseitigt. Die Platte reinigten frische Minzblätter.
Darauf legt man zweifarbige Früchte der keuschen Minerva
Und herbstliche Kirschen, eingemacht in flüssiger Hefe,
Endiviensalat, auch Rettich und Stücke geronnener Dickmilch,
Eier dazu, nur leicht in lauwarmer Asche gewendet,
Alles in irdnem Geschirr.
...
Mitten darunter goldgelber Honig. Aber als bestes
Zeigten sie freundliche Mienen und gebefreudigen Willen.
Doch sie sahen inzwischen den Krug, sooft er geleert war,
Immer von neuem und wie von selbst mit dem Weine sich füllen.

Bestürzt durch das Wunder, ängstlich, mit flehend erhobenen Händen,
Stammeln Gebete sie beide, Baucis, voll Furcht auch Philemon,
Und bitten um Gnade wegen des fehlenden Aufwands beim Mahle.
Es gab eine einzige Gans, die Wächterin der kleinen Hütte.
Diese wollten die Hausherrn den göttlichen Gästen nun opfern.
Doch sie war schnell mit den Flügeln und ermüdet die langsamen Alten,
Lange trieb sie mit ihnen ihr Spiel, schien selbst zu den Göttern
Sich endlich zu flüchten. Da verboten die Himmlischen, dass man sie
                                                              töte.
«Götter sind wir!» so sprachen sie jetzt, «und die sündhaften
                                                        Nachbarn
Werden verdiente Strafen erleiden. Ihr aber sollt doch
Von diesem Unglück verschont sein. Verlasst nun sogleich eure Hütte,
Folgt unsren Schritten und geht zusammen mit uns hinauf
Zu den Höhen des Berges!» Die beiden gehorchen, gestützt auf die
                                                              Stöcke
Mühen sie sich, den lang ansteigenden Berg zu erklimmen.
Nur einen Pfeilschuss entfernt waren sie noch von dem Gipfel;
Sie wandten den Blick und da sahen sie alles im Sumpfe versunken.
Allein ihr eigenes Häuschen durfte unversehrt bleiben.
Während sie deshalb noch staunen und das Schicksal der Nachbarn
                                                          beweinen,
Wandelt die alte Hütte, die selbst für zwei Leute zu klein war,
In einen Tempel sich um: Säulen ersetzen die Pfähle,
Rotgelb schimmert das Stroh, das Dach scheint zu strahlen vom
                                                              Golde,
Mit kunstvollen Bildern bedeckt ist die Pforte, von Marmor der
                                                              Boden.
Jupiter sprach sodann und begann mit huldvoller Stimme:
«Sagt, rechtschaffener Greis und des redlichen Mannes würdige
Frau, was ihr wünscht!» Da besprach sich Philemon ein wenig mit
                                                              Baucis
Und eröffnet den Himmlischen dann die gemeinsam getroff'ne
                                                        Entscheidung:
«Euere Priester zu sein und euren Tempel zu hüten
Bitten wir euch, und weil wir in Eintracht die Jahre verlebten,
Nehme dieselbe Stunde uns fort aus dem Leben und niemals
Möge das Grab meiner Gattin ich schauen, noch soll sie mich
                                                        begraben!»

Dem Wunsche folgt die Erfüllung. Sie wurden Hüter des Tempels,
Solange sie lebten. Und als sie, geschwächt durch Jahre und Alter,
Vor den heiligen Stufen von ungefähr standen, das Schicksal des Ortes
Wieder besprachen, da sahen der greise Philemon und Baucis,
Wie des einen und anderen Leib sich mit grünenden Blättern um-
kleidet.
Und da über beider Gesicht die Wipfel der Bäume schon wuchsen,
Sprachen sie beide zugleich, solang' es vergönnt war, die Worte:
«So lebe denn wohl, mein Gemahl!» Zugleich verhüllte ihr Antlitz
Grünes Gezweig. Noch heute zeigt dort der thyneische[2] *Landmann*
Stamm neben Stamm, aus beiden Körpern gewachsen, sich nahe.
OVID, METAMORPHOSEN VIII 626–640, 660–668, 677–720

1 Merkur (Hermes): Sohn der Atlastochter Maia, der Bote des Jupiter
(Zeus), trug gewöhnlich den Heroldsstab, Reisehut und Flügelschuhe
2 Thyner: Volk am Bosporus

Auf den ersten Blick eine einfache, märchenhafte Erzählung. Gleich
zu Beginn verweist Lelex, einer der Gesprächspartner, die sich Verwandlungsgeschichten zum Thema gewählt haben, auf einen Baumkult in der kleinasiatischen Landschaft Phrygien. Dort stehen dicht
beieinander eine Eiche und eine Linde, deren Laubwerk verwachsen
ist. Die Eiche, der Baum Jupiters, symbolisiert männliche Stärke. Die
Linde bietet mit ihrem weichen Holz und den feinen, herzförmigen
Blättern eher ein weibliches Erscheinungsbild. Von den Landbewoh-
nern werden sie als Götter verehrt (Met. VIII 620).

Das ist Ovids Überleitung zu der märchenhaften Erzählung von
Philemon und Baucis. Bei genauerer Betrachtung treten uralte The-
men der Menschheitsgeschichte zutage: Theoxenie (Einkehr der
Götter bei den Menschen, meist zur Prüfung ihrer Gesinnung) und
Flutsage, d.h. Belohnung oder Rettung der Gastfreundlichen bzw.
Frommen und Untergang der Ungastlichen bzw. Bösen. Das Gast-
recht ist heilig. Schon in Met. I 209 ff. z.B. verwandelt Jupiter den
Lycaon zur Strafe in einen reissenden Wolf, weil dieser ihm, um seine
Göttlichkeit zu prüfen, ein Mahl aus Menschenfleisch vorgesetzt
hatte. Sein Haus zerschmettert der Blitz.

Ähnliche Szenen finden sich in der Bibel, z.B. in dem Bericht über
Sodom und Gomorra: Jahwe äußert, nachdem er von Abraham und
seiner Frau Sarah gastlich aufgenommen wurde, seine Absicht, die

Einwohner der beiden Städte zu prüfen (Genesis 18, 20 ff.). Die von ihm entsandten Engel sind willkommene Gäste im Hause des Lot. Er beschützt sie auch vor den bösartigen Sodomiten. Tags darauf führen die Engel Lot und seine Familie auf den Berg und retten sie so vor dem Schwefel- und Feuerregen, der Sodom und Gomorra vernichtet.

«Im frevlerischen Anschlag auf den Gast oder der selbstlosen Opferbereitschaft verrät sich die Gesinnung der Menschen.»[1] Ovid hat Theoxenie und Flutkatastrophe in einem minutiösen Meisterwerk mit dem Baumkult verbunden.

Philemon und Baukis, die zusammen in ehelicher Liebe und Treue alt geworden sind, leben in perfekter Eintracht und Zufriedenheit. Ihre Armut tragen sie gelassen und mit Würde. Sie verwirklichen das Ideal des Einfachen Lebens, wie es die Dichter in der hellenistischen Tradition immer wieder verherrlichen. Erstaunlich ist die «Gleichwertigkeit der Geschlechter», vielleicht als Folge der Armut, denn bei den bescheidenen wirtschaftlichen Verhältnissen ergibt sich die notwendige Arbeitsteilung ganz von selbst. So arbeiten sie Hand in Hand: Jeder gebietet und gehorcht. Beneidenswert einmütig fristen sie ihr kärgliches Dasein. Da geschieht das Unerwartete: Zwei müde Wanderer kehren, nachdem sie von allen anderen abgewiesen wurden, bei ihnen ein. Jupiter und sein Sohn, der Götterbote Merkur, treten zunächst unerkannt auf. Merkur hat eigens die Flügel von seinen Schuhen entfernt. Nun wird sich die wahre Gesinnung der beiden Alten zeigen. Die Gastgeber tragen sprechende Namen: Philemon «der Liebende, Gastfreundliche» und Baucis «die Zärtliche, Mütterliche». Diesen Namen werden sie durchaus gerecht.

Ovid gestaltet die Bewirtung in allen Einzelheiten zu einer behaglichen Szene aus. Noch wissen die beiden Alten nicht, mit wem sie es hier zu tun haben. Sie ahnen nicht, dass sie sich vor zwei Göttern bewähren müssen, die ihre Gesinnung prüfen wollen. Aber den Frommen ist der Gast heilig, deshalb bemühen sie sich mit all ihren spärlichen Mitteln und nach besten Kräften, den Wanderern ihren Aufenthalt so angenehm wie möglich zu machen. Eine Decke, auch wenn sie einfach und rauh ist, soll für bequemes Sitzen sorgen, in aller Bescheidenheit wird eine komplette Mahlzeit serviert, bestehend aus Vorspeise, Hauptgericht mit gebratenem Speck und Wein, und Nachtisch. Der Dichter versäumt nicht, immer wieder gleichsam schmunzelnd, die Schlichtheit des Aufwands hervorzuheben: Die

Polster sind mit Schilfrohr gefüllt, die Becher aus Holz gefertigt, der Tisch wackelt, er muss mit einer Tonscherbe abgestützt werden. Eine einzige Zeile berichtet von der angeregten Unterhaltung bei Tische: *Inzwischen verkürzen sie die Stunden mit Gesprächen* (VIII 651). Freundliche Mienen und Herzlichkeit der Gastgeber heben die Stimmung. Die ländliche Gastmahlszene bietet mit ihren vielen Details ein Bild angenehmer Ruhe, wie sie die urbanen Römer damals ersehnten und die Dichter der Zeit in ihren Werken verherrlichten (Horaz, Tibull, Vergil, Martial).

In dieser von Bescheidenheit und Ehrfurcht vor dem Gesetz der Götter geprägten Welt offenbaren nun die Gäste ihr göttliches Wesen: Sooft der Krug geleert ist, füllt er sich von selbst wieder mit Wein. Wenn die Naturgesetze ausser Kraft gesetzt scheinen, glaubt der Mensch an ein Wunder. In Erkenntnis dieses überirdischen Wirkens reagieren Philemon und Baukis bestürzt. Sie entschuldigen sich für das einfache Mahl und wollen ihr einziges Haustier, die Gans, die auch die Hütte bewacht – Gänse können sehr aggressiv sein –, schlachten. Ovids Humor veranschaulicht, wie die beiden Greise dem flügelschlagenden Tier hinterherlaufen, bis es schließlich bei den Göttern Zuflucht sucht. Diese aber verbieten das Opfer. Zwar scheint hier die Gastfreundschaft fast übersteigert, doch wird die tiefe Frömmigkeit des alten Paares umso deutlicher.

Jetzt geben sich die Götter mit klaren Worten zu erkennen: *Götter sind wir!* Zugleich folgt die Strafandrohung an die ungastlichen und daher frevlerischen Nachbarn. So sind die Gerechten gleichsam Mitwisser göttlichen Handelns. Philemon und Baukis werden aufgefordert, unverzüglich mit den Göttern auf den naheliegenden Berg zu steigen. Der Leser ahnt, was kommen muss: Bestrafung der Bösen, Belohnung der Frommen. Flutkatastrophen als gottgewollte Strafen finden sich thematisch in den Religionen fast aller Kulturvölker. Als Beispiele seien aus dem griechischen Mythos die Sage von Deucalion und Pyrrha genannt, die als frommes Paar durch Jupiter von der Sintflut verschont wurden, und aus der biblischen Geschichte Noah.

Philemon und Baukis folgen den Himmlischen mühsam den Berg hinauf. Unweit vom Gipfel wenden sie sich um. Dabei erstarren sie nicht, wie Lots Weib, zur Salzsäule, sondern sehen, dass die Gottlosen im Sumpf versunken sind. Ihr empfindsames Gemüt lässt sie darüber weinen.

Die Belohnung der Gastfreundlichkeit schließt sich in Form einer Metamorphose an: Die ärmliche Hütte verwandelt sich in einen prächtigen Tempel. Überdies stellt Jupiter – ein Märchenmotiv – den beiden Alten einen Wunsch frei. Ähnlich erhält in dem Märchen «Der Arme und der Reiche» der Gebrüder Grimm der Arme auf seinen Wunsch hin ein prächtiges Haus. Auch diesmal stimmen Philemon und Baucis, vom Dichter liebevoll charakterisiert, in ihrer Entscheidung völlig überein. Sie wollen Priester des neu erstandenen Tempels sein und bitten, – Zeichen ihrer unbedingten Liebe in einem langen gemeinsamen Leben – dereinst in derselben Stunde sterben zu dürfen.

Ihre Wünsche werden erfüllt: Bis ins hohe Alter pflegen sie als Priester Jupiters Tempel, der einst ihre Hütte war. Möglicherweise eine phrygische aitiologische Tempelmythe, die der Baumkult, der gerade in dieser Region besonders gepflegt wurde, sinnvoll ergänzt.

Das Ende ist eine weitere Metamorphose: Während die beiden Greise wieder einmal, an den Stufen des Tempels stehend, über die früheren Ereignisse sprechen – wie es alte Leute eben gerne tun –, werden sie gleichzeitig in Bäume verwandelt, doch nicht ohne einander liebend die Abschiedsworte zuzurufen: *Lebe wohl, mein Gemahl!*

Aus Philemon wird eine starke Eiche, aus Baukis eine feinästige Linde.

Nach Malten[2] liegt der Verwandlung von Menschen in Bäume die alte Vorstellung zugrunde, dass aus dem Blut des Sterbenden oder der Asche des Verstorbenen Pflanzen, besonders Bäume, emporwachsen, in denen die Seele weiterlebt.

Der Mythos kennt noch andere Verwandlungsgeschichten, z.B. wurde Daphne auf ihrer Flucht vor Apollo in einen Lorbeerbaum verwandelt, der seither dem Gott geweiht war. Nach Apollonios von Rhodos (2, 1231 ff.) ließ sich Philyra, die Mutter des Centauren Chiron, aus Scham über ihre Missgeburt von Zeus in eine Linde verwandeln.

Ovid lässt abschließend den Erzähler den Wahrheitsgehalt seiner Geschichte bekräftigen: Er habe selbst die Weihekränze, welche die phrygischen Landbewohner zu Ehren der beiden Baumgottheiten angebracht hatten, in den eng beieinander stehenden Bäumen gesehen, denn *Wen die Götter geliebt, der ist ein Gott, und wer verehrt hat, werde verehrt!* (VIII 724).

Aus der Zahl der Nachdichtungen und Transformationen ragt Goethes Szene *Philemon und Baukis* im fünften Akt des Faust II hervor, die man als Gegenstück zu Ovids Erzählung werten mag: Anfangs scheint es fast, als herrsche eine ähnlich beschauliche Atmosphäre wie in Ovids Darstellung. Die Hütte steht diesmal auf einer Düne, daneben eine kleine Kapelle, die von den beiden Alten gehütet wird. Ein Wanderer, den Philemon und Baukis einst als Schiffbrüchigen beherbergt hatten, kehrt erneut bei ihnen ein, um seine Dankbarkeit und Zuneigung zu beweisen. Wieder zeigen die Greise die schon bekannte Gastfreundlichkeit. Während der Mahlzeit berichten sie jedoch von Faust, der gerade den gesamten Strand des Kaiserreichs für sich beansprucht. In einer ausführlichen Teichoskopie schildern sie seine Kolonisationstätigkeit, die in ihrer Rigorosität an manche Praktiken der modernen Landnahme erinnert. Dem Gast vergeht zusehends der Appetit. Unterdessen sitzt Faust in seinem Palast und sinnt über seinen durch Mephistos Gewalt erworbenen Reichtum nach. Da stört ihn das Abendläuten des Kapellenglöckleins, zugleich wird ihm bewusst, dass das kleine Stück Land, das Philemon und Baukis bewohnen, noch nicht zu seinem Besitz gehört. Verärgert beauftragt er Mephisto, die Alten «zur Seite zu schaffen» (11275). Die Hütte wird alsbald von dessen «Gewaltigen» abgebrannt, die alten Leute «behende weggeräumt» (11361), der Wanderer im Kampf zur Strecke gebracht. Faust rügt zwar das brutale Vorgehen von Mephistos gewalttätigen Gesellen und flucht «dem unbesonnen wilden Streich» (11372), doch die Schuld fällt auf ihn zurück.

Dem Qualm der verkohlten Hütte entschweben vier weibliche Dämonen: Mangel, Schuld, Not und Sorge. Als die Sorge Faust anhaucht, erblindet er.

Keine Spur mehr von der archaischen Idylle und der wundersamen Begegnung zweier liebender Alten mit den Göttern! In der Konfrontation mit der Macht des Bösen gehen Philemon und Baukis unter. Der Gottesfürchtige scheint bisweilen den Schutz der Götter (Gottes) entbehren zu müssen und scheitert an der negativen Übermacht. Doch vollendet sich auch hier das Schicksal des betagten Paares im gemeinsamen Tod – mag er auch gewaltsam sein.

Zu Eckermann sagte Goethe am 6. Juni 1831: «Mein Philemon und Baukis hat mit jenem Paare des Altertums und der sich daranknüpfenden Sage nichts zu tun. Ich gab meinem Paar bloß jene Namen, um die Charaktere dadurch zu heben ...»

Die Szene lässt erkennen, dass in der modernen Gesellschaft anscheinend kein Platz mehr ist für eine friedvolle und bescheidene Zweisamkeit. Die Sehnsucht nach der Idylle ist jedoch ein Inhalt des menschlichen Bewusstseins geblieben. H. P.

Quelle: Ovid, Metamorphosen, München 1986.

Gemälde: A. Elsheimer (1578–1610), Jupiter bei Philemon und Baucis, Wien, Kunsthist. Museum. – Rubens, Jupiter, Merkur, Philemon und Baucis, um 1620, Wien, Kunsthist. Museum. – J. van Oost d. Ä. (1601–1671), Jupiter und Merkur bei Philemon und Baucis, San Francisco, M. H. de Young Memorial Museum. – J. van den Hoecke (1611–1651), Jupiter und Merkur bei Philemon und Baucis, Prag, Nationalgalerie. – Rembrandt, Philemon und Baucis, 1658, New York, Privatbesitz. – J.-B. Restout, Jupiter und Merkur bei Philemon und Baucis, 1769, Tours, Museum.

Dramatische Bearbeitungen: C. G. Pfeffel, Philemon und Baucis, 1763. – M. Gawalewicz, Philemon i Baucis, 1897. – K. Wache, Baucis und Philemon, 1954 (Komödie). – L. Ahlsen, Philemon und Baucis, 1957 (Kampf griechischer Partisanen im 2. Weltkrieg).

Dichtungen: J. Swift, Baucis and Philemon, 1709 (Travestie). – F. v. Hagedorn (1708–1754), Philemon und Baucis. – J. H. Voss, Philemon und Baucis, 1785 (Idylle).

Opern: Chr. W. Gluck, Bauci e Filemone, 1769. – J. Haydn, Philemon und Baucis (= Jupiters Reise auf der Erde), 1773. – Ch. Gounod, Philémon et Baucis, 1860 (Text von Barbier und Carré).

1 M. Beller, Philemon und Baucis in der europäischen Literatur (1967) 13
2 L. Malten, Hermes 74 (1939) 193

Orpheus und Eurydike

Nach dem Verlust Eurydikes steigt Orpheus in die Unterwelt hinab

Schlimmer noch war als die Zeichen das Ende. Denn während die
junge
Braut die Felder durchstreifte, umringt von der Schar der Najaden,
Fand sie den Tod, an der Ferse verletzt vom Biss einer Schlange.

Als sie zum Himmel genugsam beklagt der Sänger Rhodopes[1],
Wagt' er, um unversucht nichts, auch nicht die Schatten zu lassen,
Durch das Tänarische[2] Tor zur Styx hinunterzusteigen
Und durch die luftige Schar, die Schemen bestatteter Toten,
Trat zu Persephonen hin und dem Herrn des freudlosen Reiches,
Welcher die Schatten beherrscht. Dann schlug er die Saiten zum Liede,
Sang: «Ihr Götter der Welt, die unter der Erde gelegen,
Der ja verfallen wir sind, alle die sterblich erschaffen,
Wenn es erlaubt ist und, dass die Wahrheit ich spreche, ihr zulasst
Ohne der Ausreden Täuschung: Nicht stieg ich deshalb herunter,
Den finsteren Tartarus hier zu beschauen und auch den von Nattern
Zottigen, dreifachen Schlund des medusischen Untiers[3] zu fesseln:
Grund meines Wegs ist die Gattin, der eine getretene Viper
Gift in die Ferse verspritzt und die blühenden Jahre genommen.
Tragen wollt' ich es können und gebe zu, ich versucht' es.
Amor errang den Sieg, ein Gott, wohlbekannt auf der Erde. –
Ob er es hier auch ist? Noch weiß ich es nicht, doch vermut' ich' s,
Wenn nicht die Sage vom alten Raub in der Vorzeit erlogen,
Hat doch auch euch die Liebe vereint. – Bei der Stätte des Schreckens,
Bei dem gewaltigen Chaos, dem Schweigen des riesigen Reiches
Fleh' ich zu euch: Knüpft neu Eurydikes hastiges Schicksal!
Alles schulden wir euch, und wir treiben nach kurzem Verweilen
Früher oder noch spät zu dem einen gemeinsamen Wohnsitz.
Alle streben wir her, und dies ist die letzte Behausung,
Über das Menschengeschlecht übt ihr die ewige Herrschaft.
Sie auch, wenn sie gereift die gebührenden Jahre verlebt hat,
Fällt eurem Rechte anheim. Zum Geschenk erbitt' ich Genießen.
Weigert das Schicksal der Gattin die Gunst, so bin ich entschlossen:
Nimmer kehr' ich zurück, dann freut euch am Tode von zweien!»
Während er also sang, zu den Worten die Saiten berührte,
Weinten die blutlosen Seelen, und Tantalus haschte nicht mehr
Nach der versiegenden Welle ...
... du, Sisyphus, saßst auf dem Felsen.
Damals, so sagt man, netzten sich erstmals der Furien Wangen,
Bezwungen vom Liede, mit Tränen, und nicht des Königs Gemahlin,
Noch er, der die Unterwelt lenkt, halten dem Bittenden stand:
Nicht mehr wehren sie länger, rufen alsbald Eurydike.
Diese verweilte noch unter den jüngst verstorbenen Schatten,
Schleppenden Schrittes ging sie einher, noch verletzt durch die Wunde.

Sie und die Weisung zugleich empfängt der thrakische Sänger,
Nicht die Blicke zurückzuwenden, bis er hätte durchschritten
Das Avernische[4] Tal, – sonst wäre verwirkt das Geschenkte.
Aufwärts steigen sie nun durch lautlose Stille des Pfades,
Steil und finster der Weg, gehüllt in düsteres Dunkel.
Da aus Furcht, sie möchte versagen, im Wunsch, sie zu sehen,
Blickt' er voll Liebe sich um und alsbald sank sie hinunter.
Er streckt die Arme nach ihr zu umfangen, umfangen zu werden,
Nichts aber greift der Unselige ausser entschwindende Lüfte.
Und ob sie wiederum stirbt, sie klagt nichts über den Gatten.
Was denn sollte sie klagen, als dass sie geliebt worden sei?
Nur noch ein letztes «Lebwohl», das er kaum noch zu hören vermochte,
Sprach sie und fiel zurück dahin, woher sie gekommen.
Er flehte vergeblich, versuchte erneut, wieder überzusetzen,
Der Fährmann wies ihn zurück. Doch er saß bis zum siebenten Tage
Trauernd am schlammigen Ufer, die Gaben der Ceres verschmähend.
Sorge und Pein im Herzen und Tränen waren die Speise.
Grausam seien die Götter des Erebos[5], klagt' er, und zieht sich
Zurück zu Rhodopes Höh'n auf den Hämus, den nordwindgepeitschten.

Nach Orpheus' Tod kommt sein Schatten wieder in die Unterwelt:

Unter die Erde entschwindet der Schatten, erkennt alle Stätten,
Die er vormals gesehen, wieder, durchforscht die Gefilde der Frommen,
Findet Eurydiken dort und umarmt sie mit heißem Verlangen.
Hier nun wandeln sie beide zusammen mit einigen Schritten,
Bald geht sie voran, er folgt ihr, bald geht er als erster ihr vor,
Gefahrlos blickt sich jetzt um nach seiner Eurydike Orpheus.
OVID, METAMORPHOSEN X, 8–42, 44–63, 72–77 XI, 61–66

1 *Rhodope: Gebirge in Thrakien*
2 *Taenarum: Vorgebirge in Südlakonien, wo man sich den Haupteingang*
  zur Unterwelt dachte
3 *Kerberus: dreiköpfiger Höllenhund, Enkel des Ungeheuers Medusa*
4 *Nahe dem Averner See in Unteritalien vermutete man einen der Zugänge*
  zur Unterwelt.
5 *Erebos: Gott der Finsternis, übtr. Unterwelt*

Orpheus, bereits im 6. Jahrhundert v. Chr. bekannt, war Sohn des
thrakischen Königs Oiagros und der Muse Kalliope. Seine Mutter

lehrte ihn das Saitenspiel auf der Lyra, die Apoll ihm geschenkt hatte. Mit seinem Gesang, den er auf dem göttlichen Instrument begleitete, bezauberte er die Natur: Fische versammelten sich an den Ufern, Vögel flogen in Scharen herbei, wilde und zahme Tiere lagerten sich friedlich um ihn. Er konnte Bäume, Wälder, Steine, Felsen, ganze Gebirge versetzen, denn sie folgten seiner Stimme. Durch seine Melodien beruhigte er selbst das stürmische Meer. Triumph seiner Sangeskunst ist sein Gang in die Unterwelt (Katabasis).

Eurydikes Tod

Orpheus' Vermählung mit Eurydike, einer anmutigen Waldnymphe, stand unter düsteren Vorzeichen. Selbst die Anwesenheit des Hochzeitsgottes ließ keine Stimmung aufkommen. Das schlimme Ende schien vorbestimmt: Als die Braut sich mit ihren Gespielinnen, den Najaden (Wassernymphen), auf der Wiese vergnügte, sah sie der berühmte Bienenzüchter Aristäus[1]. Von Begierde getrieben, verfolgte er die junge Frau, um ihr Gewalt anzutun. Während sie in panischer Angst vor ihm flüchtete, wurde sie von einer giftigen Otter gebissen. Sie starb kurz nach der Hochzeit.

Orpheus' Katabasis

Während Orpheus sich in Liebesverlangen verzehrt, sinkt Eurydike zu den Schatten hinab.

Nach einer Zeit unstillbarer Trauer beschließt Orpheus Ungeheuerliches: Lebendig will er in das Totenreich hinabsteigen, um Eurydike in das irdische Leben zurückzuholen. In der antiken Mythologie ist die Katabasis nur wenigen Sterblichen gelungen, z.B. Herkules, Odysseus, Aeneas.

Es bedurfte schon göttlicher Hilfe oder besonderer Fähigkeiten, um die vielfältigen Hindernisse des Orkus lebend zu überwinden. Aber Orpheus besaß diese Fähigkeiten: Singend und spielend bahnt er sich den Weg durch die Totenwelt zu den Unterweltgöttern Hades und Persephone. Zu Ovids Zeiten hatte die Musik längst eine eigenständige Ausdrucksdimension. Der Gesang des Orpheus ist zugleich ein rhetorisches Plädoyer. Wie bei antiken Rednern üblich, lässt der Dichter auch Orpheus mit einer *Captatio benevolentiae* beginnen: Er bestätigt die Macht der Unterirdischen und sichert sich damit ihr Wohlwollen. Die anschließende Argumentation überzeugt: Eurydike wurde um die ihr zustehenden Lebensjahre gebracht, er selbst hat alles versucht, um über ihren Verlust hinwegzukommen, aber sein Hauptargument – die Liebe – zwingt ihn zum Einspruch gegen das ungerechte Schicksal. Hier spricht der Mythologe: Hades persönlich hat Persephone von der Oberwelt geraubt. Der Sänger übergeht die Brutalität, die dieser Entführung anhaftet. Stattdessen schafft er einen gemeinsamen Erfahrungshintergrund, der die unterirdischen Götter mit ihm verbindet. Dabei bleibt der Rechtsanspruch der Unterwelt auf Eurydike unangetastet, denn ihr Tod soll nur aufgeschoben werden. Gegen die bestehende Realität jedoch begehrt Orpheus auf und glaubt, berechtigte Ansprüche einklagen zu können: Den eigenen Anspruch auf die geliebte Frau, den ihren auf eine angemessene Lebensdauer und beider Anrecht auf den Genuss ihrer Liebe, um den sie durch den verfrühten Tod der Braut betrogen wurden.

Dass er seine Klage ernst meint, bestätigt der Sänger endlich mit der Ankündigung, er werde nicht ohne die Geliebte zurückkehren. Dies könnte eine Drohung mit Selbstmord sein, um die Ungerechtigkeit des Schicksals mit dem eigenen Tod zu demonstrieren. «So weit reicht die Identifikation mit dem Liebesobjekt, dass die Klage über seinen Verlust vom eigenen Todeswunsch durchdrungen ist.»[2] Als Lebender durfte Orpheus keinesfalls im Hades verbleiben. Damit würden die Prinzipien der Unterwelt außer Kraft gesetzt. Orpheus stellt die Unterirdischen vor ein unlösbares Problem. Aber der Dichter schweigt über die Reaktion der Götter auf diese Perspektive. Stattdessen wird die Wirkung des orphischen Gesanges beispielhaft vorgeführt. Und nun geschieht genau das, was nicht sein darf: Die Unterwelt gerät aus den Fugen. Von der umfassenden Erschütterung bleibt keiner ausgenommen: Die todblassen Seelen weinen, obgleich sie eigentlich gefühllos sein müssten, Tantalus, der die Ermordung seines Sohnes mit den berühmten «Tantalusqualen» büßt, d. h. er wird von unstillbarem Hunger und Durst gequält, greift plötzlich nicht mehr nach den unerreichbaren Früchten und dem versiegenden Wasser. Auch die anderen Büßer legen eine Pause ein, sogar der Erzbetrüger Sisyphus lässt seinen Felsen, den er unentwegt den Berg hinaufwälzen soll, ruhen und setzt sich provozierend darauf. Erstmals in ihrem Dasein zeigen sich selbst die Rachegöttinnen (Eumeniden) zu Tränen gerührt.

Schilderungen des Hades finden sich auch bei anderen Schriftstellern der Griechen und Römer von Homer bis Vergil. Sie haben die Vorstellungen vom antiken Totenreich nachhaltig geprägt und wirken in der Weltliteratur, besonders der Renaissance, nach.

Ovids Darstellung regt zu weiteren Spekulationen an: Orpheus' Lyra ist göttlichen Ursprungs. Mit Apoll würden sich Hades und Persephone auf keine Machtprobe einlassen wollen. Orpheus' Motiv ist die Liebe, personifiziert durch Aphrodite. Die himmlischen Götter sind den finsteren Mächten grundsätzlich überlegen. Dessen müssen sich auch die Unterweltgötter bewusst gewesen sein.

Das tragische Ende

War die unerfüllbare Bedingung, unter der sie Eurydike ihrem geliebten Ehemann überlassen wollten, also nur eine Täuschung, um dem Zwiespalt zu entkommen und die Ordnung im Hades aufrecht zu erhalten, oder sollte Orpheus auf diese Weise für seine Vermessenheit bestraft werden? Er allerdings glaubt sich am Ziel seiner Wünsche. Die Macht seines Gesanges scheint selbst den Tod besiegt zu haben. Doch als sein Gesang verstummt, erlischt auch dessen Wirkung. Der Urzustand stellt sich alsbald wieder her: Die Strafen nehmen ihren Fortgang, es herrscht wieder Dunkelheit und Stille am Ort des Schreckens. Ovid verdeutlicht wortreich das tiefe Schweigen, die Düsternis, und den mühevollen Aufstieg zur Oberwelt. Wegen der Bisswunde am Fuß hinkt Eurydike, sie folgt dem Sänger lautlos. Noch ist sie ein Schatten. Orpheus kann sich nicht einmal sicher sein, dass sie ihm wirklich folgt.

Das Verhängnis nimmt seinen Lauf. Ovid gibt zwei Gründe an, warum Orpheus das Blickverbot übertritt: Aus Angst, die Geliebte möchte versagen, schaut er sich um, und in dem brennenden Verlangen, sie zu sehen. «Liebevoll» sagt der Dichter.

Das Hermesrelief von 430 v. Chr. vergegenwärtigt diese Szene: Hinter Eurydike, nach der sich Orpheus gerade umwendet, steht zögernd, wie bedauernd, Hermes als Seelenbegleiter. Behutsam nimmt er ihren Arm, um sie zurückzuführen. Die Frau schaut Orpheus an, ein Blick, der alles enthält, was Liebende in einem solchen Augenblick empfinden mögen. Ihre Hand hat sie auf Orpheus' Schulter gelegt, als wollte sie ihn festhalten, wie Ovid es ausführt. Ob Orpheus die Berührung wahrnahm? Die Geliebte war ja nur ein Schemen. Daher war sie auch für ihn nicht fassbar. Sie spricht nur ein Wort: *Lebwohl*. Sie klagt nicht, denn sie weiß, warum Orpheus sich umsah. Im gegenseitigem Verstehen stimmen die Liebenden überein.

Anders sieht der Dichter Vergil[3] die Szene: Er bezichtigt Orpheus des Wahnsinns und der Unvorsichtigkeit und legt Eurydike harte Vorwürfe und Klagen in den Mund. Damit kommt er vielleicht den Erwartungen mancher Leser entgegen. Ovid hingegen gestaltet den zweiten Tod Eurydikes mit großer Empfindsamkeit zu einer menschlichen Tragödie um. Der Tod fordert sein Recht, das Realitätsprinzip der Unterwelt ist gewahrt. Eurydike gehört unwiderruflich dem Totenreich an.

Wieder versucht Orpheus verzweifelt, sich Zugang zum Hades zu verschaffen, wird aber abgewiesen. Er verfällt in starres Entsetzen, nimmt sieben Tage keine Speise zu sich und zieht sich dann leidend, die Unterirdischen anklagend, in das heimatliche Gebirge zurück.

Das tragische Ende der orphischen Katabasis erschien jedoch vielen Nachgestaltern zu unbefriedigend. Daher haben Schriftsteller, Maler, Bildhauer, Komponisten und Regisseure immer wieder der Geschichte mit schier unerschöpflicher Phantasie einen versöhnlichen Schluss verliehen.

Orpheus' Tod

Nach seiner schlimmen Erfahrung mit der Frauenliebe wurde der Sänger später zum Pädophilen[4]. Ovid sieht darin eine Art Trauerbewältigung, ohne dass Orpheus deshalb für unglaubwürdig oder treulos gehalten werden sollte. Eurydike bleibt hintergründig gegenwärtig. Seit ihrem zweiten Tod wurden des Sängers Melodien wehmütiger, befriedeten jedoch weiterhin die gesamte Natur. Als er sich aber weigerte, für eine Orgie lärmender Bacchantinnen zur Lyra zu singen, gerieten die tobenden Frauen in dämonische Raserei. Ihr Geschrei übertönte seine Stimme und ließ sein Lied verstummen. Im wahnsinnigen Gewaltrausch rissen sie Orpheus in Stücke.

Sein Mund soll, während sein Haupt im Meer zur Insel Lesbos trieb, immerfort den Namen Eurydikes gerufen haben.

Erfüllung

Das Ende des Orpheus stellt zugleich einen neuen Anfang dar: Sein Schatten sucht Eurydike in der Unterwelt. Er findet sie im Elysium unter den frommen Seelen und darf sich endlich bedingungslos mit ihr vereinen.

Eine tröstliche Ironie des Schicksals: Liebende, die getrennt sind, finden im Tod zueinander und erfahren die Erfüllung, die das Leben ihnen versagt hat. H. P.

Quellen: Ovid, Metamorphosen X, XI. Vergil, Georgica IV.

Plastiken: Orpheus und Eurydike, Dreifigurenrelief, ca. 430.v. Chr., Neapel, Nationalmuseum (Kopie). – A. Canova, Orpheus und Eurydike, 1773, Predazzi, Villa Falier. – A. Rodin, Orpheus und Eurydike, 1894, Paris, Musée Rodin.

Mosaiken: Orpheus und die Tiere, römisch, Palermo, Museo Nazionale. – Orpheus unter den Tieren, ca. 340 n. Chr., Blanzy-les-Fismes (Aisne).

Gemälde: L. Signorelli, Orpheus in der Unterwelt, ca. 1470, Orvieto, Dom (Fresko). – N. dell' Abbate, 16. Jh., Eurydike von einer Schlange gebissen, London, National Gallery. – Tintoretto, 16. Jh., Orpheus in der Unterwelt, Modena, Galleria Estense. – J. Brueghel d. Ä., 16. Jh., Orpheus bezaubert Tiere und Bäume, Madrid, Prado. – Rubens, 17. Jh., Orpheus in der Unterwelt, Potsdam, Galerie von Sanssouci. – N. Poussin, 17. Jh., Eurydike von einer Schlange gebissen, Paris, Louvre. – G. B. Tiepolo, 18. Jh., Orpheus holt Eurydike aus der Unterwelt, Venedig, Palazzo Spinelli (Deckenfresko). – A. Feuerbach, Orpheus und Eurydike, 1872.

Dramatische Bearbeitungen: A. Poliziano, Orfeo, 1471. – Calderon, 17. Jh., El divino Orfeo. – O. Kokoschka, Orpheus und Eurydike, 1919. – J. Cocteau, Orphée, 1926. – J. Anouilh, Eurydice, 1941.

Dichtungen: Shelley, Orpheus, 1862. – L. de Launay, Orphée, 1901. – R. M. Rilke, Sonette an Orpheus, 1923. – R. Henz, Orpheus und Eurydike, 1956.

Opern: Monteverdi, Orfeo, 1607 (Text von Striggio). – J. B. Lully, Orphée, 1690 (Text von du Boullay). – Fux, Orfeo ed Euridice, 1715 (Text von Pariati). – Chr. W. Gluck, Orpheus und Eurydike, 1762 (Text von Calzabigi). – J. Haydn, Orfeo ed Euridice, l' anima del Filosofo, 1791 (Text von Bandini). – J. Offenbach, Orpheus in der Unterwelt, 1858 (Text von Crémieux und Halévy), Travestie.

Ballette: B. Grassi, Orfeo, 1631. – I. Strawinsky, Orpheus, 1947.

Filme: J. Cocteau, Orphée, 1950. – M. Camus, Orfeo negro, 1960.

1 *Vergil, Aeneis V 457–459*
2 *J. Döring (1996) 26*
3 *Vergil, Aeneis V 488 ff.*
4 *Ovid, Metamorphosen X 83 ff.*

Phaidra und Hippolytos

Aphrodite legt ihre Absichten dar

Die Göttin Kypris[1] heiß ich, … berühmt
Bei allen, die vom Pontos bis zu des Atlas
Grenze wohnen und das Licht der Sonne schauen.
Wer meine Macht ehrt, den beglück' und zeichn' ich aus
Und stürze, wer mir trotzen, mich verschmähen will …
Der Sohn des Theseus, den die Amazon' ihm einst
Gebar, des frommen Pittheus[2] Jünger, Hippolyt, …
Verzichtet auf der Liebe Glück, rührt keine Frau an
Und ehrt dafür des Phoibos[3] Schwester Artemis, …
Das nun beneid' ich nicht – was sollt ich's auch?
Doch was er gegen mich gefrevelt, straf ich noch
Am heut'gen Tag an Hippolyt. Das meiste ist
Längst vorbereitet, es bedarf nicht vieler Müh!
Denn als … ihn Phaidra hat erblickt,
Des Vaters edle Gattin, da wurd' ihr Herz
Von ganz gewaltiger Lieb' erfasst, nach meinem Plan …
Seitdem vergeht sie weinend, außer Fassung ganz
Vor Liebesqual, die arme Frau, in stillem Harm.
EURIPIDES, HIPPOLYTOS (ÜBS. JOHANN ADOLF HARTUNG)
1 2–6, 10–11, 14–15, 20–24, 26–28, 37–38

1 *Beiname der Aphrodite*
2 *Mythischer Herrscher von Troizen*
3 *Anderer Name für Apollon*

Phaidra bekennt insgeheim ihre Liebe

Ich Unselige, was habe ich getan!
Wo riss es mich hin von der Bahn der Vernunft?
Raste ich, strauchelte, durch Götter betört ...
Röte der Scham, sie überläuft mein Gesicht ...
Als Liebe mich verwundet, überlegt' ich, wie
Ich's trüge schön und sittsam. So begann ich denn
Sofort zu schweigen und zu bergen meinen Gram ...
Mein zweiter Vorsatz war, mit Ehren diesen Wahn
Zu tragen, ihn zu meistern durch Besonnenheit.
Zum dritten, als dies beides mir nicht frommte, um
Die Kypris zu besiegen, schien das Sterben mir
Das Beste: Nichts wird dem Entschlusse widerstehn ...
Mich treibt ja eben dies zum Sterben, daß
Ich keine Schande meinem Gatten machen will
Noch meinen eignen Kindern. Nein, sie sollen frei
Gedeihn mit Hochsinn, wohnend in der stolzen Stadt
Athen und wegen ihrer Mutter nicht beschimpft ...
239–241, 246, 391–393, 397–401, 420–423

Phaidra muss die Antwort des Hippolytos mitanhören

O schweigt, ihr Frauen ...
Und höret, welch ein Lärmen drin im Haus erschallt!
Der Reiterin Sohn, der Amazone, Hippolyt,
Schreit laut und schmäht entsetzlich meine Dienerin ...
Er schilt sie deutlich freche Kupplerin,
Verführerin der Ehegattin ihres Herrn ...
Ja, meinen Zustand tat sie kund, wohl meinend, doch
Unklug, zu helfen meiner Not, und bringt mich um ...
Ich weiß nur eines: Sterben ohne Zögern ist
Das einzige Mittel bei dem gegenwärtigen Leid.
566, 575, 581–582, 586–587, 595–596, 599–600

Hippolytos schmäht das Frauengeschlecht

O Zeus, was hast du dies verführerische Leid,
Das Frau'ngeschlecht, zur Welt gesandt, ans Sonnenlicht?
Fortpflanzung freilich war der Menschheit nötig, doch
Daß uns durch Frauen dies zuteil wird, ist nicht gut.
Die Menschen sollten Goldes oder Silbers Wert
In deine Tempel legen als Kaufpreis, dafür
Nachwuchs von Kindern haben ...
Am besten fährt noch, wem ein ganz einfältig Ding
Von einer Frau, ein bloßes Nichts, im Hause sitzt.
Gescheite sind gefährlich ...
Fluch euch! Ja, unersättlich ist mein Weiberhaß ...
616–623, 637–639, 664

Artemis klärt Theseus über die Wahrheit auf

Vernimm, o Theseus, deines Unglücks Stand und Grund,
Wiewohl es nicht mehr frommen, nur betrüben kann.
Dazu erschein ich, deines Sohns gerechten Sinn
Zu offenbaren, daß er sterb' in Ehr und Ruhm,
Und deiner Eh'frau tollen Wahn, auf seine Art
Auch Edelsinn. Vom Stachel wund der Göttin, die
Wir hassen ... hat sie deinen Sohn geliebt.
Bemüht, der Krankheit Herr zu werden durch Vernunft,
Verdarb sie durch der Amme Anschlag ohne Schuld ...
Sie aber, bange vor Beschämung und Verrat,
Schrieb jenen Brief dir voll Verleumdung und Betrug ...
1296–1305, 1310–1311

Was die traurige Geschichte von Phaidra und Hippolytos angeht, so muss man das für wahr halten, was die Dichter darüber berichten, denn die Historiker haben ihnen in keinem Punkt widersprochen.
PLUTARCH, THESEUS 28

Die Dichter der Antike, griechische wie römische, haben sich verschiedentlich mit der Beziehung zwischen Phaidra und Hippolytos – einem Paar, das kein Paar war – auseinander gesetzt; von ihren Werken, soweit sie erhalten sind, ist vor allem das Drama *Hippolytos stephanephoros* – Der Kranz darbringende Hippolytos – des Euripides aus dem Jahr 428 v. Chr. von maßgeblicher Bedeutung.

Phaidra, die zweite Gemahlin des sagenhaften Athenerkönigs Theseus, eines der großen griechischen Heroen, hat sich unsterblich in ihren Stiefsohn Hippolytos, den Sohn des Theseus und einer Amazone, verliebt. Obwohl diese Empfindungen während der vorübergehenden Abwesenheit ihres Ehemannes aufkeimten, sind sie doch nichts weniger als die Laune eines Augenblicks der Einsamkeit. Phaidra ist eine Frau voll tiefer Leidenschaft. Sie entstammt dem Haus des Königs Minos, und ihre Mutter war Pasiphaë, berühmtberüchtigt wegen ihrer sexuellen Besessenheit für den von Poseidon gesandten schneeweißen Stier; ihre Schwester Ariadne half aus Liebe Theseus bei der Tötung des Minotauros, ihres Halbbruders. Zweifelsohne besessen ist nun auch Phaidra von ihrer Liebe zu Hippolytos, denn der junge Mann erwidert ihre Zuneigung nicht. Er ahnt nichts von der Glut, in der sich Phaidra für ihn verzehrt; sie ist vor Liebe sogar so krank und schwach geworden, dass sie getragen werden muss. Die Liebe als Krankheit – eine in der Antike wohlbekannte Auffassung: Die Gewalt des Eros ergreift nicht nur die Seele, sie befällt den Körper ebenso, wie es Sappho, Archilochos, Ibykos, Hesiod eindringlich beschrieben haben. Als ein Musterbeispiel für diese Sicht der Dinge kann man die Historie von König Seleukos, seinem Sohn Antiochos und der Königin Stratonike gelten lassen.[1]

In den einzelnen literarischen Ausformungen, die der Mythenstoff erfahren hat, beeinflusst diese verhängnisvolle Leidenschaft Phaidra in unterschiedlicher Weise. Nach der einen Lesart kann oder will sie ihr triebhaftes Verlangen nicht zügeln; ein von dunkler Dämonie durchwirktes Hin und Her von Begehren und Verweigern spielt sich ab. Da werden sogar die aus alten kretischen Mysterien überkommenen Zauberkräfte bei Phaidra wieder lebendig: Sie durchsticht mit einer Nadel die Blätter des der Aphrodite heiligen Myrtenbaumes – eine magische Handlung, die sowohl Liebesbeschwörung als auch Tötungswunsch symbolisiert. Als sie Hippolytos ihre Liebe offenbart hat und ihn verführen will, wird sie von ihm schroff zurückgewiesen; nun überwältigen sie wilde Rachegefühle und veranlassen sie zu der verleumderischen Behauptung ihrem heimgekehrten Gatten gegenüber, sein Sohn habe ihr Gewalt angetan (so in Senecas Tragödie *Phaedra*, die sich vermutlich an ein verlorenes frühes Drama des Euripides, *Hippolytos kalyptomenos* – Der verhüllte Hippolytos – anlehnte). Nachdem die übereilte Reaktion des Theseus den Tod des Sohns zur Folge hat, tötet Phaidra sich selbst.

Differenzierter und subtiler verläuft der Weg Phaidras in dem bereits erwähnten zweiten Drama des Euripides. Ihr ist zunächst nur als einem weiblichen Voyeur die heimliche Beobachtung des Hippolytos vergönnt, wenn er als Athlet im Stadion für den Wettkampf trainiert. Recht anschaulich wird die Szenerie, folgt man der Beschreibung durch Pausanias, der im 2. Jh. n. Chr. den Schauplatz der Tragödie, wie ihn die mythisch-literarische Überlieferung fixiert hatte, aufsuchte: die Stadt Troizen in der Argolis, dem nordöstlichen Teil der Peloponnes, wo sich der athenische Königshof während der Abwesenheit des Theseus aufhält. *Im anderen Teil des Bezirks befindet sich ein nach dem Hippolytos benanntes Stadion; darüber steht ein Tempel der Aphrodite Kataskopia, der zuschauenden Aphrodite, denn von hier schaute Phaidra, die sich in ihn verliebt hatte, dem Hippolytos bei den Übungen zu.*[2] Hinter diesem nüchternen Bericht aus viel späterer – historischer – Zeit tritt das Bild der Königin hervor, die – weil an Athen gewöhnt – zunächst von Langeweile beherrscht ist, die dann aber von wachsender sinnlicher Faszination erfasst wird und den Bewegungen des sehnigen, muskulösen Körpers des jungen Mannes mit immer begehrlicheren Blicken folgt.

In Phaidras Innerem spielt sich ein erbitterter Kampf zwischen der ihr verbotenen Liebe und ihrer Ehrauffassung ab, der ihren Seelenfrieden völlig zerstört. Frauen waren nach der Anschauung der Antike für erotische Verirrungen besonders anfällig; als Gegengewicht diente das Gefühl für Ehre. In jener Zeit einer ausgeprägten Schamkultur bildete die Ehre nicht nur für die Selbstachtung, sondern für die Selbstdarstellung gerade der Aristokratie einen konstitutiven Bestandteil. Phaidra ist hier keine Männer verschlingende *femme fatale*, sondern eine reife Frau mit großer emotionaler Tiefe, die keine Lösung für ihren seelischen Zwiespalt sieht. Ihre Amme, die Frau aus dem Volk mit Sinn für praktikable Möglichkeiten, verrät in einem Gespräch mit Hippolytos absichtsvoll die Empfindungen der Stiefmutter für den Jüngling; sie erleidet aber eine bittere Abfuhr. Dem jungen Mann geht nicht allein die Unantastbarkeit des väterlich-königlichen Ehebetts über alles, sondern er zeigt sich auch als Frauenfeind. Phaidra, die so jede Hoffnung auf Liebeserfüllung verloren hat, deren Ehre durch die von ihr – zwar nicht ausdrücklich gewollte, aber doch zugelassene – Offenlegung ihrer Gefühle beschädigt ist und die sich durch die äußerst harte, ja schonungslose Abweisung von Seiten des Hippolytos gedemütigt sieht, wählt als den einzigen Ausweg, der ihr bleibt, den Tod. Ehe sie sich erhängt, hinterlässt sie einen Brief mit der falschen Bezichtigung ihres Stiefsohns. Das Motiv dafür lässt sich gewiss nicht nur in der Rache für zurückgewiesene Liebe finden, sondern mehr noch in dem verletzten Stolz und vor allem in dem Bemühen, unbedingt ihre Ehre – und die besteht vor allem in der Achtung der Gesellschaft – zu retten.

Bei der Rückkehr des Theseus führt das zu der erwarteten Reaktion: Ohne ihn anzuhören, verweist er seinen Sohn des Landes und erbittet von Poseidon sogar dessen Tod. Der Gott handelt sofort. Die Pferde des Gespanns, mit dem Hippolytos am Meer entlang ins Exil fährt, scheuen vor einem den hoch wallenden Fluten entstiegenen Stier und schleifen ihren Wagenlenker zu Tode.

Wenn diese Liebestragödie von den Dichtern bis heute immer wieder dargestellt worden ist[3] – und will man Plutarch folgen, so sind sie dafür zuständig –, dann stand meistens Phaidra im Vordergrund. Aber um wen handelt es sich eigentlich bei dem spröden Hippolytos? Wohl nicht zufällig ist er der Sohn einer Amazonenkönigin, einer männergleichen Frau. Die Welt, in der er sich gewöhnlich aufhält, ist die unberührte Natur, wo er sich im Kreis gleichgesinnter Gefährten den Freuden des waidmännischen Handwerks widmet; auch ist er als geübter Wagenlenker den Pferden verbunden. Die Göttin Artemis, der er hingebungsvoll und bedingungslos dient – er will seine Keuschheit bewahren wie sie –, ist die Gegenspielerin der Aphrodite. In Phaidra und Hippolytos prallen somit die Repräsentanten zweier entgegengesetzter Lebens- und Schicksalsmächte aufeinander; eine versöhnliche Lösung dieser Dialektik ist nicht vorstellbar. Euripides hat dem Rechnung getragen, indem er zu Beginn des Dramas Aphrodite und am Schluss Artemis (die Theseus die Unschuld seines

Sohnes bezeugt) auftreten lässt. Dennoch bleibt an der Gestalt des selbstgerecht erscheinenden jungen Mannes, der doch sehr verletzlich ist und einen furchtbaren Tod erleiden muss, manches rätselhaft.[4] Die Zuordnungen, die im Zusammenhang mit Motivwanderungen (Joseph und die Frau Potiphars; das ägyptische Märchen von den zwei Brüdern; die altindische Geschichte vom Prinzen Paduna und seiner Stiefmutter) versucht wurden, oder die Erforschung der troizenischen Lokalmythen (Lockenopfer der Bräute zum Gedenken an Hippolytos)[5] liefern wenig zusätzliche Klarheit. Vielleicht rührt dies einfach daher, weil es sich bei dem Verhältnis von Phaidra und Hippolytos um eines der Grundmodelle möglicher Paarbeziehungen handelt – samt all den darin enthaltenen Rätseln.   C.M.B.

Quellen: Euripides, Hippolytos Stephanephoros; Ovid, Metamorphosen 15,497–546; Vergil, Aeneis 7,761–782; Seneca, Phaedra.
Plastiken: Häufiges Motiv auf antiken Sarkophagen
Gemälde: Römisches Wandgemälde Hippolytos und Phaedra, Pompeji. – Rubens, Der Tod des Hippolytos, 1610/11, Cambridge. – N. Poussin, Tod des Hippolytos, um 1640, New York. – P.-N. Guérin, Phaidra und Hippolytos, 1802, Paris.
Dramen: Racine, Phèdre, 1677. – A. C. Swinburne, Phaedra, 1866. – G. d'Annunzio, Fedra, 1909. – S. Kane, Phaedras Liebe, 1996.
Opern: J.-P. Rameau, Hippolyte et Aricie, 1733. – C. W. Gluck, Fedra, 1744. – Paisiello, Phaedra, 1788.
Weitere Vertonungen: Lied von F. Schubert, 1826. – Konzertouvertüre und Bühnenmusik zu Racine von J. Massenet, 1873 und 1900. – Bühnenmusik zum Drama von d'Annunzio von A. Honegger, 1926. – Kantate von B. Britten, 1975.

1 *Vgl. Plutarch, Demetrios 38*
2 *Pausanias, Beschreibung Griechenlands II, 32, 3*
3 *In der bedeutendsten Version der Neuzeit, in der Tragödie* Phèdre et Hippolyte *von Jean Racine (1677), wird der ursprüngliche Konflikt insofern abgeschwächt, als Hippolyte in eine andere Frau verliebt ist.*
4 *Dass Hippolytos von scheuenden Pferden zu Tode geschleift wird, könnte man als eine Erinnerung an archaische Opferriten werten.*
5 *Euripides scheint von Kulthymnen, die in Troizen üblich waren, angeregt worden zu sein (vgl. v. 1428–30).*

Historische Personen

Griechischer Kulturkreis

Sappho und das Mädchen

Göttergleich erscheint mir der Mann,
der dir gegenübersitzt
und von nahem deine süße Stimme hört
und wie du liebreich lachst.
Das aber hat mein Herz in der Brust erstarren lassen.
Denn sehe ich dich flüchtig nur an, versagt
mir gänzlich die Stimme,
ja wie gelähmt ist meine Zunge, ein feines
Feuer rieselt mir unter der Haut entlang,
nichts mehr sehen meine Augen, ein Rauschen
tönt mir in den Ohren,
Schweiß rinnt an mir herab, Beben
erfasst mich ganz, fahler als Gras
bin ich; wenig fehlt und
ich scheine tot.
Aber alles lässt sich ertragen, da ...
SAPPHO, ODE 2D

Die Dichterin Sappho scharte im 6. Jahrhundert v. Chr. auf der Insel Lesbos einen Kreis junger Frauen um sich, die sie auf ihre künftige Ehe vorbereitete (Initiation). Sie unterrichtete sie in Literatur, lehrte sie verfeinerte Umgangsformen und brachte ihnen vielfältige Fähigkeiten für Ehe, Familie und Hauswesen bei. Unter Männern und Knaben war der sog. Thiasos als ursprüngliche Kultvereinigung längst üblich. Sapphos «Frauenbund» aber erregte Aufsehen. Hier huldigte man mit ihren Gesängen und Tänzen den Musen und vor allem der Liebesgöttin Aphrodite; die Dichterin selbst spielte die Lyra dazu. Die Mädchen blieben oft mehrere Jahre, d. h. bis zu ihrer Verheiratung, dort. Dass sich aus diesem Zusammenleben starke menschliche Bindungen entwickelten, ist selbstverständlich. Heute nimmt man allgemein an, auch wenn es nicht bewiesen ist, dass es dabei zwischen Sappho und ihren Freundinnen zu erotisch-sinnlichen bzw. sexuellen Begegnungen gekommen sei im Sinne des heutigen Gebrauchs des Begriffes *lesbisch*. Sapphos Lyrik spricht ihre eigene Sprache. In empfindsamen Versen, die uns leider meist nur fragmentarisch erhalten sind, äußerst sich unstillbare Sehnsucht und die tiefe Neigung zwischen der Dichterin und den jungen Frauen, die sie oft beim Namen nennt (Dika, Anaktoria, Irana u. a.), manchmal aber auch anonym lässt. So ist auch in dem vorliegenden Text der Name des Mädchens unbekannt.

Die Ode 2D ist ein Hochzeits- und damit ein Abschiedsgedicht zugleich, denn das Mädchen verlässt die Gesellschaft Sapphos und ihrer geliebten Freundinnen und tritt in den Ehestand. Damals wurde die Ehe meist von den Eltern ausgehandelt, ohne dass man eine «Willenserklärung» des Paares einholte. Häufig wurden schon Kinder einander versprochen. Umso enger gestaltete sich für die jungen Mädchen die emotionale Bindung an die Erzieherin in der Zeit vor der Ehe. Sappho als einzige prägende Bezugsperson bedeutete ihnen mehr als Eltern und Geschwister oder der zukünftige Bräutigam. Aus den Gedichten, die sich an ihre Mädchen richten, ersieht man, dass das Verhältnis von inniger Liebe und einem tiefen Gefühl der Zusammengehörigkeit getragen wurde. Umso schwerer fällt den Beteiligten die Trennung. Sappho schreibt an anderer Stelle: ... *weinend nahm sie Abschied von mir und sagte: ‹Wieviel Leid, Sappho, erfahren wir, nur widerstrebend verlass’ ich dich.›* Dies zeigt, wie stark sich die jungen Frauen an die Dichterin gebunden fühlten. Das Mädchen muss sich ebenso schmerzvoll wie Sappho aus dieser Bindung lösen. Sappho erlebt die Trennung an sich selbst. Daher preisen die ersten Verse den Bräutigam glücklich (Makarismus), weil er die Nähe der Braut erfahren darf. Ihre gefällige Art zu sprechen und ihr reizendes Lachen werden künftig ihm allein gelten.

Unmittelbar darauf vergegenwärtigt die Dichterin, welche Empfindungen die Situation bei ihr hervorruft. In dem Bewusstsein, das geliebte Mädchen für immer zu verlieren, wird sie liebeskrank. Pathologie der Liebe: Die seelische Erschütterung äußert sich in körperlichen Symptomen: Beim Anblick des Mädchens versagt Sappho die Stimme, wie Feuer brennt es ihr unter der Haut, buchstäblich vergehen ihr Hören und Sehen, mit Schweißausbrüchen beginnt sie zu zittern und wird totenblass. Dieses Miteinander von Bewusstsein und Emotion kennzeichnet altgriechische Wesensart.

In anderen Gedichten vergleicht Sappho das geliebte Mädchen mit Aphrodite selbst. Ähnlich ist die Wirkung der *Göttin* auf die Betroffenen hier zu verstehen: *Aphrodite* hebt den Bräutigam in den Rang der Götter empor, die verlassene Dichterin sinkt an den Rand des Todes hinab. Eine ungewöhnliche Liebeserklärung!

Der nicht erhaltene Schluss des Gedichtes gibt der Phantasie Raum:

Sappho wünscht ihrem Mädchen alles Gute und nimmt sich in persönlichem Bescheiden zurück: Eine Lösung in Resignation.

Sie glaubt, dass sie beide den Trennungsschmerz überwinden werden, weil Liebe von Natur aus mit Schmerz einhergeht: Eine rationale Lösung.

Sie hofft wieder einmal auf den Beistand der Aphrodite, die der jungen Frau Eheglück verheißt und ihnen beiden über die Trennung hinweghelfen wird: Die religiöse Lösung.

Ein negatives Ende, etwa: «Alles lässt sich ertragen, aber dieser Abschied …» usw. entspräche nicht der inneren Kraft der Dichterin und ihrer sublimen Psyche, denn sie bewahrt die Erinnerung an die gemeinsame Zeit mit dem Mädchen als Balsam für die Wunden in ihrer Dichtung.   H.P.

Quelle: Sappho, Ode 2D
Bildliche Darstellungen: Sappho und Alkaios, attischer Krater 470 v. Chr., Staatliche Antikensammlung München. – Sappho mit Schülerinnen, attische Hydria, ca. 430 v. Chr., aus Vari, Athen, Nationalmuseum. – Bronzekopf der Sappho aus Perinth, 4. Jh. v. Chr., Athen, Nationalmuseum. – Sappho, Gemme eines Ringes, 1. Jh. n. Chr., Trier, Landesmuseum. – Sog. Sappho-Tondo aus Pompeji, 1. Jh. n. Chr., Neapel, Archäologisches Nationalmuseum.

Perikles und Aspasia

Perikles, mächtig durch sein Ansehen und seine Einsicht, in Geldangelegenheiten rein und unbestechlich, vermochte die Masse in Freiheit niederzuhalten und ließ sich nicht von ihr führen, sondern führte selber. Weil er nicht, um die Macht mit unredlichen Mitteln zu erlangen, ihr zu Gefallen redete, forderte er vielmehr, gestützt auf sein Ansehen, auch einmal ihren Zorn heraus. Sooft er jedenfalls merkte, dass sie sich in unangebrachter Überheblichkeit erkühnte, setzte er sie mit seinen Worten in Angst und Schrecken, wenn sie aber grundlos in Furcht geriet, richtete er sie auf und flößte den Menschen wieder Mut ein. So war es dem Namen nach Demokratie, in Wirklichkeit aber Herrschaft des Ersten Mannes.

THUKYDIDES, DER PELOPONNESISCHE KRIEG 2,65,8–10

Menexenos dankt Sokrates für die Mitteilung einer Rede der Aspasia

SOKRATES: *Dieses also, Menexenos, ist die Rede der Milesierin Aspasia.*

MENEXENOS: *Beim Zeus, Sokrates, glücklich ist Aspasia, wenn sie als Frau solche Reden auszuarbeiten imstande ist!*

SOKRATES: *Wenn du es nicht glaubst, so komm mit mir, dann kannst du sie selbst vortragen hören.*

MENEXENOS: *Ich bin schon oft mit Aspasia zusammengewesen, Sokrates, und weiß recht gut, was für eine Frau sie ist.*

SOKRATES: *Wie also? Bewunderst du sie nicht und weißt ihr jetzt Dank für die Rede?*

MENEXENOS: *Gar vielen Dank, Sokrates, weiß ich für diese Rede, ihr oder ihm, wer immer sie dir mitgeteilt hat, und außerdem vor vielen anderen Dank dir, der sie mir gesagt hat.*

SOKRATES: *Das wäre gut, aber dass du es mir nur nicht nachsagst, damit ich dir auch in Zukunft noch viele schöne Staatsreden von ihr mitteilen kann.*

MENEXENOS: *Sei ruhig, ich werde dir nichts nachsagen, bringe sie mir nur.*

SOKRATES: *Das soll geschehen.*

PLATON, MENEXENOS 249 D
NACH DER ÜBERSETZUNG VON F. SCHLEIERMACHER

Plutarch charakterisiert Aspasia

Man glaubt aber, dass Perikles den Krieg gegen Samos der Aspasia zuliebe unternommen habe; daher ist es hier vielleicht angebracht, näher zu untersuchen, welche außerordentliche Kunst, welche besondere Gewalt diese Frau besessen hat, dass sie sich die größten Staatsmänner zu Willen machte und selbst den Philosophen viel Stoff gab, von ihr des Lobes voll zu sprechen.

Aspasia war, worin alle übereinstimmen, von Milet gebürtig. Man sagt ihr nach, dass sie eine gewissen Thargelia, eine der älteren Ionierinnen, zum Vorbild genommen und sich nur für die mächtigsten und angesehensten Männer interessiert habe. Denn diese Thargelia, eine Frau von auffallender Schönheit, die neben ihren Reizen eine besondere Gewandtheit des Geistes besaß, hatte mit vielen Griechen in vertrautem Umgange gelebt, alle ihre Liebhaber für den Großkönig gewonnen, und durch sie, als die größten und mächtigsten Männer, den Samen der medischen Partei in den griechischen Städten Kleinasiens ausgestreut. Nach einigen wurde Aspasia von Perikles bloß wegen ihrer Weisheit und Staatsklugheit geschätzt, denn auch Sokrates besuchte sie zuweilen mit seinen Schülern, und ihre Bekannten nahmen oft ihre Frauen mit zu ihr, um sie zu hören, obgleich sie eben kein ehrbares oder anständiges Gewerbe trieb, sondern eine Menge Hetären unterhielt. ... Und in dem Menexenos des Platon liegt, so scherzhaft auch der Anfang des Gesprächs ist, wenigstens so viel historische Wahrheit, dass diese Frau in dem Rufe stand, der Beredsamkeit wegen von vielen Athenern besucht zu werden.

Um eben diese Zeit wurde auch Aspasia wegen Gottlosigkeit gerichtlich belangt, wobei der Komödiendichter Hermippos die Klage führte und sie noch dazu beschuldigte, dass sie die freigeborenen Frauen, die mit Perikles verbotenen Umgang hätten, bei sich aufnehme …

Die Aspasia rettete nun Perikles noch dadurch, dass er, wie Aischines sagt, bei dem Verhör reichliche Tränen vergoss und sich mit Bitten an die Richter wandte; aber den Anaxagoras schaffte er aus Angst fort und begleitete ihn zur Stadt hinaus.

PLUTARCH, PERIKLES 24; 32 (GEKÜRZT)

Perikles, 493 v. Chr. geboren, war der Sohn des Xanthippos und seiner Gemahlin Agariste. Zu seinen Lehrern und Freunden gehörten der Philosoph und Naturkundler Zenon, berühmt durch seine Kunst, Gesprächspartner hart zu widerlegen und Anaxagoras, der einen allbeherrschenden Geist (*nous*) als Grund einer sinnvollen Weltschöpfung annahm, sowie der Musiker und politische Theoretiker Damon. Perikles war eine ernste Persönlichkeit, sein Gang war gelassen, sein Auftreten in der Öffentlichkeit sehr beherrscht, die Stimme einnehmend, die Kleidung hielt er stets in Ordnung. Das ihm vererbte Familienvermögen war beträchtlich. Perikles' Natur war aristokratisch, er hielt es aber mit der Reformpartei, den radikalen Demokraten, die sich der Volksgunst durch Geldverteilungen bei den dionysischen Festen versichern wollte. Nachdem die Politiker Aristides gestorben, Themistokles verbannt und nach Persien geflohen sowie Kimon durch Ostrakismos aus Athen vertrieben waren, gelang es Perikles, der als Stratege jährlich gewählt wurde, in Athen maßgeblichen Einfluss zu gewinnen. Seit 443 leitete er als Stratege die Geschicke der Stadt. Er stärkte die Demokratie und band möglichst viele Staaten durch seine Vertragspolitik an Athen. Trotz gewisser Misserfolge wurde Athen durch die Zahl seiner Verbündeten unter Perikles die stärkste Macht auf dem Festland. Megara war mit Athen verbündet, Argos, Thessalien, Euböa, Böotien, Lokris und Phokis waren wenigstens zeitweise an Athen gebunden. Als Seemacht wurde Athen durch Perikles' geschickte Vertragspolitik (attisch-delischer Seebund) immer stärker; schließlich wurde sogar der Bundesschatz von der Insel Samos nach Athen gebracht. Perikles war außer für die inneren Angelegenheiten auch für die Verwendung der athenischen Finanzmittel und die Planung und Errichtung der öffentlichen Bauten verantwortlich. Seine Unbestechlichkeit bei der Verwendung der Staatsgelder brachte ihm allgemeine Anerkennung und Wertschätzung ein, obwohl er von Anfeindungen und Anklagen der Gegenpartei, der Aristokratie und der konservativen Priesterschaft, nicht verschont blieb. Seine Demokratisierung der öffentlichen Einrichtungen steuerte dem möglichen Auftreten einzelner *starker Männer* im Staate entgegen. Neben der Vollendung der bereits von Kimon angefangenen *langen Mauern* (460–445), welche den Schutz der Stadt bis zum Meer gewährleisten sollten, ließ er noch eine dritte zur sicheren Verbindung Athens mit dem Hafen Piräus errichten. Der Auftrag zur Ausgestaltung der Akropolis unter der Oberleitung (447–438) des mit ihm befreundeten Bildhauers Phidias u. a. der Umbau des Parthenon-Tempels und der Bau der Propyläen, waren dem politischen Organisationsgenie und der rhetorischen Überzeugungsgabe des Perikles zu verdanken. Freundschaft verband Perikles auch mit dem Tragödiendichter Sophokles (496–406) und dem Historiker Herodot (485–425). Vor allem Perikles' staatsmännischer Weitsicht verdankte Athen den Aufstieg zu einem Zentrum der Dichtung, der Wissenschaften und der Künste. So wurde das Zeitalter des Perikles, der mehr als dreißig Jahre Athen beherrschte (466–429), das 5. Jahrhundert v. Chr., zur klassischen Epoche, zur Blütezeit und Glanzzeit Griechenlands.

Perikles trennte sich von seiner ersten, mit ihm verwandten, ungeliebten Gattin, die ihm zwei Söhne, Xanthippos und Paralos, geboren hatte. Die Trennung erfolgte im beiderseitigen Einverständnis; sie heiratete bald darauf einen anderen. Scheidungsgrund war auch die von Perikles eingegangene Beziehung zu einer attraktiven und gebildeten Hetäre. Er nahm die schöne und geistreiche Milesierin Aspasia in sein Haus auf, sie wurde seine zweite Frau (Plutarch, Perikles 24,5) und gebar ihm auch einen Sohn in einer allerdings nicht legalisierten Ehe[1]. Aspasia (470–410), die im Jahre 449 von Milet nach Athen gekommen war, zog durch ihre Schönheit und Bildung die bedeutendsten Männer der Zeit in ihren Bann. Sie konnte mit Grazie und Eloquenz über Staat, Philosophie und Kunst plaudern. Gutes Aussehen, körperliche Reize, Einstellungsvermögen auf den jeweiligen Gesprächpartner, gediegenes Wissen und geistvolle Argumentation vereinigten sich bei ihr mit liebenswürdigstem Charme. Ihre Konversationskunst scheint aber ihre auffallendste Eigenschaft gewesen zu sein. Die sinnliche Liebe und der männliche Drang zur seelisch-geistigen Gemeinsamkeit mit einer Frau hatten Perikles aus den einengenden Fesseln des ehelichen Lebens in einem Familienhaushalt ausbrechen lassen. In der Verbindung mit der hochgebildeten, ihn inspirierenden Hetäre suchte und fand er als Politiker geistige Entfaltungsmöglichkeiten, Erfüllung und persönliches Glück in weit höherem Maße. Sie bewegte sich in der Gesellschaft Athens freier und ungezwungener als die durchschnittlichen Ehefrauen und Familienmütter, für die es schon als außergewöhnlich galt, wenn sie mit Geschick einen größeren Haushalt zu leiten verstanden.

Die natürlichen Rechte der griechischen Frau auf Bildung und der Ehefrau auf Anerkennung, Achtung und liebevolle Zuwendung waren jahrhundertelang unterdrückt worden. Wohl auch als eine Folge davon traten Hetärenwesen und Knabenliebe auf. Der Mann hatte, sofern er selbst gebildet war, in der Regel keine tiefere seelischgeistige Beziehung zu seiner Ehefrau, die ihm Kinder gebar und das Hauswesen führte. Wenn es um philosophische, politische oder literarische Themen ging, konnten die gebildeten griechischen Männer in ihren Gattinnen keine gleichwertigen Gesprächspartnerinnen finden. Im fünften Jahrhundert kamen nun aus Ionien, aus den griechisch besiedelten Küstengebieten Kleinasiens mit seinen blühenden Städten, frei aufgewachsene, gebildete junge Mädchen und Frauen nach Griechenland, die es geschickt verstanden, als Hetären (*Gefährtinnen*) herausragende Staatsmänner, Politiker und bedeutende Persönlichkeiten aller Art an sich zu binden und somit selbst gesellschaftliche Achtung zu gewinnen. Auf Grund ihrer Bildung und ihres Umgangs unterschieden sie sich durchaus von den Dirnen. Hetären gewährten griechischen Männern Unterhaltung, auch bei Musik, und geistige Anregung, die ihnen in der Familie fehlte. Die Männer betrachteten den Umgang mit diesen Frauen nicht als anstößig.

Aspasia war weder eine biedere Hausfrau noch ein Sexweib. In ihrer Klugheit zeigte sie nur für die mächtigsten und angesehensten Männer Interesse. (Plutarch, Per. 24) Perikles schätzte vor allem Aspasias Weisheit und Staatsklugheit und ließ sich von ihren Ansichten beeinflussen; selbst Sokrates besuchte sie zuweilen mit seinen Schülern und hörte ihr gerne zu, wenn sie sich mit Esprit über philosophische und rhetorische Probleme äußerte. (Xenophon, Memorabilia 2,6,36; Oeconomicus 3,14. Lukian, Imagines 17) Aber Perikles' langwährender Neigung zu dieser außergewöhnlichen Frau scheint doch mehr eine ganz persönliche, echte und geradezu grenzenlose Liebe zugrunde gelegen zu haben. Alle Tage, so weiß der antike Biograph Plutarch zu berichten, wenn er auf den Markt ging und wieder nach Hause kam, umarmte und küsste er seine Frau. (Plutarch, Per. 24)

Die Missgunst der Gesellschaft gegenüber dem weitblickenden, einflussreichsten Mann in Athen, der mit Überzeugungskunst, aber dennoch demokratisch regierte, und seiner Frau mit ihrem in vielem doch schillernden Charakter, ließ Gerüchte aufkommen. Perikles' bzw. Aspasias Haus war zum Mittelpunkt der Gesellschaft Athens avanciert. Die Neider ruhten nun nicht, ihnen war Perikles' große Macht ein Dorn im Auge. Sie warfen Perikles vor, den Krieg gegen Samos i. J. 441 hauptsächlich der Milesier wegen auf Bitten der Aspasia unternommen zu haben, und erblickten darin eine Folge des übergroßen Maßes an Selbständigkeit, das in ihrem Privatleben erkennbar war. Das starke Samos lag wegen der Stadt Priene mit dem schwächeren Milet im Krieg. Perikles fuhr mit seiner Flotte nach Samos, beseitigte dort die Oligarchie und führte die Demokratie ein. Als die Samier erneut abgefallen waren, besiegte Perikles sie nach achtmonatiger Belagerung. Dieser Krieg kostete die Athener jedoch erhebliche Verluste. Nach der Rückkehr hielt Perikles zu Ehren der Gefallenen eine Gedächtnisrede (Thukydides 2,34), die ihm großen Ruhm einbrachte. Da jedoch im Volke die Schuld an diesem verlustreichen Kriege der Aspasia, die aus Milet stammte, zugeschrieben wurde, begannen dunkle Schatten auf Perikles, aber auch auf Aspasia zu fallen. Sie wurde wegen Gottlosigkeit und Kuppelei angeklagt. (Plutarch, Per. 32 f.)

Perikles konnte sie nur mit Mühe retten, indem er bei dem Verhör vor den Richtern ausgiebig auf deren Mitleid setzte. Die Anklage des Komödiendichters Hermippos, sie verleite die Athenerinnen zu einer amoralischen Lebensführung, blieb nicht ohne Wirkung. Doch des Hermippos Vorwurf, sie nehme freigeborene Frauen, die mit Perikles verbotenen Umgang hatten, bei sich auf, d. h. sie betreibe eine Art Bordell, reichte für einen Prozess nicht aus. Das Verfahren wurde abgewendet.

Aspasia war eine in sich ruhende Persönlichkeit, konnte Anwürfe gegen sie mit nach außen gezeigter Gelassenheit ertragen, blieb aber innerlich davon nicht unbeeindruckt. Dass sie als Vorkämpferin der Gleichberechtigung der Frau angesehen werden konnte, missfiel der Masse der klatschsüchtigen Neider. Man nannte zwar Aspasia, meinte aber Perikles, den *Olympier* (Aristophanes, Die Acharner 530. Plutarch, Per. 8), den mächtigsten Mann im Staate, und zielte auf ihn. Dem modernen Betrachter wird klar, wie es dazu kommen konnte, dass die geistvolle Lebenspartnerin einer so hervorragenden Persönlichkeit wie Perikles zum Prototyp der raffinierten, bezahlten Hetäre[2] werden konnte.

Schon in Aristophanes' Komödie *Die Acharner* (527 f.) wird Aspasia als Bordellmutter gesehen. (Vgl. Athenaios 569) Der Dichter Eupolis nennt sie *Dirne*. (fr. 98) Dass aber schon damals Dichter, wie moderne Kabarettisten, aus Effekthascherei in ihren Übertreibungen weit über die Realität hinausgriffen, zeigen folgende Fakten: Perikles hatte aus dem eheähnlichen Verhältnis mit Aspasia einen Sohn (geb. zwischen 445 und 440), der jedoch nach dem Bürgerrechtsgesetz von 451/50 kein gleichberechtigter Bürger Athens war – seine Mutter besaß nämlich nicht das athenische Bürgerrecht. (Plutarch, Per. 37) Erst eine Ausnahmegenehmigung des Volkes erlaubte es Perikles, dessen Söhne aus erster Ehe schon gestorben waren, seinem jüngsten Sohn, der nach seinem Vater ebenfalls Perikles hieß, die Vollbürgerschaft zu verleihen. Dieses Entgegenkommen des Volkes gegenüber Perikles lässt die Vorwürfe der Amoralität gegenüber Perikles und gegen Aspasia als zumindest fragwürdig erscheinen. Perikles' Sohn wurde später sogar die Ehre zuteil, zum Strategen gewählt zu werden.

Im Jahre 431 begann der peloponnesische Krieg, in dessen Strudel fast die ganze griechische Welt hineingerissen wurde. Da breitete sich 430 plötzlich die Pest aus, die zuerst im Hafen Piräus, dann auch in Athen verheerend wütete. Gegenüber dem grauenhaften Massensterben versagte die Kunst der Ärzte. Etwa ein Drittel der Bevölkerung starb. Auch Perikles, der den Staat von 461 an geleitet hatte, fand durch die Pest im Jahr 429 den Tod. Der Geschichtsschreiber Thukydides beschreibt die Merkmale und die Ausbreitung der Seuche eindrucksvoll in seiner *Geschichte des Peloponnesischen Krieges* 2,47 ff. Aspasia überlebte die Pest und heiratete nach dem Tod ihres Mannes einen seiner politischen Freunde, den Schafzüchter Lysikles, der aber schon im Jahr darauf starb. Auch ihm gebar sie einen Sohn (428). Sie lebte weiter in Athen oder in Attika, über ihren Tod existieren keine Berichte.

Bemerkungen über Aspasia bei Xenophon, Aischines und Athenaios (13,569 ff.) haben neben den genannten Quellen zu ihrem zweifelhaften Ruhm bei der Nachwelt beigetragen. Sogar der Römer Cicero (106–43 v.Chr.) führt sie in seiner Schrift De inventione 1,52 (vgl. Quintilian, De institutione oratoria 5,11,27) als rhetorisch gewandte Diskussionsrednerin ein, was ihren Bekanntheitsgrad zusätzlich steigerte. Vor allem aber die Ausführungen Plutarchs (etwa 46 bis ca. 120 n. Chr.) über Aspasia in seiner Perikles-Biographie ließen die verschiedenen Aspekte ihres Lebens nicht nur für Philologen, Historiker, Kulturwissenschaftler u. a. interessant erscheinen. Vieles, was über Aspasia gesagt bzw. geschrieben wurde, ist Legende und kann durch historische Quellen oft nicht gesichert werden. Sie steht in der nicht streng wissenschaftlichen Literatur im Ruf, eine unübertroffene Kennerin und Lehrmeisterin alter, aber zeitlos gültiger erotischer Erfahrungen gewesen zu sein. Sie scheint, so lesen es moderne Autoren in die literarischen Zeugnisse der Antike über ihre Lebensführung, ihre Erfolge und in die ihr gemachten Vorwürfe hinein, die Psyche der Frau genau gekannt und alle Raffinessen der Sinnenlust souverän beherrscht zu haben. Für alle Formen der Liebe soll sie aufgeschlossen gewesen sein und sie soll sie auch ausgeschöpft haben. Wie sehr auch zu Perikles' Zeiten der Einfluss einer Frau sowie Liebe und Sexualität mit der Politik zusammenhingen und von Bedeutung waren, kann aus den Aussagen Plutarchs erschlossen werden. Die einzigartige Bildung und die Begabung dieser Frau, sich als kluge Hetäre – als Nichtbürgerin war sie nach athenischer Auffassung eine Frau zweiter Klasse – an der Seite des mächtigsten Volksführers in Athen zu behaupten, war erstaunlich. Wie sie sein Haus anspruchsvoll führte, ihren Gatten im politischen Kampf beriet und über ihn Einfluss gewann, verdient Bewunderung. Sie verband innere Stärke mit einer großen Intelligenz so hervorragend, dass sie sich vor aller Augen über herkömmliche gesellschaftliche Zwänge hinwegzusetzen vermochte. In ihrem Haus verkehrten geistig hochstehende Männer. Wenn Aspasia in ihrem Einfluss auf den Dichter Euripides[3] (ca. 480–406 v. Chr.), der vermutlich in ihrem Hause verkehrte, durch die psychologische Gestaltung seiner Stücke indirekt bis in die Neuzeit hineinwirkt, gebührt ihr höchste Anerkennung. Madelaine M. Henry beschreibt die Rezeption der Aspasia in Literatur und Kunst u. a. *as concubine; as dominatrix; as «female Socrates»; as feminist activist; as mother; as philosopher; as prostitute; as rhetorician; as teacher of Pericles; as warmonger; as wife of Pericles.*[4] Wenn moderne Autoren mit humanistischem Wissen, aber voyeuristisch, ihre eigenen pornographischen Phantasien in Aspasias Leben hineinlesen, so kann das, sofern spannend geschrieben, erträglich sein. Was sich aber aus der historischen Überlieferung nicht ableiten lässt, sollte als Ergebnis schriftstellerischer Kombination und Imagination mit skeptischer Zurückhaltung aufgenommen werden. Aspasia ist freilich nicht die einzige historische Persönlichkeit, die es sich gefallen lassen muss, von der Nachwelt mit groben Entstellungen zur Figur literarischer Konsumware herabgestuft zu werden. H. K.

Quellen: Thukydides, Der Peloponnesische Krieg. Plutarch, Perikles.

1 C. Reinsberg (²1993) 82
2 L. M. Günther, Aspasia und Perikles. Rufmord im klassischen Athen (In: Maria H. Dettenhofer, Reine Männersache? (1996) 41 ff.), bestreitet, dass Aspasia eine Hetäre war.
3 Vgl. Kornemann, Große Frauen des Altertums (o. J.) 75 f.
4 M. M. Henry, Prisoner of History, Aspasia of Miletus and Her Biographical Tradition (1995)

Alexander und Rhoxane

Der persische Satrap Oxyartes, Fürst in Baktrien, veranstaltet ein Gastmahl zu Ehren König Alexanders.

Als das Festmahl mit viel Fröhlichkeit gefeiert wurde, ließ der Gastgeber dreißig vornehme Jungfrauen hereinführen. Unter ihnen befand sich seine eigene Tochter mit Namen Rhoxane. Diese fiel durch die ausnehmende Schönheit ihres Körpers und eine bei den Barbaren seltene Anmut ihrer Gestalt auf. Obwohl sie mitten unter den auserwählten Frauen aufgetreten war, zog sie doch die Blicke aller auf sich, besonders die des Königs, weil er seine Begierden weniger beherrschte, seitdem ihn das Glück so zu begünstigen schien. Dagegen ist die menschliche Natur ja nicht genügend gefeit. Daher wurde er, der die Gattin des Dareios, der dessen zwei jungfräuliche Töchter, mit denen sich an Schönheit keine Frau außer Rhoxane hatte vergleichen lassen, nur mit väterlichen Gefühlen angeschaut hatte, jetzt derart von Liebe zu dem jungen Mädchen hingerissen, das, verglichen mit der könig-

lichen Abstammung (der beiden Dareios-Töchter), doch von gewöhn-
licher Herkunft war, dass er behauptete, Ehebündnisse zwischen Per-
sern und Makedonen dienten der Festigung seiner Herrschaft. Allein
auf diese Weise lasse sich den Besiegten die Scham und den Siegern ihr
Hochmut nehmen. Auch Achill, von dem er selbst seine Abstammung
herleite, habe sich mit einer Kriegsgefangenen (Briseïs) verbunden.
Damit sie es aber nicht für Unrecht hielten, wenn sie zu ihm gebracht
würde, wolle er mit ihr eine rechtmäßige Ehe schließen. Voll unver-
hoffter Freude nahm der Vater seine Worte auf. Und der König ließ
in der Glut seines brennenden Verlangens nach Vätersitte Brot bringen
– das war bei den Makedonen das heiligste Unterpfand bei Vermäh-
lungen –, das er mit dem Schwert teilte und das beide aßen. Meines
Erachtens wollten die Begründer dieser Volkssitte durch die einfache
und leicht zu beschaffende Speise denen, die ihren Besitz zusammen-
legten, zeigen, mit wie Geringem sie zufrieden sein müssten. Auf diese
Weise vermählte sich der König über Asien und Europa mit einer jun-
gen Frau, die nur zur Unterhaltung beim Gastmahl hereingeführt
worden war, um mit ihr, einer Kriegsgefangenen, einen Sohn zu zeu-
gen, der über die Sieger herrschen sollte. Seine Freunde aber schämten
sich, dass er sich bei Weingenuss und einem Gelage den Schwieger-
vater aus Unterworfenen erwählt hatte …
CURTIUS RUFUS 8,4,23–30

Beim Verteilen von Geschenken an Alexanders Freunde übergeht der
Perser Orsines den Eunuchen Bagoas. Dieser rächt sich an ihm durch
Verleumdungen.

«Dass in Asien einst Weiber regiert haben, hatte ich schon
gehört, aber das ist neu, dass ein Kastrat regiert.»
(Orsines vor seiner Hinrichtung zu Bagoas)
Nun aber wurde die so große Freigebigkeit des persischen Statthalters
Orsines die Ursache seines Todes. Denn obwohl er alle Freunde des
Königs über ihre Wünsche hinaus durch Geschenke geehrt hatte, er-
wies er dem Eunuchen Bagoas, der sich Alexander durch Preisgabe
seines Körpers hörig gemacht hatte, keinerlei Ehre. Als er von einigen
daran erinnert wurde, dass dieser dem Alexander gleichfalls am Her-
zen liege, antwortete er, die Freunde des Königs, nicht seine Buhlen
zeichne er aus, und es sei bei den Persern nicht üblich, die für Männer
zu halten, die sich durch Unzucht zu Weibern machten. Dies hörte der

Eunuch und übte daraufhin seine durch Schmach und Schande erworbene Macht gegen das Leben des so edlen und unschuldigen Mannes aus … sooft er ohne Zeugen war, lag er dem leichtgläubigen König in den Ohren, verheimlichte ihm aber die Ursache seines Ärgers … der schamlose Liebhaber vergaß sein Ränkespiel nicht einmal dann, wenn er sich zu schmählicher Unzucht hingab. Sooft er die Liebesbegierde des Königs nach sich entfacht hatte, beschuldigte er den Orsines bald der Habsucht, bisweilen sogar der Abtrünnigkeit.

(Alexander verurteilte Orsines zum Tode und ließ ihn hinrichten.)
Curtius Rufus 10,1,25–27; 28–37

Alexander der Große, geb. etwa am 20. Juli 356 v. Chr. in der Königsresidenz Makedoniens in Pella, ist eine Gestalt von welthistorischem Rang. Makedonien war damals ein wenig bedeutender Randstaat Griechenlands. Nach der Ermordung seines Vaters König Philipp II. im Jahre 336 herrschte Alexander als König und Feldherr bis 323. Die nur dreizehn Jahre seiner Herrschaft, die er im Alter von zwanzig Jahren übernahm, sind erfüllt von Feldzügen gegen die Perser und Inder, Eroberungen, Besetzungen und Ausplünderungen fremder Reiche, von Siegen, Städtegründungen (mehr als siebzig) und der Überwindung größter geographischer Schwierigkeiten; sie gipfelten in der Errichtung einer eigenen makedonischen Residenz in Babylon.

Ohne den Blick auf die durch Alexanders Eingreifen bestimmten historischen Ereignisse zu richten, aber auch ohne die Kenntnis des familiären Hintergrunds, aus dem der junge König herauswuchs, ist ein Verständnis seiner Beziehungen zu Frauen kaum möglich. Die inneren Spannungen am makedonischen Königshof seien daher hier kurz umrissen. Tatkraft, Phantasie und visionäre Sicht der Zukunft zeichneten den jungen König aus, der von seinem Vater schon im Alter von sechzehn Jahren die Stellvertretung in der Regierung von Makedonien mit Reichssiegel und unbeschränkter Vollmacht übertragen bekam. Sein Lieblingsbuch war Homers *Ilias*. Als er im Jahre 334 in Ilion (Troja) das Grabmal des Heroen Achill besuchte, erwies er ihm besondere Ehren. Ihn selbst beflügelte, wie Achill, der Wunsch, ruhmvolle Taten zu vollbringen. Von den – aus seiner Sicht – richtigen Gedanken schritt er ohne langes Zögern zur Tat. Alles vermochte er leichter zu ertragen als den Aufschub. (Curtius 3,14; Diodor 17,16. 62) Seine Soldaten, die ihn respektierten und liebten, motivierte er jahrelang zu militärischen Höchstleistungen.

Alexanders Mutter Olympias

Alexanders Verhältnis zu seiner Mutter Olympias, einer Königstochter und ehrgeizigen Epirotin, der dämonische Züge anhafteten, blieb zwiespältig. Zweifellos war die Beziehung zu seiner Mutter in Alexanders Leben von größerer Wichtigkeit als die zu anderen Frauen. Immer wieder schickte er ihr Briefe und Geschenke. Seine starke Mutterbindung kann in einer gewissen Parallelität zu der Achills gesehen werden, auch sein früher Tod. Ihr Gatte Philipp II., Alexanders Vater, besaß mehrere Ehefrauen, die er zweifellos vor allem aus politischen Gründen erwählt hatte.

Olympias spielte am Hofe jedoch die erste Rolle und hatte durch ihren jüngeren Bruder, den Regenten von Epirus, im Nachbarland großen Einfluss. Philipps Nebenehen scheinen von Olympias toleriert worden zu sein, bis Philipp es wagte – oder den Fehler beging –, im Jahre 337 eine besonders schöne junge Frau mit Namen Kleopatra, die aus höchstem makedonischem Adel stammte, zu ehelichen und in seinen Harem aufzunehmen. Alexander nahm an der Hochzeitsfeier teil. Dabei kam es allerdings zu einem Streit, in dessen Verlauf Philipp mit dem Schwert auf seinen Sohn losging, infolge des reichlichen Weingenusses aber ausglitt und zu Boden fiel. – Die ältere Olympias zog sich grollend aus der Residenz in Pella in ihre Heimat Epirus zurück. Die Konkurrenz ihrer jüngeren Rivalin in der Ehe widerte sie an. Als ihr Gemahl Philipp jedoch 336 einem Attentat zum Opfer fiel, kehrte sie sofort zurück. Ob Alexander oder Olympias beim Tod des Vaters ihre Hand im Spiel hatten, blieb bis heute ungeklärt. Olympias' Einfluss am Hofe – jetzt war ihr Sohn Alexander König – ging so weit, dass die Rivalin Kleopatra und ihr kurz vor Philipps Tod geborenes Töchterchen Europa zu Tode gebracht wurden. Alexanders Verhältnis zu seiner ehrgeizigen Mutter blieb nachsichtig und liebevoll, wenngleich sie ihm Schwierigkeiten bereitete und er ihre Eigenmächtigkeiten auch ablehnte. Es kam zu Reibereien zwischen Olympias und dem von Alexander für die Zeit seiner Abwesenheit eingesetzten Stellvertreter Antipater. Olympias wurde schließlich von ihrem Sohn jede Einmischung in Staatsangelegenheiten verboten. (Plutarch, Al. 39) Freilich musste Alexander weiterhin Beschwerdebriefe sowohl von seiner herrschsüchtigen Mutter wie von Antipater ertragen. Olympias kehrte schließlich wieder nach Epirus zurück. Als ihr dort regierender Bruder ermordet wurde, konnte sich ihr Herrscherwillen in ihrem Heimatland leichter durchsetzen. Nach dem Tod Alexanders bestand Olympias schwere politische Auseinandersetzungen mit ihren Konkurrenten um den Thron und gelangte zu beträchtlicher Machtfülle in Makedonien. Sie wurde aber schließlich wegen der von ihr angestifteten Untaten und Verbrechen im Jahre 316 zum Tode verurteilt und ca. sechzigjährig durch Steinwürfe getötet.

Rhoxane, Stateira, Parysatis

Alexander war zwar genial, charakterlich aber mehr nach der Mutter, weniger nach dem überwiegend vernunftbetonten Vater geartet. Schon als Junge fiel er durch Lern- und Wissbegierde auf. Durch seinen Lehrer Aristoteles gewann er eine glänzende griechische Bildung. Seine frühzeitig ausgeprägte Herrschsucht ähnelte der seiner Mutter. Alle wussten, dass er sehr diszipliniert war, aber zu Trunk und Jähzorn neigte. (Plutarch, Al. 4; Diodor 17,110. 117) Unstillbarer Tatendrang trieb ihn vorwärts bis in die fernsten Gegenden des Orients.

Rhoxane war die Tochter des sogdianischen Adeligen Oxyartes. Alexander verliebte sich bei einem großen Gastmahl im Jahre 327 in die schöne junge Frau. Er war neunundzwanzig Jahre alt, und empfand leidenschaftliche Liebe auf den ersten Blick. (Curtius 8,4,21 f.) Der Zustimmung ihres Vaters gewiss, vermählte sich Alexander mit Rhoxane nach einheimischem Ritus in der ostiranischen Satrapie Baktrien. Die einheimischen Bewohner wie auch die Makedonen nahmen das außergewöhnliche Ereignis mit sehr unterschiedlichen Gefühlen auf. Alexander sah in einer Verbindung von Makedonen bzw. Griechen mit iranischen Frauen die Möglichkeit, die persönlichen Bande zwischen Siegern und Besiegten zu festigen und das neu geschaffene Reich im Inneren zusammenzuhalten. Die Makedonen dagegen fühlten sich insgeheim gekränkt und gedemütigt, weil der König eine Kriegsgefangene, eine nicht ebenbürtige Bankettbekanntschaft, eine Nicht-Griechin, als Königin erwählt hatte. Sie begleitete fortan ihren Gatten auf seinen Feldzügen. Bereits drei Jahre später heiratete Alexander zwei weitere persische Prinzessinnen. Stateira, die ältere Tochter Dareios III., wurde ihm vom König nach seiner Niederlage bei Issos angeboten. Alexander lehnte zunächst ab, heiratete sie jedoch 324 in Susa (Diodor 17,107), um sich nunmehr durch diese Eheschließung den Persern als Nachfolger der Achaimeniden zu empfehlen und ihr Vertrauen zu gewinnen. Noch im gleichen Jahr vermählte er sich mit Parysatis, der jüngsten Tochter von Dareios III. Vorgänger Artaxerxes III., die ebenfalls nach der Schlacht bei Issos in seine Gefangenschaft geraten war. (Curtius 3,13,12)

Rhoxane aber blieb seine rechtmäßige Hauptfrau. Sie verstand, dass Alexander diese Heiraten in den Dienst der von ihm betriebenen Politik gestellt hatte: Festigung der makedonischen Herrschaft und Gewinnung der Sympathie der Besiegten durch Respektierung orientalischer Sitten. Bereits bei der Eheschließung mit Rhoxane hatte er medisch-persisches Hofzeremoniell übernommen und auch von den Makedonen bzw. Griechen seiner Person gegenüber die Erweisung kultischer Ehren verlangt. Die dabei übliche Proskynesis bestand in einem Sichhinwerfen vor dem König und Berühren des Bodens mit der Stirn. Dadurch sollte die Gleichheit der Völker in der vollständigen Unterwerfung unter den Herrscher zum Ausdruck gebracht werden. Dieser Gestus der Verehrung nach vornehmlich persischem Vorbild wurde zwar von den Griechen prinzipiell abgelehnt, kennzeichnete aber doch seit Alexander den hellenistischen Herrscherkult. Alexander liebte die theatralische Inszenierung der Macht. Seine beiden letzten Eheschließungen verband er noch mit einem weiteren demonstrativen Akt. Er wies seinen (über achtzig) Freunden, engeren Gefolgsleuten und höheren Offizieren die vornehmsten Perserinnen zu und richtete für sie und für alle makedonischen Soldaten, die sich schon vorher mit orientalischen Frauen zusammengetan hatten, in Susa eine Massenhochzeit aus, an der nicht weniger als neuntausend geladene Gäste teilnahmen. Die Schaffung einer einflussreichen makedonisch-iranischen Führungselite und die engere Verbundenheit der Völker in einem einzigen Reich war für Alexander oberstes politisches Ziel. Die genannten und auch andere Maßnahmen waren freilich auf seine eigene, allem übergeordnete, autokratisch regierende Herrscherpersönlichkeit zugeschnitten.

Nach Alexanders Tod lockte Rhoxane Stateira, auf die sie stets eifersüchtig gewesen war, durch einen gefälschten Brief nach Babylon und ließ sie hier durch ihre Komplizen ermorden. – Alexander war eine charismatische Herrscherpersönlichkeit und wurde wegen

seines männlichen Wesens, aber auch auf Grund seiner faszinierenden Machtfülle von Männern und Frauen verehrt und begehrt. Dem
klugen Politiker, dem gewandten Heerespsychologen und weitsich-
tigen Kulturbringer, der die Idee eines Weltreichs verwirklichen wollte und an seine eigene Gottgleichheit glaubte oder zu glauben schien,
fehlten aber im Kreis der engeren Familie weitgehend Sensibilität
und soziales Denken. Dafür nahm er sich keine Zeit. (Diodor 17,16)
Vielleicht machten ihn seine intimen Freundschaften mit Männern
gegenüber Frauen etwas zurückhaltend. Er hatte es jedenfalls versäumt, rechtzeitig für einen legitimen Nachfolger zu sorgen. Erst drei
Monate nach Alexanders Tod brachte Rhoxane einen Sohn zur Welt.
Sie wurde deswegen von den Makedonen sehr verehrt. Für das Kind
wurde ein Vormundschaftsrat eingesetzt. (Justin 13,2,14) Mutter
und Sohn brachte schließlich Antipater nach Makedonien. Nach
Antipaters Tod flohen sie von dort nach Epirus und kehrten später
erneut nach Makedonien zurück. Im Jahre 310 ließ Kassandros, der
bereits von Alexander gefürchtete aufsässige Sohn des Antipater,
Rhoxane und ihren bereits zum jungen Mann herangewachsenen
Sohn Alexander IV. in Amphipolis, wo sie interniert worden waren,
ermorden. So fand das makedonische Herrscherhaus sein Ende. –
Rhoxane war die Frau, für die sich Alexander, der Stimme des Herzens gehorchend, in ritterlichem Respekt als Gattin entschied, wobei
er sich als König über gesellschaftliche Bedenken hinwegsetzte, und
die dann die Mutter seines einzigen rechtmäßigen Erben wurde. Der
ruhmvolle Name Rhoxanes, von der uns kein Bild überliefert ist,
blieb neben dem ihres Mannes durch mehr als zwei Jahrtausende im
Gedächtnis der Nachwelt lebendig.   H.K.

Quellen: Diodorus Siculus (1.Jh. v.Chr.), Historische Bibliothek. – Plutarch
(ca. 50–125 n.Chr.), Alexander. – Q.Curtius Rufus (1.Jh. n.Chr.), Geschichte Alexanders des Großen. – Flavius Arrianus (2.Jh. n.Chr.), Ana-
basis Alexanders. – Pseudo-Kallisthenes (ca. 200 v.Chr.), Volkstümlicher
«Alexanderroman». – Julius Valerius (ca. 338 n.Chr.), Res gestae Alexan-
dri Macedonis (Lat. Übersetzung des «Alexanderromans»). – Archipresby-
ter Leo, Liber de preliis (ca. 950). Freie lateinische Übersetzung des «Alexanderromans». Das populäre Werk wurde die Hauptquelle der mittelalter-
lichen Alexanderdichtung.
Plastik: Alexandersarkophag, attischer Marmorsarkophag, ca. 300 v.Chr.,
mit bemalten Reliefdarstellungen aus dem Leben Alexanders d.Gr., Istan-
bul, Archäologisches Museum. – Alexanderschlacht, antikes Mosaik, Ende

des 2. Jh. v. Chr., Sieg Alexanders über Dareios III. Kopie nach einem griech. Tafelgemälde (Ende des 4. Jh. v. Chr.), Neapel, Nationalmuseum.

Gemälde: A. Altdorfer, Alexanderschlacht, 1529, München, Alte Pinakothek. – Ch. Le Brun (Lebrun), Die Schlacht am Granikos, bei Arbela gegen Poros; Einzug in Babylon, 1665–71 für Ludwig XIV. gemalt, Paris, Louvre und Versailles.

Fresken: Alexander und Roxane, 1516–18, Sodoma, eigentl. G. A. dei Bazzi, Rom, Villa Farnesina. – P. da Cortona, eigentl. Berrettini, 1640–47, Florenz, Palazzo Pitti. – Bekannte Alexander-Epen schrieben u. a. Alberich v. Besancon (Ende des 11. Jh.), Pfaffe Lamprecht (1120–1130), Walter v. Chatillon (1170–1175), Ullrich v. Eschenbach (ca. 1280), Rudolf v. Ems (ca. 1230–40).

Dramen: J. de la Taille, Alexandre, 1602. – A. Hardy, Mort d' Alexandre, 1621, Mort de Darie, 1628. – J. Lyly, Alexander, 1581. – J. Desmaret, Roxane, 1639. – Abbé Boyer, Porus ou la Générosité d' Alexandre, 1647. – G. Cicognini, Amore di Alessandro e di Roxane, 1651. – J. B. Racine, Alexandre le Grand, 1665. – N. Lee, The Rival Queens, 1677. – Lope de Vega, Las grandezas de Alejandro, 17. Jh. – Calderón, Certamen de amor y celos, 17. Jh. – C. Langenbeck, Alexander, 1934. – F. Forster, Die Gesteinigten, 1946. – F. Th. Csokor, Alexander, 1969.

Romane: J. Wassermann, Alexander in Babylon, 1905. – K. Mann, Alexander, 1929. – L. Couperus, Iksander, 1920, dt. 1925. – P. Gurk, Iksander, Alexanderroman, 1944. – G. Haefs, 1993. – R. de Peyrefitte, La jeunesse d'Alexandre 1977; Les conquêtes d' Alexandre, 1979 ; Alexandre le Grand, 1981.

Opern: Unter den zahlreichen Komponisten, die meist ein Libretto von Metastasio (1698–1782) vertonten, ragen hervor: J. Ch. Bach, 1762, Neapel; G. F. Händel, 1731, London; Ch. W. Gluck, 1744, Turin; 1765, Ballett, Wien; J. F. Agricola, 1753 und 1754, Berlin; G. F. Händel, 1736, London, Orchesterkonzert, Vertonung von J. Drydens Ode *Alexander's Feast*.

Film: Alexander the Great (1956, mit Richard Burton).

Römisches Weltreich

Dido und Aeneas

Aeneas erscheint vor Dido

Siehe, da stand Aeneas und strahlte in glänzendem Lichte,
Antlitz und Schultern schön wie ein Gott; denn es hatte die Mutter
Herrliches Haar ihrem Sohn und Purpurschimmer der Jugend
Selbst ins Auge gehaucht und heitere Anmut der Liebe.

Dido liebt Aeneas

Aber die Königin, längst schon verwundet von qualvoller Liebe,
Nährt in den Adern den Schmerz und verzehrt sich in heimlicher Flamme.
Immer sieht sie im Geiste die Tugend des Mannes, den Adel
Seines Geschlechtes, es haften ihr all seine Mienen und Worte
Im Herzen, und das Sehnen vergönnt nicht gefällige Ruhe den Gliedern.

Die Liebesvereinigung

Während einer gemeinsamen Jagd der Tyrer und Trojaner lässt die
Göttin Juno ein schweres Gewitter aufziehen:

Doch unterdessen beginnt mit drohendem Grollen der Himmel
Sich zu verdüstern; mit Hagel vermischt braust Regen hernieder:

Rings die Gefolgschaft der Tyrer und die trojanische Jugend,
Auch der Dardanerenkel der Venus durcheilen die Felder,
Angstvoll suchen sie Schutz, von den Bergen stürzen die Ströme.
Dido gelangt mit dem troischen Fürst in dieselbe Grotte,
Tellus zuerst und Juno, die Hüterin ehlicher Bande,
Geben das Zeichen: Da leuchteten Blitze, der Äther als Zeuge
Des Brautfests, und oben vom höchsten Gipfel heulten die Nymphen.
Jener Tag war der Anfang des Todes und Grund aller Leiden;
Denn nun kümmert sich Dido nicht weiter um Schein und Gerede,
Auch denkt sie hinfort nicht mehr an heimliche Freuden der Liebe:
Ehe nennt sie es jetzt, beschönigt die Schuld mit dem Worte.

Merkur überbringt Aeneas Jupiters Befehl zum Aufbruch

Plötzlich herrscht er ihn an: «Du gründest das hohe Karthago
Jetzt und baust die herrliche Stadt als Knecht eines Weibes,
Weh dir, dass du dein Reich und deine Bestimmung vergessen!
...
Wenn dich aber der Glanz so hoher Berufung nicht anrührt,
Wenn du nicht selbst zum eigenen Ruhm solch Mühsal bewältigst,
So sieh' auf Askanius dort, der heranwächst, denk' an die Hoffnungen
Julus', des Erben, dem du das Italerreich und die römische
Erde noch schuldest.
...
Aber Aeneas verstummte, entsetzt vor dieser Erscheinung,
Im Schauder sträubte sich ihm das Haar, es stockte die Stimme.
Sogleich entbrennt er zu fliehen, das liebliche Land zu verlassen,
Wie vom Donner gerührt durch solches Gebot und die Warnung der
                                                              Götter.

Die Krise

Aber die Königin ahnte – wer könnt' eine Liebende täuschen –
Längst den Betrug und erkannte sogleich die drohende Wende.
...

Endlich spricht sie von selbst zu Aeneas mit folgenden Worten:
«Treuloser, hofftest du gar, du könnest solch großen Frevel
Verhehlen und könntest ganz heimlich aus meinem Lande entweichen?
Hält nicht unsere Liebe, das einst gegeb'ne Versprechen,
Hält nicht Dido dich auf, die stirbt in grausamem Tode?
...

Ach, bei unsrer Vermählung, der erst begonnenen Ehe,
Wenn ich Gutes um dich verdient, wenn irgendetwas an Dido
Lieb dir ist, so erbarme dich meines nun stürzenden Hauses,
Ach, wenn Bitten noch Sinn hat, lass' ab von dieser Gesinnung!»
...

Sprach's. Doch jener hielt starr seine Blicke durch Jupiters Mahnung
Und kämpfte beharrlich das liebende Sehnen nieder im Herzen.
Endlich erwidert er kurz: «Niemals, o Königin, werd' ich
Deine Verdienste bestreiten, soviel du zu rühmen vermagst,
Noch wird es jemals mich reuen, an dich, Elissa[1], zu denken,
Solange bei Sinnen ich bin und Geist meine Glieder belebt.
...

Doch in das große Italien hieß Gryneus[2] Apollo,
Ja, nach Italien hießen die lykischen[3] Sprüche mich ziehen,
Dort ist mein Herz, das Vaterland dort.
...

Auch Askanius drängt mich dazu und die Kränkung des Lieblings,
Den ich betrüg' um Hesperiens Reich und das Land der Verheißung.
...

Höre doch auf, mein Herz und das deine durch Klagen zu quälen,
Nicht aus eigenem Willen zieh' ich ins Italerland.»

Didos Tod

Unter einem Vorwand bittet Dido ihre Schwester, einen Scheiterhaufen zu errichten.

Da aber wünscht sich – vom Leide besiegt, vom Schicksal erschüttert –
Dido den Tod, ihr graut, die Wölbung des Himmels zu sehen.
...

«Baue du heimlich den Scheiterhaufen im Inner'n des Burghofs

Hoch in die Lüfte und lege darauf die Waffen des Mannes,
Die im Gemache befestigt der Frevler zurückließ, auch alle
Gewänder, das Bett unserer Ehe, wo mein Verderben ich fand:
Vernichten möchte ich alles, was mich an den Verruchten erinnert.
So ist's der Priesterin Wille!»

. . .

Wie die Königin jetzt von der Warte das erste Tageslicht grauen
Und die Flotte schon weit mit vollen Segeln dahinziehen sah,
Und die Gestade leer und leer auch die Häfen von Rudern,

. . .

Stürzt sie hinein in das Inn' re des Burghofs und rasend im Zorne
Besteigt sie das hohe Gerüst und zückt das Schwert des Aeneas,
Ein Geschenk, das sie nicht sich erbeten hatte zu solchem Gebrauche.

. . .

Unter dem Schwerte sinken sahen die Frauen sie dort
Und die Klinge schäumend von Blut und blutbespritzt auch die Hände.
Jammergeschrei ertönt bis hinauf zu den hohen Gemächern
Und das Gerücht durchrast die tieferschütterte Stadt.

. . .

Doch die allmächtige Juno erbarmt' sich des dauernden Leidens
Im qualvollen Tode, entsandte die Iris[4] herab vom Himmel,
Dass sie die ringende Seele von den Fesseln des Leibes erlöse.

Aeneas begegnet Dido in der Unterwelt

«Unglückselige Dido, so war die Botschaft doch richtig,
Dass du gestorben und dir mit dem Schwerte dein Ende bereitet?
Wehe, war ich der Grund deines Todes? Ich schwör's bei den Sternen,

. . .

Widerwillig nur zog ich hinweg von deinem Gestade.
Aber der Götter Befehl . . .
Trieb mich fort mit gebietender Macht. Nie konnte ich ahnen,
Dass ich solch großen Schmerz dir durch meinen Abschied bereite.»

. . .

Jene kehrte sich ab, ihre Augen starrten zu Boden,
Unbewegt blieb ihre Miene, seit er zu sprechen begann.

. . .

Feindselig raffte sie endlich sich auf und entfloh in den schattigen
Hain, wo ihr früherer Gatte Sychäus teilt ihren Kummer
Und ihre Liebe erwidert mit gleicher inniger Neigung.
Aber Aeneas, nicht minder erschüttert vom traurigen Schicksal,
Folgt unter Tränen lange ihr nach und beklagt ihr Entschwinden.

VERGIL: AENEIS I 588–591; IV 1–5, 160–172, 265–267, 272–276, 279–282, 296–297, 304–308, 316–319, 331–336, 345–347, 354–355, 360–361, 450–451, 494–498, 586–588, 645–647, 664–666, 693–695; VI 456–458, 460–461, 463–464, 469–470, 472–476.

1 Elissa: Beiname der Dido
2 Gryneus: Beiname des Apollo nach der kleinasiatischen Stadt Grynium, wo sich sein Orakel befand
3 Orakelsprüche des Apollo der lykischen Stadt Patara
4 Iris: geflügelte Götterbotin, die vor allem Befehle des Jupiter und der Juno ausführte

Zur Zeit des Augustus (reg. 31 v. Chr.–14 n. Chr.) schuf der römische Dichter Vergil in Anlehnung an Homers Odyssee und Ilias seinem Volk und vor allem dem Kaiser das lang ersehnte Nationalepos, die Aeneis. Die Geschichte des frommen Helden Aeneas ist die religiöse Fundierung des römischen Imperialismus, denn als Enkel des höchsten Gottes war er vom Schicksal dazu ausersehen, in Italien das Volk zu gründen, das dereinst die Welt beherrschen sollte. Augustus hatte nach Jahrhunderte dauernden Kriegen dem römischen Reich endlich Frieden gebracht, was ihm den Beinamen «Friedenskaiser» eintrug. In seiner Ära sahen die Römer das Fatum erfüllt. Wie bei den Griechen Odysseus, wurde Aeneas zum Idol der römischen Gesellschaft. Er verkörperte alle Tugenden, deren Verfall auch der Kaiser trotz aller Maßnahmen nicht verhindern konnte.

Als letzter überlebender Trojaner überstand Aeneas in Erfüllung seiner Mission nach dem Niedergang des eigenen Volkes zahlreiche Gefahren und Irrfahrten ähnlich Odysseus. So wurde er auf seiner Flucht durch einen Seesturm, den Juno, die Erzfeindin der Trojaner, verursacht hatte (Aen. I 50ff.), an die nordafrikanische Küste verschlagen. Dort gründete die phönizische Königin Dido, die nach der Ermordung ihres Gatten Sychäus selbst aus Tyrus hatte flüchten müssen, eben eine neue Stadt: Karthago (Aen. I 298ff.). Ihr Schicksal scheint zunächst dem des trojanischen Helden ähnlich.

Mit dem Erscheinen des Aeneas vor Dido verlässt Vergil die historische Darstellung des Naevius und gestaltet den Stoff in Anlehung an hellenistische Vorbilder, besonders an Apollonios von Rhodos, zu einer beeindruckenden Tragödie um.

Von jetzt an überschlagen sich die Ereignisse, die die Handlung bestimmen: Juno wittert eine Chance, die Stadtgründung des neuen Troja, des späteren Rom, zu verhindern, wenn es gelänge, Aeneas bei Dido festzuhalten. Junos Gegenspielerin ist keine Geringere als Aeneas' Mutter: Venus. Mit der Erbmasse ihres Vaters Jupiter ausgestattet, ist sie ebenso verführerisch wie klug. Daher geht sie scheinbar auf Junos Vorschlag ein (Aen. IV 127–128). Längst hat sie deren Plan durchschaut und macht ihn sich auf ihre Weise zunutze: Sie wünscht lediglich einen Aufschub, damit ihr Sohn und seine Mannen nach dem strapaziösen Seesturm bei Dido freundliche Aufnahme und eine neue Flotte finden. Wieder einmal werden Menschen zu Marionetten göttlicher Intrigen. Beim Erscheinen Aeneas' vor der Königin in deren Palast verleiht Venus ihrem Sohn ein besonders reizvolles Aussehen, dessen Wirkung auf Dido nicht auf sich warten lässt. Während des nächtlichen Gelages berichtet Aeneas mit packenden Worten vom Untergang Trojas und den anschließenden Irrfahrten: Ilias und Odyssee aus der Sicht des römischen Dichters. Die Königin ist hingerissen von der Erzählung und noch mehr vom Erzähler (Aen. IV 76 ff.). Venus' listiger Sohn Amor tut ein übriges: Dido brennt vor Liebe. Sie gerät in einen schweren Gewissenskonflikt, denn in ihren Empfindungen nimmt Aeneas schon bald die Stelle ihres ermordeten Gatten ein, dem sie einst ewige Treue geschworen hatte. Vergil, ein Kenner der weiblichen Psyche, schildert die Frau in allen Schattierungen ihrer betroffenen Seele.

Anschließend irrt die liebeskranke Königin ruhelos durch den Palast. Ihre Gedanken kreisen nur noch um Aeneas, alle Gefühle sind auf ihn gerichtet. Ihre seelischen Qualen lassen bereits die Tragik erahnen, mit der ihre Liebe und ihr Leben zugleich enden werden. Im historischen Sinne erkennt man darin auch einen Hinweis auf den Untergang Karthagos durch die Weltmacht Rom.

Aber auch Aeneas scheint von Dido tief beeindruckt. Unwiderstehlich fühlt er sich zu dieser Frau hingezogen und ist im Begriff, selbstbestimmend gegen den Schicksalsspruch zu handeln. Aus seinen Berichten hätte die Königin eigentlich um seinen göttlichen Auftrag wissen müssen, doch auch sie ist außerstande, gegen die überwältigende Leidenschaft anzukämpfen. Mit zunehmender Annäherung geraten beide immer mehr mit dem Fatum in Konflikt.

Wieder greift Juno ein, um die Liebesbeziehung zu festigen. Da sie Dido und Aeneas, während sie auf einer gemeinsamen Jagd vor dem Gewitter Schutz suchen, in dieselbe Höhle geraten lässt, steht der «Vermählung» nichts mehr im Wege. Durch die Zeugin Juno, welche die Heiratenden schützt, die Erdgöttin Tellus und den personifizierten Äther wird die Liebesvereinigung zum kosmischen Ereignis. Doch in dem begleitenden Heulen der Nymphen kündigt sich erneut das bevorstehende Verhängnis an.

Der Liebesakt hat die Frau im Innersten verwandelt: Sie fühlt sich jetzt an den Mann gebunden, empfindet keinerlei Gewissenskonflikte mehr, ihr einstiger Treueschwur gegenüber Sychäus und guter Ruf scheinen vergessen. Die Verbindung mit Aeneas ist für sie die Ehe, Dido ist existenziell von ihm abhängig geworden.

Aeneas scheint inzwischen seine neue Rolle als königlicher Gemahl voll akzeptiert zu haben: Er trägt das Schwert und die Gewänder des Königs. Zusammen mit Dido baut er nun die Stadt Karthago weiter. Hat er seine Mission vergessen?

Offenbar ist Jupiter das Ränkespiel seiner Gattin Juno entgangen, denn er wird erst aufmerksam, als sich Jarbas, ein afrikanischer König, dessen Heiratsantrag Dido abgewiesen hatte, in einem ingrimmigen Gebet an ihn wendet (Aen. IV 214 ff.). Aeneas wird dabei als *Herr der Sklavin Dido* und *zweiter Paris* bezeichnet, *ein Weichling wie dieser und Entführer Didos, einer zweiten Helena.* Eine Wendung bahnt sich an. Der höchste Gott handelt sofort: Er entsendet den Götterboten Merkur, der den pflichtvergessenen Helden mit harten Worten an seinen Auftrag erinnert.

Die Botschaft des Donnerers verfehlt ihre Wirkung nicht: Schockiert sucht Aeneas nach anfänglicher Ratlosigkeit hektisch einen Ausweg. Er gerät jedoch in keinerlei Gewissenskonflikt, denn der Götterbefehl ist ihm höchste Verpflichtung, zugleich aber auch – ein Beweis für sein schlechtes Gewissen – eine willkommene Entschuldigung Dido gegenüber, um sich aus der Verantwortung zu stehlen.

Die Anordnung und Vorbereitungen zur Abfahrt finden in aller Heimlichkeit statt: Weder mutig noch anständig der Frau gegenüber. Doch die Aeneaden führen seine Befehle *mit Freuden* aus (Aen. IV 295): Schließlich hat Aeneas seine Bestimmung wiedergefunden. Der

Dichter nennt ihn hier *fromm,* das Charakteristikum des Aeneas schlechthin.

Dem Römer der alten Zeit gingen der Götterwille und das Gemeinwohl grundsätzlich über alles. Kein Wunder also, dass der Stammvater der künftigen Weltbeherrscher diese Eigenschaft verkörpert. Aber gerade daraus entsteht die große Krise. Wieder einmal steht die politische bzw. männliche Vernunft dem weiblichen Prinzip gegenüber. Dido reagiert entsetzt und bringt für Aeneas' göttliche Sendung keinerlei Verständnis auf, bei ihr zählt nur die Liebe. Aeneas' Entschluss, sie zu verlassen, ist für sie unfassbar. Einfühlsam schildert der Dichter in einer subtilen Analyse, welche seelischen Vorgänge sich in der gedemütigten Frau abspielen: Ernüchternde Enttäuschung wandelt sich in tiefe Verzweiflung, die sich zu Verbitterung auswächst und in Hass umschlägt, weil die Königin erkennen muss, dass Aeneas sich ihrer Argumentation verschließt. Der Hass gegen den Treulosen artet zunehmend auch in Selbsthass aus, der letztlich zum Selbstmord führt. Didos Reaktion versteht sich von selbst. Aber kann man den Helden überhaupt mit moralischen Maßstäben messen? Er ist an das Fatum, den Götterwillen, gebunden. Damit ist seine Entscheidungsfreiheit eingeengt. Dido hingegen, das Opfer intriganter Göttinnen, wird allein von ihren Empfindungen beherrscht, die «höheren Motive» des Aeneas lassen sie unbeeindruckt. Seine Rechtfertigung steigert sogar noch ihre Wut, mit der sie endlich zu einer wahren Abrechnung ansetzt und ihm Wortbruch, Hartherzigkeit, Undank und Feigheit vorwirft (Aen. IV 362 ff.). Aeneas kann dem wenig entgegensetzen, er kämpft schmerzlich bewegt, aber tapfer seine Liebe nieder und beruft sich auf den Schicksalsspruch, der einzig für ihn verbindlich ist.

Der Leser sieht sich am Wendepunkt der Tragödie: Aeneas bricht auf zur Gründung eines neuen Reiches und entzieht damit Dido seine Liebe. Die Vereinsamte sieht keinen Lebensinhalt mehr und verfällt dem Tode. Karthago wird später das Opfer römischer Machtgelüste.

Unter dem Vorwand, die Priesterin – wohl eine afrikanische Magierin – habe ihr dazu geraten, um sie von ihrem Kummer zu befreien, lässt die Königin im Wahn einen Scheiterhaufen innerhalb des Burghofs errichten. Auf ihm will sie, wie sie in einem verzweifelten Gespräch mit ihrer Schwester äußert, angeblich alle Gegenstände, die sie an Aeneas, ihn gleichsam symbolisierend, erinnern, verbrennen: eine Art stellvertretendes Opfer, durch das sie sich von allem löst, was sie an den Geliebten bindet.

In finsterer Nacht rechnet sie in einem bitteren Monolog mit sich selbst ab, in dem sie in letzter Konsequenz ihren Freitod begründet und der mit einem wütenden Fluch gegen Aeneas und alle seine Nachfahren endet: Niemals soll es zwischen ihrem und dem Volk des Aeneas' Frieden geben. Auch hier prägt sich aitiologisch wieder die Auseinandersetzung Rom – Karthago aus, die historisch nach den drei punischen Kriegen mit der Zerstörung Karthagos im Jahre 146 v. Chr. durch den jüngeren Scipio Höhepunkt und Ende erreichte.

Als die Königin im Morgengrauen die trojanischen Schiffe bereits weit draußen auf dem Meer erblickt, erkennt sie endgültig ihre Verlassenheit, stürmt *wahnsinnig vor Wut* auf das Gerüst des Scheiterhaufens und stößt sich das Schwert des Aeneas in den Leib. Dass der Scheiterhaufen letztlich entzündet wurde, erfährt der Leser erst anfangs des fünften Buches, als Aeneas auf die Mauern zurückblickt, die von den Flammen der unglücklichen Elissa aufleuchten.

Das Drama klingt in einer beruhigenden Szene aus: Auf Junos Geheiss beendet die Götterbotin Iris Didos schweren Todeskampf, indem sie eine Locke ihres Haares der Unterweltsgöttin Persephone überbringt und der Königin damit den Zugang ins Totenreich eröffnet: Eine Weihegabe für Hades.

«Es scheint, als ob die Menschen und in ihnen das Edle einem kalten Plan und Gesetz hingeopfert würden. Vergil hat seine Menschen dieses Leid bis zum äußersten erdulden lassen. Diese Not liegt wesenhaft im menschlichen Dasein.»[1]

Bei seinem Gang durch die Unterwelt trifft Aeneas in einer Region, welche Seelen bewohnen, die unverschuldet einen allzu frühen Tod starben, unvermittelt auf Dido. Voll Liebe spricht er sie an und bekennt sich – aus Einsicht oder Mitleid, denn Dido trägt noch die frische Wunde – zu seiner Schuld, argumentiert jedoch in derselben Weise wie früher. Dass er nicht geahnt habe, welchen Schmerz er Dido durch sein Scheiden zufügte, mag man ihm kaum abnehmen. Erschütternd geradezu die Reaktion der Königin: Mit finsterer Miene würdigt sie Aeneas keines Blickes und wirkt in ihrem Leid wie versteinert. Das ist ihre Antwort auf Aeneas' früheres Verhalten, als er auf ihr Flehen mit *starrem Blick* reagierte. Aeneas gelingt es nicht, Dido zu einer versöhnlichen Haltung zu bewegen. Ob es echte Tränen sind, die der Held über der Königin trauriges Schicksal vergießt?

Tröstlich für den empfindsamen Leser, dass die unglückliche Dido Linderung ihres Grams in der Liebe ihres früheren Gatten findet.

Die Rezeption der Dido-Figur in der europäischen Literatur umreißt P. von Matt folgendermaßen: «Zu Dido aber gehört der Suizid. Sie ist die Präfiguration aller Selbstmorde aus verratener Liebe und des heftigen Seelengeschehens, das ihnen vorausgeht. Seit die verlassene Frau ein Thema der Literatur ist, und sie ist es in der Neuzeit immer mehr geworden, formt sich die literarische Gestaltung so oder anders auf einem Hintergrund, der die Umrisse Didos zeigt. Das hängt unter anderem damit zusammen, dass die Aeneis für das Mittelalter das wichtigste Buch war neben der Bibel und Dido darin eben die herausragende Frau. Dass Dante sie, mit Semiramis zusammen, an die Spitze jenes Schwarms der maßlos Leidenschaftlichen im zweiten Kreis der Hölle setzt, zeigt den Vorbildcharakter deutlich genug!»[2]   H.P.

Quellen: Apollonios v.Rhodos, Argonautica (hier: Jason und Medea). – Gnaeus Naevius, Bellum Punicum. – Ovid, Heroides 7. – Thassilo v.Scheffer, Vergil, Aeneis. Das römische Nationalepos, München 1994. – Vergil, Aeneis. Vollständige Ausgabe, Paderborn 1986.

Plastik: A.Cayot, Dido auf dem Scheiterhaufen, 1711, Paris, Louvre.

Gemälde: Liberale da Verona, Tod der Dido, ca. 1470, London, National Gallery. – A.Schiavone, Aeneas und Dido flüchten vor dem Gewitter, 1560, Stuttgart, Galerie. – Rubens, Dido und Aenas, um 1630, Frankfurt a.M., Städelsches Museum. – S.Bourdon, Tod der Dido, ca. 1650, Leningrad, Eremitage. – G.Coli, Tod der Dido, ca. 1670, Los Angeles, County Museum. – A. van der Werff, Trauernde Dido, ca. 1700, Braunschweig, Herzogl. Sammlungen. – U.Glantschnigg, Dido auf dem Scheiterhaufen, ca. 1700, Innsbruck, Ferdinandeum. – J.Reynolds, Der Tod der Dido, ca. 1780, London, Buckingham Palace. – J.H.Tischbein d. Ä., Aeneas und Dido, 1773, Kassel, Galerie. – W.Turner, Dido, 1814, London.

Dramatische Bearbeitungen: Jodelle, Didon se sacrifiant, 1552. – G. de Castro y Bellois, Los amores de Dido y Eneas, ca. 1600. – A.Hardy, Didon se sacrifiant, 1603. – J.E.Schlegel, Dido, 1744. – J.L.Ghelen, Die verlassene Dido, 1747. – Charlotte von Stein, Dido, 1794. – A.Kellner, Dido, 1884. – F.J.Miller, Dido, 1900. – W.Becker, Dido, 1914. – M.Hartwich, Dido, 1918. – A.Müller, Didos Tod, 1941. – A.Claes, Didos Tod, 1962.

Epische Bearbeitungen: Heinrich von Veldeke, Eneit, vor 1190. – G.Chaucer, Legend of Women, ca. 1380. – Hans Sachs, Historia, Die Königin Dido, 1557. – A.v.Platen, Gründung Karthagos, 1832.

Opern: H.Purcell, Dido und Aeneas, 1689 (Text von N.Tate). – A.Scarlatti, Didone delirante, 1696 (Text von A.Franceschi). – Didone abbandonata, Text von Metastasio; wiederholt vertont z.B. von A.Scarlatti, 1724;

A. Bernasconi, 1739; T. Traetta, 1757; J. Haydn, 1778. – T. Blangini, Didon, 1866 (Text von A. Belot). – G. Charpentier, Didon, 1887 (Text von Lassus). – D. Lavranga, Didone, 1909 (Text von Arkal). – F. Hummel, Dido, 1912 (Text von Außerer).

1 F. Klingner (⁵1965) 201
2 P. v. Matt (⁵2001) 98 f.

Caesar und Kleopatra

Caesars Ehefrauen

An Stelle der Cornelia aber heiratete Caesar Pompeia, die Tochter des Quintus Pompeius und Enkelin des Lucius Sulla. Von ihr ließ er sich später scheiden, da er den Verdacht hatte, sie habe mit Publius Clodius¹ Ehebruch begangen. Das Gerücht, dieser sei während der öffentlichen Zeremonien beim Fest der Bona Dea² in Frauenkleidern in ihr Haus eingedrungen, hielt sich so hartnäckig, dass der Senat eine Untersuchung wegen Religionsfrevels anordnete.

Als Publius Clodius, der Ehebrecher seiner Gattin Pompeia, wegen Religionsfrevels angeklagt wurde und Caesar als Zeuge vorgeladen war, erklärte er, er habe nichts darüber erfahren, obgleich sowohl seine Mutter Aurelia als auch seine Schwester Julia vor denselben Richtern alles wahrheitsgemäß ausgesagt hatten; und auf die Frage, weshalb er denn seine Gattin verstoßen habe, gab er zur Antwort: «Weil ich der Ansicht bin, meine Angehörigen sollten ebenso frei vom Verdacht wie auch vom Verbrechen sein.»

Sueton, Divus Iulius 6,2. 74,2

1 *Publius Clodius (Claudius) Pulcher (der Schöne)* war Aristokrat, der zur Plebs überging, ein politischer Abenteurer, der mit seiner Bande Rom terrorisierte, bis er 52 v. Chr. von Milo in einer Straßenschlacht erschlagen wurde.
2 *Beim Fest der Bona Dea (guten Göttin)* durften im Hause nur Frauen anwesend sein.

Calpurnia wird durch einen Traum gewarnt

Seine Gattin Calpurnia träumte, dass der Giebel ihres Hauses ein-
stürzte und ihr Mann in ihrem Schoße erdolcht wurde; und plötzlich
sprangen von selbst die Türen ihres Schlafgemaches weit auf.
Sueton, Divus Iulius 81,3

... Hierauf legte sich Caesar wie gewöhnlich an der Seite seiner Gattin
zu Bett. Auf einmal sprangen alle Türen und Fenster des Schlafzim-
mers auf, und da er über das Geräusch wie auch über den einfallen-
den hellen Mondschein erschrocken auffuhr, bemerkte er, dass Cal-
purnia zwar in tiefem Schlafe lag, aber viele unverständliche Worte
und Seufzer ausstieß. Es träumte ihr nämlich, sie hielte ihren ermorde-
ten Gemahl in den Armen und weinte über ihn.
Plutarch, Caesar 63

Caesar und Nikomedes

Seine ersten Kriegsdienste leistete Caesar in Asien im Gefolge des Prä-
tors Marcus Thermus. Als er von diesem, um die Flotte herbeizuholen,
nach Bithynien[3] geschickt wurde, blieb er lange beim König Nikome-
des, wodurch das Gerücht aufkam, er habe dem König seine Keuschheit
preisgegeben. Dieses Gerücht nährte die Tatsache, dass er innerhalb
weniger Tage wiederum Bithynien aufsuchte, und zwar unter dem Vor-
wand, Geld einzutreiben, das einem Freigelassenen, der sein Klient sei,
geschuldet werde.
Sueton, Divus Iulius 2,1

3 in der nördlichen Türkei. – Bei der diplomatischen Mission 80/79 war
  Caesar Gastfreund des Königs. Vgl. Plutarch, Caesar 1

Den Ruf seiner Keuschheit schädigte nichts außer sein Verhältnis mit
Nikomedes. Das aber blieb ein schwerer und ständiger Vorwurf, der
ihn allgemeinen Beschimpfungen aussetzte ...
Beim Gallischen Triumph schließlich sangen seine Soldaten öffent-
lich unter den anderen Scherzliedern, wie sie die singen, die hinter
dem Triumphwagen gehen, auch jene allgemein bekannten Verse:

Caesar unterwarf Gallien, aber Nikomedes den Caesar einst. / Seht, Caesar triumphiert jetzt, der Gallien unterwarf, / Aber Nikomedes triumphiert nicht, der doch Caesar unterwarf.

Dass er zu Ausschweifungen neigte und dabei verschwenderisch war, ist die herrschende Meinung. Auch dass er zahlreiche vornehme Frauen verführte, unter ihnen die … (Namen fünf verheirateter Frauen) Aber vor allen anderen liebte er Servilia, die Mutter des Marcus Brutus. Ihr kaufte er in seinem ersten Konsulat einen Perlenschmuck für sechs Millionen Sesterzen[4] … Auch Königinnen liebte er, unter ihnen Eunoe, die Gattin des Maurenkönigs Bogud[5]; ihr und ihrem Gatten ließ er, wie Naso[6] berichtete, zahlreiche riesige Geschenke zukommen. Am meisten aber liebte er Kleopatra, mit der er seine Gelage oft bis Tagesanbruch ausdehnte. Mit ihr wäre er in ihrem Luxusschiff Thalamegus auf einer Nilreise durch Ägypten fast bis nach Äthiopien vorgedrungen, wenn sich nicht sein Heer geweigert hätte, ihm weiter zu folgen. Nachdem er sie schließlich nach Rom geholt hatte, schickte er sie zurück, nicht ohne sie mit größten Ehren und Geschenken überhäuft zu haben. Er willigte später auch ein, dass der Sohn, den sie geboren hatte, seinen Namen erhielt.

SUETON, DIVUS IULIUS 49,1; 4. 50,1–2. 52,1

4 ca. 125 000 Euro
5 Bogud(es): König von Mauretanien in Nordafrika
6 Marcus Actorius Naso: Zeitgenosse Caesars, schrieb ein geschichtliches Werk über Caesar.

Der Alexandrinische Krieg (48 bis 47 v. Chr.)

Von dem Krieg, in den Caesar in Alexandria verwickelt wurde, behaupten einige, er sei gar nicht notwendig gewesen, sondern durch die Liebe zu Kleopatra entfacht worden und habe ihm daher nur Schande und Gefahr gebracht. Andere schieben alle Schuld auf die Minister des Königs, besonders auf den Eunuchen Potheinos, der den größten Einfluss hatte. Dieser hatte auch den Pompeius töten lassen und Kleopatra verstoßen und schmiedete auch jetzt gegen Caesar insgeheim allerhand böse Pläne. Und deswegen soll dieser von der Zeit an die Nächte in Gelagen und Lustbarkei-

ten zugebracht haben, um sich gegen solche Nachstellungen zu si-
chern.

PLUTARCH, CAESAR 48

Kleopatras erste Begegnung mit Caesar

Die Prinzessin nahm aus ihrem Gefolge nur den Sizilianer Apollo-
doros mit sich, stieg in ein kleines Boot und legte bei einbrechender
Finsternis in der Nähe des königlichen Palastes an. Da sie kein ande-
res Mittel wusste, unentdeckt hineinzukommen, legte sie sich der Län-
ge nach in einen Bettsack, welchen Apollodoros mit Riemen zuschnür-
te und durch die Tür zu Caesar trug. Durch diese List, die einen
kühnen Geist verriet, wurde Caesar, wie man sagt, zuerst für sie ein-
genommen, und da auch sonst ihr Umgang und ihre Reize großen
Eindruck auf ihn machten, söhnte er sie mit ihrem Bruder aus unter
der Bedingung, dass sie zur Mitregentin ernannt werde.

PLUTARCH, CAESAR 49

Als Liebespaar wurden Caesar, der römische Machtpolitiker, Feld-
herr und spätere Diktator Roms sowie die junge ägyptische Königin
Kleopatra durch die Filme *Cäsar und Kleopatra* (England 1945,
Drehbuch nach dem Bühnenstück von G.B.Shaw), *Julius Cäsar*
(USA 1953, mit Marlon Brando und James Mason) und *Cleopatra*
(USA 1963, mit Elizabeth Taylor und Richard Burton) in aller Welt
bekannt. Einprägsame männliche Charaktergestalten, die exotische
Schönheit einer raffiniert agierenden Königin, die gigantischen Kulis-
sen und eindrucksvollen Massenszenen blieben den Kinobesuchern
und Fernsehzuschauern in Erinnerung. Im Mittelpunkt des Filmge-
schehens steht jeweils das spannende Zusammenspiel von Macht,
Sex und Herrschaft.

Gaius Iulius Caesar, geb. am 13. Juli 100, ermordet am 15. März
44 v.Chr., stammte aus der uralten Adelsfamilie der Julier, war als
Patrizier Mitglied des römischen Senats, Konsul im Jahr 59 v.Chr.,
dann Statthalter der Provinzen Gallia Cisalpina und Transalpina. In
den Jahren 58 bis 51 eroberte er als Prokonsul Gallien. 55 und 53
stieß er mit seinen kampferprobten Legionen über den Rhein in das
damals noch weithin unerforschte Germanien vor, 55 und 54 setzte

er auf einer eigens zu diesem Zweck zusammengestellten Flotte nach Britannien über. Caesars Erfolge und Siege in vielen Schlachten machten ihn berühmt, führten aber in Rom auch zu einer immer stärker werdenden Opposition gegen ihn. Nachdem Caesars früherer Bundesgenosse im 1. Triumvirat[1] Crassus im Jahr 53 bei Karrhae im Kampf gegen die Parther gefallen war und der dritte im Bund, Pompeius, sich von Caesar abgewandt und dem Senat angeschlossen hatte, steigerten sich die Spannungen zwischen Senat(spartei) und Caesar(ianern) derart, dass Caesar ein Bürgerkrieg unabwendbar schien. Caesar überschritt mit seinem Heer in der Nacht vom 10. zum 11. Januar 49 den kleinen Fluss Rubikon – *Alea iacta est*[2] – der die Grenze des römischen Staatsgebiets zur gallischen Provinz bildete, und marschierte gegen Rom. (Plutarch, Caesar 32) Er eroberte mühelos die Stadt und ganz Italien und besiegte am 9. August 48 v. Chr. Pompeius' Heer bei Pharsalos in Thessalien. Caesars politischer Gegenspieler Pompeius wurde auf der Flucht bei der Landung in Ägypten am 28. September 48 im Auftrag des Potheinos, des Vormunds des noch minderjährigen ägyptischen Königs Ptolemaios, ermordet. Caesar, der Pompeius nachgesetzt war, landete in Ägypten und quartierte sich im Königspalast im Nordosten Alexandrias ein. Auf Veranlassung des Potheinos war Kleopatra VII., die mit ihrem erst dreizehnjährigen Bruder Ptolemaios um die Herrschaft in Ägypten rivalisierte, im Jahr 49 abgesetzt und vertrieben worden und hielt sich an einem geheimen Ort auf. Die Staatsgeschäfte wurden von dem einflussreichen Regentschaftsrat unter der Leitung des Potheinos geführt. Als Caesar sich in diesen Auseinandersetzungen auf die Seite Kleopatras stellte, gaben emotionale Gründe den Ausschlag. Es begann zwischen ihm und der jungen Königin eine Romanze, die im Zusammenhang mit den abenteuerlichen Begleitumständen und der exotischen Umgebung die Phantasie der Historiker, Dramatiker, Romanciers, Maler und Filmemacher seit mehr als zweitausend Jahren immer wieder zu neuer Gestaltung anregte.

Wie war Caesar als Privatmann, welche Verhaltenskonstanten lassen sich bei ihm erkennen? Caesars privates Leben war, wie das Alexanders des Großen, von Jugend an geprägt von politischen Zusammenhängen, Auseinandersetzungen und Aktionen und lässt sich, insbesondere in seinen Mannesjahren, von seinen Verpflichtungen als Politiker, Feldherr und Staatsmann nicht trennen. Zu Beginn seines Liebesverhältnisses mit der Königin Ägyptens war er keineswegs ein in Verhältnissen mit Frauen unerfahrener Kriegsmann. Caesar war in Rom dreimal verheiratet gewesen. Im Jahr 84 v. Chr. heiratete er – vorher wurde die Verlobung mit Cossutia, der Tochter eines römischen Ritters, gelöst – sechzehnjährig Cornelia, Cinnas Tochter. Der damalige Machthaber Cinna war wie Marius ein Parteigänger der Popularen (der Volkspartei) und erkannte frühzeitig die Bedeutung, die der begabte Schwiegersohn einmal gewinnen würde. Schon im Jahr darauf wurde die Tochter Julia geboren, die Caesar später mit dem rund dreißig Jahre älteren Pompeius verheiratete. Sie starb im Jahr 54 im Wochenbett, ihr Kind überlebte die Mutter nur ein paar Tage.

Caesar erhielt die Nachricht, als er gerade von Britannien nach Gallien zurückgekehrt war, und war, ebenso wie Pompeius, über diesen Verlust sehr erschüttert. (Plutarch, Caesar 23) – Als der politische Gegenspieler des Marius, der aristokratische Diktator Sulla (82–79), von Caesar verlangte, er solle sich von Cornelia scheiden lassen, weigerte sich Caesar. Diese Weigerung charakterisiert ihn sowohl als Ehemann wie als jungen Politiker. Er musste daraufhin Rom verlassen, wurde aber schließlich von Sulla wieder in Gnaden aufgenommen. Cornelia starb sehr früh (im Jahr 69). Caesar hielt seiner Frau beim Begräbnis eine Leichenrede, die deswegen auffällig war, weil er seinen Schmerz, aber auch seine Sympathie für die Popularen öffentlich zum Ausdruck brachte.

Seine zweite Ehe schloss Caesar im Jahr darauf mit Pompeia, der Tochter des Quintus Pompeius Rufus. Seine zweite Frau unterschied sich durch ihre Herkunft wesentlich von seiner ersten. Als Nichte Sullas gehörte sie einer der vornehmsten Familien der konservativen Aristokratie an. Caesar, der Neffe des Volkspartei-Protagonisten Marius, hatte eine Frau aus einer Familie gewählt, die dem Geburtsadel angehörte. Die Feindseligkeit zwischen den beiden politischen Lagern schien sich gemildert zu haben. Vielleicht war Caesars Motiv wirklich Liebe. Als aber Pompeia durch den berüchtigten Clodius, der sich beim Fest der *Bona Dea* in Frauenkleidern in Caesars Haus eingeschlichen hatte, in einen Skandal verwickelt wurde, ließ sich Caesar von Pompeia scheiden, d. h. er schickte ihr, wie bei Scheidungen üblich, den Scheidungsbrief. Er hegte den Verdacht, sie habe mit Clodius Ehebruch begangen.

Vom Fest der *Bona Dea,* das immer am 1. Mai gefeiert wurde, waren Männer ausgeschlossen. Clodius wurde daher wegen Religionsfrevels angeklagt. Obwohl Caesars Mutter und seine Schwester Julia im Zeugenverhör alles wahrheitsgemäß ausgesagt hatten, erklärte Caesar, ihm sei nicht das Geringste bekannt geworden. Auf die Frage nach dem Scheidungsgrund gab er an, er sei der Ansicht, die Seinen müssten von jedem Verdacht ebenso frei sein wie vom Verbrechen. Der Vorfall war ihm sehr unangenehm. Caesars Beziehungen zur alten Aristokratie hatten sich sehr verschlechtert. (Vgl. Cicero, Ad Atticum 1,12,3 Plutarch, Caesar 10 Cicero 28) Er fühlte sich von den Mitgliedern des Adels abgestoßen und ihnen überlegen. In dritter Ehe vermählte sich Caesar im Jahr 59 v. Chr. mit Calpurnia, der Tochter des Lucius Calpurnius Piso. (Plutarch, Caesar 14) Caesars neuer Schwiegervater war Konsul des Jahres 58, folgte also Caesar im Amt nach, und erfreute sich großen Ansehens bei der Volkspartei. Während der Feldzüge Caesars ab dem Jahr 58 in Gallien, nach Germanien und Britannien blieb Calpurnia in Rom. Caesar hatte sie aus politischen Rücksichten geheiratet. Das Ehepaar hatte keine Kinder. Während seiner Abwesenheit betrog Caesar seine Frau je nach Gelegenheit, sie lebten aber in Rom zusammen in einem Haus. (Plutarch, Caesar 50–52) – Den homoerotischen Neigungen (Besuch bei Nikomedes), die sich schon in seiner Jugend zeigten und die von seinen Kritikern wiederholt erwähnt werden, scheint Caesar in seinen Mannesjahren nicht mehr gefolgt zu sein. – Am 2. Oktober 48, d. h. drei Tage nach der Ermordung des Pompeius, kam Caesar nach Alexandria, wo zwischen dem 13 jährigen Ptolemaios XIII., der in seinen Entscheidungen durch seinen Vormund, den Eunuchen[3] Potheinos, einen verschlagenen Höfling und Minister, vertreten wurde, und seiner acht Jahre älteren Schwester Kleopatra ein Erbstreit um die Königswürde entbrannt war. Durch das in Rom hinterlegte Testament des ägyptischen Königs Auletes Ptolemaios XII. war bestimmt, dass nach seinem Tode Kleopatra zusammen mit ihrem Bruder herrschen sollte. Der Kindkönig vertrieb aber seine Schwestergemahlin 48 und kämpfte, nachdem ihn Caesar zur Versöhnung mit Kleopatra gedrängt und freigelassen hatte, dann doch gegen ihn. Am 27. März 47 siegte Caesar in einer Entscheidungsschlacht über das Heer der Ägypter. Auf der Flucht ertrank Ptolemaios XIII. im Nil. (Caesar, Bürgerkrieg 3, 103; 107; 109) Alexandria kapitulierte. Caesar übergab die Herrschaft über Ägypten nun dem jüngeren Bruder des Ptolemaios XIII., geb. 59, und seiner Schwester Kleopatra. Diese schloß mit ihrem Bruder Ptolemaios XIV. eine Scheinehe. Da ihr Bruder noch unmündig war, blieb er ein Strohmann, eine Marionette. Kleopatra VII. wurde Alleinherrscherin. Geschwisterehen, die aus dynastischen Gründen geschlossen wurden, waren im alten Ägypten keine Seltenheit.

Als Kleopatra von ihrem Brudergemahl Ptolemaios XIII. vertrieben worden war, hatte sie sich in ihrem Exil in der Nähe Alexandrias verschanzt. Nun stand sie vor dem Problem, wie sie Caesar, der in ihrem Palast weilte, für sich gewinnen könnte. Klug wie sie war, ließ sie sich, in einen Bettsack eingerollt, der angeblich einen kostbaren Teppich, ein Geschenk für Caesar, enthielt, von einem Vertrauten in den Königspalast tragen. (Plutarch, Caesar 49) Als sie so in atemberaubender Weise die Palast- und Leibwächter getäuscht hatte, kam der Augenblick, in dem sie Caesar persönlich begegnen sollte. Kein moderner Filmregisseur hätte in der gegebenen Situation einen verblüffenderen Gag ersinnen können. Vor Caesars erstaunten Blicken entstieg plötzlich der am Boden liegenden Hülle die, wie wir uns vorstellen können, faszinierend gekleidete junge Königin. Durch diese List, ein Zeichen ihrer Kühnheit, ihre Bildung und ihr sicheres Auftreten gewann sie rasch die Zuneigung Caesars. Die herrschende Klasse im Ägypten dieser Zeit bildeten Griechen. Kleopatra war keine Ägypterin. Ihre Muttersprache war Griechisch, ferner sprach sie Ägyptisch, Äthiopisch, Aramäisch, Syrisch, Medisch, Parthisch und andere Sprachen. (Plutarch, Antonius 24,4) Caesar und Kleopatra wohnten nun im selben Palast, aber in getrennten Flügeln. Getrennt wohnend, lebten sie doch zusammen. Caesar suchte fortan gern die Gesellschaft der intelligenten, charmanten, gesellschaftlich hochstehenden jungen Frau. Kleopatra war in der Großstadt Alexandria, dem Paris der Antike, aufgewachsen. Sie hatte eine wohlklingende Stimme und gewinnende Umgangsformen. Von ihrem Aussehen können wir uns auf Grund von Münzprägungen ein deutliches Bild machen. Ihre Schönheit fiel weniger durch Ebenmäßigkeit der Gesichtszüge auf. Münzporträts lassen eine leicht gebogene Nase, ein etwas spitzes Kinn und volle Lippen erkennen. Der Reiz dieser Frau ging mehr von dem Zusammenspiel des stilvoll geschminkten Gesichts und der kunstvollen Frisur aus, von ihrer gelösten Mimik, die nicht übertrieb, aber Entgegenkommen verhieß, und ihrer Körperhaltung, die ebenso Distanz einhielt wie Verlockung bot. Kleopatra war emanzipierter und extrovertierter als die meisten Römerinnen. Die bei den vornehmen ägyptischen Frauen, wie in der ganzen hellenistischen Welt, hoch entwickelte Kunst der Kosmetik, kostbare Diademe, glitzernde Juwelen, goldene Spangen, prachtvolle Kleidung, der Gebrauch eines Schleiers und die Theatralik des Auftretens trugen dazu bei, dass sie starke Empfindungsfähigkeit erkennen ließ. Römische Männer fanden sie sicher ebenso berückend wie sie saturierte Matronen ablehnten. Die Theatralik ihres Auftreten steigerte sie später noch während ihres Zusammenlebens mit Antonius. Kleopatra VII. war mit ihren zweiundzwanzig Jahren eine mit allen Wassern gewaschene, notfalls skrupellose Herrscherin, die Hofintrigen gewandt für sich ausnutzte. Sie war sinnlich, zugleich wählerisch in der Liebe, konnte aber offensichtlich einen Mann, dem sie ihre Gunst schenkte, wirklich beglücken. Der sonst so distanzierte, typische Römer, der willensstarke Caesar, verliebte sich in sie. Für die junge Königin, die Liebe für den einunddreißig Jahre älteren Mann empfand, von dem als Kriegsherrn ihre eigene Stellung als Regentin eines geheimnisvollen, an seiner geschichtlichen Tradition schwer tragenden Reiches abhing, war es ein Spiel um Macht, Ausschaltung der Konkurrenz, dynastische Kontinuität, Mehrung des politischen Einflusses und natürlich um die Befriedigung des persönlichen Ehrgeizes. Sie wusste, dass sie nur mit römischer Unterstützung herrschen konnte. Zugleich bewahrte sie damit ihr Land, das, im politischen Niedergang begriffen, an Caesar hoch verschuldet war, davor, eine römische Provinz zu werden. Das ptolemäische Erbe zu bewahren war ihres Vaters Auletes wie auch Kleopatras Hauptziel.[4]

In Kleopatras Gesellschaft tafelte Caesar, von phantastischen, vorher nie gesehenen artistischen Darbietungen unterhalten, viele Nächte lang. Orgien, Ausschweifungen fanden statt. Stets musste er sich dabei vor einem Attentat der ägyptischen Hofbeamten hüten, die den arroganten Römern ablehnend gegenüberstanden. Auf Kleopatras Prachtschiff, dem Thalamegos (Sueton, Divus Iulius 52), einer schwimmenden Villa, auf dem auch größere Seereisen unternommen werden konnten, begab sich das verliebte Paar in erlesener Gesellschaft im April und Mai 47 auf eine flußaufwärts führende Nilreise. Dies war nach den Strapazen des Alexandrinischen Krieges eine Urlaubs- und Erholungsfahrt. War es auch eine Hochzeitsreise?

Kleopatra wusste um diese Zeit längst, dass sie schwanger war. Die Reise stärkte im übrigen ihr Ansehen als neuernannte Regentin bei der ägyptischen Bevölkerung. Caesar genoss den Luxus des Hoflebens und die Andersartigkeit der Landschaft und der Menschen, die ihn umgaben. Sie wären bis Äthiopien gekommen, aber als sich schließlich das Heer weigerte, dem Feldherrn zu Lande weiter zu folgen, wurde die Reise abgebrochen. Zur Absicherung der Regentschaft Kleopatras ließ Caesar drei Legionen als Besatzungsstreitkräfte in Ägypten zurück. Die Ordnung im Königreich Ägypten war durch die römische Intervention unter seiner souveränen Führung wiederhergestellt. Ende Mai oder Anfang Juni 47 brach Caesar mit ausgewählten Legionen nach Syrien auf und zog von dort nach Kleinasien zum Krieg gegen König Pharnaces weiter. Am 6. September (nach anderer Berechnung: 23. Juni) 47 gebar Kleopatra Caesar einen Sohn, der von den Alexandrinern Kaisarion (Caesarion, *der kleine Caesar*) genannt wurde.

Die Gründe für Caesars ungewöhnlich langen Aufenthalt bei Kleopatra in Ägypten stellen die Geschichtswissenschaft heute noch vor manche Rätsel. Andere drängende politisch-militärische Aufgaben in Kleinasien lagen vor ihm, auch in Rom wäre seine Anwesenheit erforderlich gewesen. Eigentlich hätte er keine Zeit gehabt, so lange in Ägypten zu verweilen. Kleopatra, von Caesar schon in Ägypten eingeladen, kam mit ihrem Kind 46 bis 44 nach Rom, um die Erlaubnis zu erhalten, ihm seinen Namen zu geben. Sie wohnte in einer Villa in den Gärten Caesars jenseits des Tiber, wo sie mit viel Personal und orientalischem Gepränge Hof hielt. Auch in Caesars Haus wurde sie empfangen; hier hatte allerdings Calpurnia das Sagen. Caesar war während dieser Zeit monatelang von Rom abwesend. Er ließ zu Ehren der Königin eine goldene Statue der Kleopatra im neu erbauten Tempel der Venus Genetrix auf dem Caesarforum aufstellen. Das war eine bisher nicht dagewesene Huldigung für eine ausländische Frau in Rom. Mit einem Vertrag, der ihr Schutz gegen eine für möglich gehaltene spätere Annexion Ägyptens durch die Römer gewährte (Dio Cassius 43,27,3) sowie Caesars Zustimmung zur Namensgebung Caesarions (Sueton, Divus Iulius 52,1) und vielen Geschenken konnte die Königin, die in Rom von der Aristokratie mit Argwohn und Misstrauen betrachtet wurde, wenige Tage nach Caesars Ermordung in ihr Land zurückkehren. Dass sie an eine Eheschließung mit Caesar und vielleicht an die Gründung eines monarchisch regierten Weltreichs gedacht hatte, ist eine naheliegende Vermutung. Bald nach ihrer Rückkehr starb ihr Bruder Ptolemaios XIV. Möglicherweise wurde er auf ihr Betreiben hin ermordet. (Iosephus, Der Jüdische Krieg 1,18,4) Im Jahr 44 machte sie ihren und Caesars jungen Sohn, der erst drei Jahre alt war, als Ptolemaios XV. zum Mitregenten. Die geschichtliche Rolle der machthungrigen Königin, die durch ihr selbstbewusstes Verhalten sogar den Römern Respekt einflößte, ist jedoch mit der Ermordung Caesars durch die Dolche der Verschwörer am 15. März 44 v. Chr. nicht zu Ende.

Caesars Tod bedeutete das Ende des republikanischen und den Anfang des monarchischen römischen Staates. Nach den Wirren des erneuten Bürgerkriegs 43 bis 31 setzte sich Oktavian, ab 27 v. Chr. durch Senatsbeschluss Augustus genannt, als Alleinherrscher durch.

H. K.

Quellen: Caesar, Der Bürgerkrieg III 103 ff.; Pseudo-Caesar, Der Alexandrinische Krieg; Plutarch, Caesar. Antonius; Flavius Iosephus, Geschichte des Jüdischen Krieges.

Dramen: F. Petrarca, Trionfi, 1370. – M. A. Muret, Caesar, 1550. – E. Jodelle, Cléopâtre, 1552. – K. Brülow, Caesar, 1616. – F. Beaumont/J. Fletcher, The False One, 1620. – P. Corneille, La mort de Pompée, 1643. – G. Chapman, Caesar and Pompey, 1631. – D. C. von Lohenstein, Cleopatra, 1661. – W. Shakespeare, Julius Cesar, 1599, bedeutendstes Cäsar-Drama. – Voltaire, La mort de César, 1731. – J. J. Bodmer, Julius Caesar, 1763. – G. B. Shaw, Caesar and Cleopatra, 1901. – C. Norwid, Caesar i Kleopatra, 1872. – O. Corradini, Giulio Cesare, 1902, verfilmt 1914. – H. Rehberg, G. J. Caesar, 1942. – B. von Heiseler, Caesar, 1941, 1953. – Th. Wilder, The Ides of March, 1948, fiktive Lebensdokumente Caesars. – B. Brecht, Die Geschäfte des Herrn Julius Cäsar, Fr. 1949. – W. Jens, Die Verschwörung, 1969, Fernsehspiel.

Opern: A. Sartorio, Giulio Cesare in Egitto. Libretto von G. F. Bassani, 1677. – Nach dem gleichen Textbuch in verschiedener Bearbeitung komponierte Opern: G. F. Händel, 1724, London, L. A. Predieri, 1728, Rom, G. Giacomelli, 1735, Mailand, A. Colombo, 1744, Venedig, G. Sarti, 1763, Kopenhagen, N. Piccini, 1770, Mailand. – C. H. Graun, 1742, Berlin, vertonte das Libretto von G. G. Bottarelli (nach Corneille). – G. V. Aldrovandini, Cesare in Alessandria, 1701, Neapel. Weitere Opern zum Thema schufen G. Tritto, E. Paganini, G. Pacini, G. F. Malpiero, 1935, Mailand, G. Klebe, 1959, Essen.

Essay: G. Boccacio, De claris mulieribus (Von berühmten Frauen. Enthält einen Essay über Kleopatra. 1356–64).

Romane: La Calprenède, Cléopâtre, 1647. – M. Jelusich, Cäsar, 1929, übersetzt in 13 Sprachen. – H. Stresau, Adler über Gallien, 1942. – O. von Hanstein, Kleopatra, 1928. – Fr. Xenakis, O Mann, Kleopatra – Wie die ägyptische Königin unter das Patriarchat fiel. 1987. – Th. Gautier, Eine Nacht mit Kleopatra, 1845.

1 Bund 60 v. Chr. zu dem Zweck, dass nichts im Staat geschehen solle, was einem von ihnen dreien missfiele.

2 Der Würfel ist gefallen. *Sueton, Caesar 32 Plutarch, Caesar 32,5; Pompeius 60,4*

3 Vgl. *Horaz, Gedichte 1,37,7 Epoden 9,15*

4 Vgl. M. *Grant, Kleopatra (1977) 90*

Antonius und Kleopatra

Charakteristik des Antonius

In den Augen der römischen Soldaten erschien er als ein Mann von den glänzendsten Eigenschaften. Damit verband nun Antonius in seinem Äußeren eine edle Würde. Der schön gewachsene Bart, die breite Stirn, die Krümmung der Nase schienen seinem Gesicht jenes männliche Aussehen mitzuteilen, das man an den Gemälden und Bildsäulen des Herakles wahrnimmt. Es gab auch eine alte Sage, dass die Antonier zu den Nachkommen des Herakles gehörten und von dessen Sohn Anton abstammten. Und diese Sage, die schon durch seine körperliche Gestalt . . . einiges Gewicht erhielt, suchte er auch noch durch seine Kleidung zu bestätigen. Denn jedes Mal, wenn er sich vor der Menge sehen lassen musste, gürtete er das Unterkleid bis an die Lenden auf, trug an der Seite ein großes Schwert und hüllte sich in einen dicken groben Mantel.

Selbst das, was anderen widrig und anstößig schien, seine Ruhmredigkeit, seine Spottlust, sein Bechern vor aller Augen, seine Gewohnheit, sich zu den Soldaten, wenn sie aßen, zu setzen oder an einen Soldatentisch zu treten und mitzuessen, flößte den Soldaten eine Zuneigung und Anhänglichkeit für ihn ein, die sich kaum begreifen lässt. Auch seine Verliebtheit hatte etwas Gefälliges und Einnehmendes; durch sie zog er ebenfalls viele an sich, indem er anderen in ihren Liebshändeln gern behilflich war und die Spötteleien auf seine eigenen Liebschaften mit guter Art aufnahm.

Mehr als alles andere aber bahnte ihm seine unbeschränkte Freigebigkeit, da er Soldaten und Freunden nie mit sparsamer oder karger

Hand Geschenke machte, den besten Weg zur höchsten Gewalt und unterstützte, nachdem er groß geworden war, seine Macht.
<small>PLUTARCH, ANTONIUS 4</small>

Antonius in Ephesos

Bei seinem Einzug in Ephesos gingen Frauen als Bacchantinnen, Männer und Knaben als Satyrn und Pane verkleidet vor ihm her; die ganze Stadt war mit Efeu und Thyrsosstäben angefüllt, alles tönte von Harfen, Flöten und Schalmeien wieder, und im lauten Jubelgeschrei nannte man ihn den Freudengeber, den huldreichen Dionysos. Dieser war er freilich einigen gegenüber; gegen die meisten aber betrug er sich so, dass er eher die Beinamen Omestes (der Grausame) *und Agrionios* (der Wilde) *verdiente.*
<small>PLUTARCH, ANTONIUS 24</small>

Kleopatra begegnet Antonius in Tarsos

Auf einem am Heck vergoldeten Schiff fuhr sie mit ausgespannten pupurnen Segeln und unter dem Schall von Zithern, Flöten und Schalmeien, nach welchen die silbernen Ruder bewegt wurden, den Fluss Kydnos hinauf. Sie selbst lag unter einem reich mit Gold verzierten Baldachin ebenso geschmückt und gekleidet, wie man die Aphrodite zu malen pflegt. Knaben, die den Liebesgöttern auf Gemälden ähnlich sahen, standen ihr zu beiden Seiten und fächelten ihr Kühlung zu. Ebenso standen Sklavinnen von ausnehmender Schönheit, wie Nereiden und Grazien gekleidet, teils an den Steuerrudern, teils an den Schiffstauen. Von dem vielen angezündeten Räucherwerk verbreiteten sich an beiden Ufern die köstlichsten Wohlgerüche. Die Einwohner begleiteten nicht nur das Schiff zu beiden Seiten des Flusses gleich von der Mündung an, sondern kamen auch aus der Stadt heraus, um diesen Anblick zu genießen. ... Dabei verbreitete sich überall das Gerücht, dass Aphrodite zum Heil Asiens in feierlichem Aufzug den Dionysos besuchen komme. Antonius schickte also hin und ließ sie zum Abendessen einladen; sie bat aber, dass er doch lieber zu ihr

kommen möchte. Um ihr nun sogleich seine Höflichkeit und Gefällig-
keit zu beweisen, nahm er die Einladung an und begab sich zu ihr.
Hier fand er eine unbeschreibliche Pracht, jedoch nichts setzte ihn
mehr in Erstaunen als die Menge der Lichter. Denn diese hingen
und schimmerten, wie man sagt, auf allen Seiten in so großer Zahl
und waren auf so mannigfache Art, bald in Vierecken, bald in Kreisen,
gegeneinandergestellt und angeordnet, dass dieser Anblick einer der
herrlichsten und sehenswürdigsten war.

Kleopatras Schönheit war, wie man sagt, an und für sich durchaus
nicht unvergleichlich, noch von der Art, dass sie gleich beim ersten
Anblick Aufsehen hätte erregen können. Allein der nähere Umgang
mit ihr hatte einen unwiderstehlichen Reiz, und ihre Gestalt, verbun-
den mit der einnehmenden Unterhaltung und den in ihrem ganzen
Betragen sich zeigenden feineren Sitten machte immer einen tiefen
Eindruck. Selbst ihre Stimme, wenn sie sprach, war höchst angenehm,
und sie wusste ihre Zunge, wie ein vielsaitiges Instrument, leicht in
jede beliebige Sprache zu fügen, so dass sie nur mit wenigen barba-
rischen Völkern durch Dolmetscher zu sprechen brauchte. Den mei-
sten erteilte sie in eigener Person Antwort, wie den Aithiopen, den
Troglodyten, den Hebräern, Arabern, Syrern, Medern und Parthern.
Auch soll sie die Sprachen noch vieler anderer Völker erlernt haben,
während die Könige, die vor ihr regierten, sich nicht einmal die Mühe
machten, die ägyptische zu verstehen, und einige sogar das Makedo-
nische vergaßen.

PLUTARCH, ANTONIUS 26. 27 (GEKÜRZT)

Im Jahr 41 v. Chr. begegnen sich zu Tarsos in der römischen Provinz
Kilikien Marcus Antonius und Kleopatra. Antonius war Anhänger Caesars gewesen. Er hatte diese Anhängerschaft auf die Spitze
getrieben, als er Caesar, dessen Mitkonsul er 44 war, das königliche
Diadem (die Krone) aufsetzen wollte, was aber von Caesar abgelehnt wurde. Nach Caesars Tod schloß Antonius am 27. 11. 43 mit
dem jungen Oktavian, dem späteren Augustus, und Lepidus das sog.
2. Triumvirat auf fünf Jahre. Es kam zu schreckenerregenden Pro-
skriptionen in Rom; schließlich besiegten die Parteigänger Caesars
die Caesar-Mörder Brutus und Cassius in zwei aufeinanderfolgenden
Schlachten 42 v. Chr. bei Philippi in Thrakien. Bei der anschließenden Verteilung der Einflusssphären übernahm der 41 jährige Antonius die Herrschaft über alle Provinzen im Osten des römischen

Weltreichs, der 20 Jahre jüngere Oktavian den Westen. Antonius lernte also im Jahr 41 Kleopatra in Tarsos näher kennen, wohin die Königin auf seine Aufforderung hin gekommen war, um über ihre Haltung beim bevorstehenden Partherfeldzug Rechenschaft zu geben und zu verhandeln. Antonius brauchte die materielle Unterstützung des reichen Ägypten für diesen schwierigen Kriegszug. Kleopatra hatte Antonius schon früher in Alexandria und Rom getroffen. Mit ihrem Auftreten in Tarsos verfolgte sie selbst das Ziel, nach dem Tod Caesars Antonius als ihren politischen Verbündeten zu gewinnen. Ein von ihr veranstaltetes prunkvolles Gastmahl (Athenaios 4,147 e– 148 b), das seinen Zweck, Antonius zu verführen, nicht verfehlte, beeinflusste das Geschehen in der Osthälfte des römischen Reiches in den folgenden Jahren. Das Liebesverhältnis der beiden wurde bekannt. Die Vereinigung der Aphrodite (Kleopatra) mit dem neuen Dionysos (Antonius) wurde bald der Gesprächsstoff der Bevölkerung in Tarsos, dann in Kilikien und schließlich im ganzen Reich. Kleopatra identifizierte sich mit der ägyptischen Göttin Isis ebenso wie mit der griechischen Aphrodite. Der griechenfreundliche Antonius war für die Gedankenwelt Kleopatras, die als Inkarnation der Isis angesehen werden wollte, durchaus aufgeschlossen. Auch in Rom gab es schon lange vor Kleopatra VII. Anhänger des Isiskults, wie überhaupt alles Ägyptische dort Mode wurde.[1]

Antonius erlag den Reizen der 28jährigen Kleopatra und folgte ihr im Winter 41/40 nach Alexandria. Hier genoß er die physische Anziehungskraft der Königin und fand zunächst Gefallen an einem Leben in Schwelgerei. Im Herbst 40 gebar ihm Kleopatra Zwillinge, die die Namen Alexander Helios und Kleopatra Selene erhielten. Antonius hatte sich jedoch bereits im Frühjahr 40 von der Königin getrennt und heiratete, als seine politisch umtriebige Gattin Fulvia gestorben war, Oktavia, die junge, schöne und intelligente Schwester des in Rom immer mächtiger werdenden Oktavian. Die familiäre Bindung zwischen beiden sollte die politische festigen. Im Vertrag von Brundisium vom Oktober 40 wurde das Triumvirat mit Oktavian für die vorgesehenen fünf Jahre bestätigt, Lepidus behielt Afrika.

Antonius residierte mit Oktavia, die Witwe gewesen war und drei Kinder mit in die Ehe gebracht hatte, jetzt in Athen, wo beide hohes Ansehen genossen. Im Jahr 37 wurde in Tarent das Triumvirat erneut bis Ende 33 verlängert. Im Herbst 37 befand sich Oktavia mit ihren zwei Kindern, die sie Antonius geboren hatte, wieder in Rom. Antonius bat unterdessen Kleopatra, nach Antiochia zu kommen. Wie schon im Jahr 41, wollte er sich der Unterstützung des reichen Ägypten für den von ihm geplanten Feldzug gegen die Parther (im Gebiet des heutigen Iran) versichern. Diese hatten durch bedrohliche Vorstöße nach Westen römische Provinzen in Gefahr gebracht. In dieser Zeit machte Antonius seiner Partnerin territoriale Zugeständnisse mit Teilen römischer Provinzen um das heutige Israel, mehreren Küstenstädten, Teilen Kilikiens sowie Zypern. Er verbrachte mit der Königin den Winter 37/36 in Tarsos. Jetzt entfremdete er sich zunehmend römischem Wesen und wurde psychisch von Kleopatra abhängig. Er fand Gechmack an einem weichlichen, hellenischen Leben und fühlte sich als Gottherrscher, während Kleopatra sich als neue Göttin Isis verehren ließ. (Plutarch, Antonius 54) Mitte Mai 36 begann Antonius von der Stadt Zeugma am Ufer des Euphrat aus (bis hierher hatte ihn Kleopatra begleitet) mit seinem Heer den Zug gegen das von den Parthern beherrschte Armenien, und gegen Medien. Damals war Kleopatra mit dem dritten Kind von Antonius schwanger. Nach Anfangserfolgen scheiterte jedoch der Rachefeldzug, der zunächst den Norden und dann die Parther selbst treffen sollte und den schon Caesar geplant hatte. Während des Rückzugs erlitt das römische Heer infolge des Winters weitere Verluste. Nach diesem militärischen Fehlschlag traf Antonius im Januar 35 an der phönikischen Küste wieder mit Kleopatra zusammen. Dort erhielt er von ihr dringend benötigtes Geld zur Bezahlung der Soldaten und der Nachschubgüter. Inzwischen hatte sie ihm ihr drittes Kind geboren, dem Knaben gab sie den Namen Ptolemaios Philadelphos. Antonius' Verbindung mit Kleopatra hatte sich durch die gegenseitige Zuneigung weiter gefestigt. Nie zuvor hatte es eine Frau erreicht, an der Seite eines römischen Feldherrn auftreten und seine politischen und militärischen Entscheidungen beeinflussen zu können. Im Frühjahr des gleichen Jahres zog Antonius mit der Königin nach Alexandria. Von 35 bis 32 residierte er abwechselnd hier und im syrischen Antiochia. In dieser Zeit begab er sich auch auf Feldzüge nach Medien, bereitete aber weiterhin einen neuerlichen Vorstoß gegen die Parther vor. Im Frühjahr 34 zog er schließlich mit seiner Armee nach Norden, um Armenien anzugreifen. Erstaunlicher und zugleich bezeichnender Weise begleitete Kleopatra ihn bis zum Euphrat (Iosephus, Der Jüdische Krieg 15,97–103), trat dann aber den

Rückweg an. Dieser Versuch einer Unterwerfung Armeniens verlief für Antonius erfolgreich. Er kehrte als Sieger nach Alexandria zurück. Beim Triumphzug in Alexandria im Herbst 34, in dem die gefangene Königsfamilie mitgeführt wurde, trat Antonius nicht als römischer Feldherr auf, sondern in der Rolle des Gottes Dionysos, des meistverehrten Gottes der hellenistischen Welt. (Velleius Paterculus 2,82,4) Ein paar Tage später wurden während eines pompösen Festes an Kaisarion, Kleopatras Sohn von Iulius Caesar, und an ihre drei Kinder von Antonius (der jüngste Sohn Ptolemaios Philadelphos war erst zwei Jahre alt) Territorien verliehen. Kleopatra erhielt den Titel *Königin der Könige*. Möglicherweise fassten Antonius und Kleopatra für die Zukunft ein ptolemäisches Königreich ins Auge, dessen Teilkönige der Oberherrschaft Kleopatras und Ptolemaios XV. untergeordnet waren. Wurde in diesem Zusammenhang Kaisarion als legitimer Sohn seines Vaters Iulius Caesar aufgefasst, so konnte Oktavian in Rom das als Kampfansage werten, da er selbst ja in Caesars Testament als einziger Erbe und Nachfolger eingesetzt worden war.

Die Verleihung von Territorien römischer Provinzen an Antonius' und Kleopatras Kinder musste den Widerstand Oktavians und der römischen Senatoren herausfordern. In Rom erkannte man, dass sich der Osten des Riesenreiches zu einem Gegenpol entwickelte. Gegen Antonius wurde der schwere Vorwurf erhoben, er habe seine Kompetenzen überschritten und römische Gebiete aufgegeben. Die direkte Auseinandersetzung zwischen Oktavian und Antonius war unvermeidlich und stand jetzt unmittelbar bevor. Im Winter 33 bis 32 schlugen Antonius und Kleopatra in Ephesos (Westtürkei) ihr Hauptquartier auf. Eine riesige Flotte wurde zusammengestellt, das Heer von rund 30 Legionen wurde aus Armenien zurückgeführt. Die Finanzierung der Kriegsvorbereitungen und die Bereitstellung der Flotte hatte vor allem Kleopatra übernommen. Sie beriet Antonius in allen wichtigen Fragen, ihre Anwesenheit verbürgte auch die Loyalität der ägyptischen Flotte.

Das Hauptquartier wurde nun auf die Insel Samos verlegt, von dort nach Athen. Die Armee setzte also nach Griechenland über. In Italien befürchtete man bereits eine Invasion[2]. Antonius aber wartete in Griechenland ab. Er wusste, dass er in Italien wegen seines Verhältnisses mit Kleopatra angefeindet wurde. Seine Maßnahmen im Osten des Reiches und die gegen Kleopatra gerichtete Propaganda in

Rom, die sich noch in den Gedichten des Horaz erkennen lässt, hatten seinem Ansehen enorm geschadet. Seine und Kleopatras Schiffe nahmen nun nordwestlich des Peloponnes bis nach Korfu Position. Antonius selbst blieb mit Kleopatra vorerst in Athen. Auf Oktavians Betreiben wurde Antonius jetzt durch den römischen Senat seines Amtes enthoben und Kleopatra – nicht Antonius – wurde der Krieg erklärt. Im September und Oktober 32 verlegten Antonius und Kleopatra ihr Quartier weiter nach Westen, nach Patrae (Patras). Die Lage spitzte sich zu. Als Oktavian auf dem Landweg von Norden nahte und sein Admiral Agrippa nach der Einnahme von Methone, Patrae und Lefkas in bedrohlicher Nähe kam, gerieten im ambrakischen Golf Antonius und Kleopatra mit ihren Schiffen in eine tödliche Falle. Am 2. September 31 kam es bei Aktium (bei Preveza in Westgriechenland) zur Entscheidungsschlacht zwischen Oktavians Flotte unter der Führung des Agrippa und der Flotte des Antonius und Kleopatras. Im Verlauf der sich entwickelnden Seeschlacht durchbrach Kleopatra mit ihren 60 Schiffen plötzlich die Schiffsreihen sowohl des Antonius wie der Römer und ergriff vorzeitig die Flucht. (Plutarch, Antonius 66) Antonius folgte ihr in einem etwas irrationalen Entschluss mit etwa einem Viertel seiner Schiffe. Den Rest der Flotte und das Landheer gab er verloren. Unterwegs konnte er auf Kleopatras Schiff umsteigen, brachte aber, ohne mit ihr Kontakt aufzunehmen, drei Tage allein auf dem Vorderteil des Schiffes zu, sei es aus Zorn oder aus Scham vor Kleopatra. (Plutarch, Antonius 67) Die Flucht führte beide nach Ägypten. Hier fielen jedoch seine Legionen von ihm ab. Am 1. August 30 – also etwa ein Jahr nach der Schlacht bei Aktium – drang der Sieger Oktavian mit seinen Streitkräften in Alexandria ein. Antonius stürzte sich auf die allerdings falsche Nachricht von Kleopatras Tod hin in sein Schwert. Da erreichte ihn eine neue Mitteilung, Kleopatra sei noch am Leben. Schwer verletzt ließ er sich in das befestigte Mausoleum bringen, in dem sie sich verbarrikadiert hatte. Er starb in den Armen der Frau, die ihm ihre Liebe geschenkt hatte.

Das militärische Können des Antonius, des scharfblickenden Nachahmers Caesars, dessen strategische Begabung sich in der Schlacht bei Philippi erwiesen hatte, wird meist leider nur nach dem Fiasko bei Aktium beurteilt[3]. C. Iulius Caesar war, auch in seinem Liebesverhältnis mit Kleopatra, immer und zuerst römischer Feldherr und Diktator gewesen. Antonius dagegen ist als gebildeter, begabter Individualist zu sehen, der in einer monarchischen Regierungsform, deren Repräsentanten ihre Legitimation von Göttern ableiteten, für das römische Weltreich die Staatsform der Zukunft erkannte. Er selbst fand aber in dem Wust orientalischer Prachtentfaltung – gegenüber Kleopatra erscheint er zuletzt als schwächlicher Charakter – nicht mehr die Kraft, sich der ihn ergreifenden Melancholie zu erwehren und resignierte.

Antonius hatte seinen Sohn Antyllus zu Oktavian gesandt, der diesem im Auftrag seines Vaters die Niederlegung seiner Ämter und den Rückzug ins Privatleben anbot. Das Angebot wurde abgelehnt. Auch Kleopatra schickte Gesandte mit einer großen Geldsumme zu Oktavian, konnte ihn aber nicht bewegen, ihren Kindern die Nachfolge als Könige zuzugestehen. Da Oktavian dringend Geld brauchte, um seine Soldaten zu bezahlen, trachtete er zunächst danach, sich des gesamten ägyptischen Staatsschatzes zu bemächtigen. (Plutarch, Antonius 74) Den hatte die Königin vorsorglich in ihr Mausoleum schaffen lassen. Es soll noch zu einer Unterredung zwischen Oktavian und Kleopatra gekommen sein, bei der sie versuchte, ihn auf ihre Seite zu ziehen. Die widersprüchliche Darstellung der Begegnung bei verschiedenen Autoren (Plutarch, Antonius 83, Florus 2,21,9 und Dio Cassius 5,12f.) legt jedoch die Vermutung nahe, dass das Zusammentreffen zwischen beiden eine literarische Erfindung ist.

Die ebenso machtbewusste wie berechnende und vorausblickende Kleopatra wollte sich die Demütigung ersparen, als Gefangene bei Oktavians Triumphzug in Rom durch die Straßen geführt zu werden. So beging sie 39 jährig, im Beisein von zwei Dienerinnen am 10.8.30 Selbstmord: sie ließ sich von einer giftigen Natter beißen. Oktavian ordnete an, Kleopatra neben Antonius ehrenvoll zu bestatten. Der Sieger über Ägyptens Königin musste sich später damit begnügen, in seinem Triumphzug in Rom ein Bildnis Kleopatras mittragen zu lassen, auf dem eine Viper zu sehen war, die sich um ihren Arm wand. Der ältere Sohn des Antonius von Fulvia (Plutarch, Antonius 57) sowie Caesars Sohn Caesarion (Ptolemaios Kaisar, 17 Jahre alt) wurden auf Oktavians Befehl umgebracht. (Sueton, Augustus 17, Plutarch, Antonius 54; 81).

Die übrigen Kinder von Antonius und Kleopatra blieben am Leben, Oktavia nahm sie bei sich auf. Das Königreich Ägypten, das vorher unter Roms Schutz stand, wurde nun kaiserliche Provinz.

Kleopatra, durch den Willen des unerbittlichen Oktavian die letzte ägyptische Königin, war eine ehrgeizige und kluge Frau, die ihre attraktive Weiblichkeit für ihre politischen Ziele bewusst einzusetzen wusste. Caesar fand für kurze Zeit sein höchstes persönliches Glück bei ihr, nicht bei den Frauen, mit denen er früher eine Ehe eingegangen war. Die schöpferische, aber auch zerstörerische Kraft großer Liebe beweist sich darin, dass Caesars Ermordung an den Iden des März, drei Tage vor seiner Abreise in den Orient zur Aufnahme des Partherfeldzugs, vielleicht mit der Anwesenheit Kleopatras in Rom zusammenhing. Der Kreis der Verschwörer, die sich als Vertreter eines republikanischen Römertums verstanden, fürchtete den Einfluss der selbstbewussten Frau auf Caesar. Durch Caesars Ermordung sollte vielleicht nicht nur seine Alleinherrschaft verhindert werden, sondern auch die Entstehung eines neuen Reichsgebildes mit einem (neben Rom) zweiten Zentrum im Osten, z. B. Alexandria. Kleopatra war eine Meisterin in der Kunst, persönliche Beziehungen mit Politik zu verknüpfen. Ihre Fähigkeit, die zwei mächtigsten römischen Politiker der Zeit, C. Iulius Caesar und Marcus Antonius, durch Leidenschaft an sich zu binden und dann Oktavian als Gegenspielerin gegenüberzutreten, zeichnet sie als Frau von welthistorischer Bedeutung aus. Ihren Tod gestaltete sie mit Stolz, Würde, Härte gegen sich selbst – und mit Verachtung für Oktavian. Kleopatra eignete neben ihrer Vitalität, ihrer Verführungskunst und ihren Qualitäten als Frau und Herrscherin auch menschliche Größe. Darin war sie Caesar und Antonius ebenbürtig, allerdings mit einem ganz andersartigen familiären, kulturellen und historischen Hintergrund.   H.K.

Quellen: Cicero, Philippische Reden gegen Antonius. – Plutarch, Caesar. Antonius. – Sueton, Caesar. Augustus. – Florus, 2,13,53 ff.; 21,11. – Velleius Paterculus 2,84–87; Dio Cassius 36–54. – Lucan, Der Bürgerkrieg, Buch 10.
Gemälde zu Motiven aus Antonius' und Kleopatras Leben schufen u. a.: F. Trevisani (1705–10); G. B. Pittoni, ca. 1730; G. B. Tiepolo, 1743/44; J. Steen, 1667; N. Poussin (1625); Il Guercino, 1640; A. Turchi, 1640; A. Liss (1597–1629/30); A. R. Mengs (1728–1779); J. H. Tischbein, 1769; G. Reni, 1625–42; A. Kauffmann, 1770; H. Makart 1876.
Dramen: E. Jodelle, Cléopâtre captive, 1553. – G. B. Giraldi Cinzio, Cleopatra, 1555. – C. Pistorelli, Marc Antonio e Cleopatra, 1596. – H. Sachs, Die Königin Cleopatra mit Antonio dem Römer, 1560. – R. Garnier, Marc-Antonio, 1578. – N. de Montreux, Cléopâtre, 1595. – W. Shakespeare, Antony and Cleopatra, 1606/7 (Auffassung als großes Liebespaar). –

Th. May, The Tragedy of Cleopatra, Queen of Egypt, 1626. – J. Mairet, Le Marc-Antoine ou la Cléopâtre, 1630. – Ch. Sedley, Antony and Cleopatra, 1677. – J. Dryden, All for Love, 1677. – Boistel D'Welles, Antoine et Cléopâtre, 1741. – C. Cibber, Caesar in Egypt, 1724. – D. Garrick, Antony and Cleopatra, 1758. – H. Brookes, Antony and Cleopatra, 1778. – V. Alfieri, Antonio e Cleopatra, 1775. – Marescalchi, Antonio e Cleopatra, 1788. – A. von Kotzebue, Oktavia, 1799. – M. Butts, Scenes from the Life of Cleopatra, 1935.

1 Vgl. M. Grant, Kleopatra (1977) 170 ff.
2 Vgl. Horaz, Gedichte 1.37,16 Properz, Elegien 3,11,29 ff. 38 ff.; 47 ff.
3 Die Schlacht bei Aktium in der Sicht der Dichter unter dem Einfluss Augusteischer Propaganda: Horaz, Gedichte 1,37 Vergil, Aeneis VIII 671 ff.

Die Dichter

Catull und Lesbia

Liebestaumel
Carmen 5

Leben wollen wir, meine Lesbia, und uns lieben
und das ganze Getuschel der grämlichen Alten
soll uns keinen Heller wert sein.
Sonnentage können vergehen und wiederkehren:
doch wenn uns einmal das kurze Lebenslicht verloschen ist,
dann gilt es, die eine endlose Nacht zu schlafen.
Gib mir daher tausend Küsse, dann hundert,
dann weitere tausend und dann noch einmal hundert,
dann immerzu tausend und dann hundert.
Und dann, wenn wir es zu vielen tausend gebracht haben,
verzählen wir uns, dass wir' s nicht mehr wissen
und kein Bösewicht sie uns neiden kann,
weil er weiß, dass es so viele Küsse sind.

Enttäuschung
Carmen 58

Caelius, meine Lesbia, die Lesbia dort,
jene Lesbia, die Catull einzig
mehr als sich und all die Seinen liebte:
An Kreuzwegen und in den Seitengassen
schröpft sie jetzt die Enkel des hochherzigen Remus.

Zerrissenheit
Carmen 85

Ich hasse und liebe. Warum ich das tue, fragst du vielleicht,
Weiß nicht, doch dass es geschieht, fühl' ich – zu Tode gequält.

Verzweiflung
Carmen 76/17–26

Götter, empfindet ihr Mitleid oder habt je ihr den Menschen
In höchster Not, ja im Tod, euere Hilfe gebracht,
schaut mich Elenden an und, führte ich schuldlos mein Leben,
rettet mich von dieser Pest, nehmt das Verderben von mir,
das mir durch Mark und Glieder wie eine Lähmung sich einschlich
und aus dem Herzen hinfort jegliche Freude vertrieb.
Nicht mehr bitte ich darum, dass sie wieder mich liebe,
oder, was unmöglich ist, anständig gar möchte sein:
Selbst will ich genesen und frei sein von dem abscheulichen Leiden.
Götter, gewähret mir dies als meiner Frömmigkeit Lohn.

Neben dem Freundeskreis gleichgesinnter Dichter wurde Catulls Lebensweg von seiner leidenschaftlichen Liebe zu einer Dame aus dem Adel geprägt, die ihm an Alter, Erfahrung und Raffinesse weit überlegen war: Clodia. Der Dichter nennt sie als Huldigung an Sappho von Lesbos *Lesbia*. Die emanzipierte Römerin führte einen skandalösen Lebenswandel: Auf ihr Konto gingen zahlreiche Liebschaften, Ehebrüche, Ausschweifungen bei Gelagen, Badeorgien u. a. In einer Gerichtsrede beschimpft Cicero[1] sie als «quadrantaria», d. h. Groschenhure. Gerühmt wird der Glanz ihrer Augen. Durch ihren verführerischen Charme übte sie große Anziehungskraft besonders auf junge literarische Talente aus. Der noch unerfahrene Catull war ihrer betörenden Schönheit und ihrem skrupellosen Charakter bis zur Selbstaufgabe verfallen. Zahlreiche Gedichte (Carmina) eröffnen einen unverhüllten Einblick in diese wechselvolle Beziehung.

Am Anfang steht ein Rausch von Glück: Leben – Lesbia – Liebe (carm. 5) verbinden sich für den Dichter zu einer Einheit. Über die

Konvention setzen sich die Liebenden hinweg: alte Griesgrame und «Mitzähler» der Küsse werden abgewiesen. «Sonnentage» nennt Catull diese Zeit der gegenseitigen Liebe. Immer wieder führt sie ihn zu sich und wünscht sich seine Zärtlichkeiten. Auch er kostet das Zusammensein aus (carm. 8). Das Glück lässt sich auch durch das Wissen um seine Vergänglichkeit nicht trüben, im Gegenteil: Die Aufforderung zu nicht endenden Küssen ergibt sich folgerichtig. Zahlensymbolik drückt hier Unersättlichkeit der Liebenden und die Wogen ihres Glücksgefühls aus. Die tiefe Leidenschaft des Dichters konnte nur aus dem beseligenden Erlebnis mit der Geliebten entstehen.

Umso schockierender war für ihn die jähe Erkenntnis, dass seine Angebetete nebenbei einem anderen Gewerbe nachging und sich von den römischen Männern, den *Enkeln des hochherzigen Remus,* teuer bezahlen ließ (carm. 58). Ein Hilfeschrei richtet sich an seinen veronesischen Freund Caelius. *Meine Lesbia, die Lesbia dort, jene Lesbia* zeigt die innere Kluft, die sich zwischen ihm und der Geliebten aufgetan hat. Trotzdem vermag er sich nicht von ihr zu lösen. Wiederholt hat sie ihm ihre Liebe versichert: Nicht einmal Jupiter, so sagt sie, möchte sie statt seiner in ihren Armen halten. Resigniert stellt Catull fest: *Was eine Frau ihrem drängenden Liebhaber sagt, kann man getrost in den Wind und ins Wasser schreiben!* (carm. 70).

Als Lesbia sich weigert, ihm seine Liebesgedichte zurückzugeben, bricht er in wüste Beschimpfungen aus: *Abscheuliche Hure, Dreck, Miststück!* (carm. 42). Dann wechselt der Ton wieder: Lesbia ist von allen Frauen die reizendste und schönste (carm. 86). Verschiedene Nebenbuhler werden namentlich angesprochen, beschimpft, gewarnt, oder beschworen, von Catulls Lesbia zu lassen. Die Geliebte lästert über ihn – er wertet es als Zeichen der Liebe (carm. 92)! Der Versuch, sich über ihren wahren Charakter hinwegzutäuschen, schlägt fehl: *Jetzt hab' ich dich erkannt: Daher, wenn ich auch noch leidenschaftlicher brenne, bist du mir doch viel nichtswürdiger und wertloser* (carm. 72). Der Dichter ist in einen ausweglosen Zwiespalt geraten, den sein berühmtestes Epigramm (carm. 85) in einzigartiger Weise offenbart. Er erkennt seine innere Zerrissenheit: Selbstfindung. Hin- und herschwankend zwischen Hass und Liebe weiß er um den unlösbaren Konflikt von Verstand und Gefühl, in den er verstrickt ist, und empfindet Todespein.

Lesbia steht dem verständnislos gegenüber. So erklärt sich ihre naive Frage, wie denn solch widersprüchliche Gefühle möglich seien (carm. 72). Während sie, unfähig, eine seelische Bindung einzugehen, allein dem Sinnenrausch frönt, ist Catulls Liebe von jeher allumfassend, absolut und oft religiös fundiert. Verbal ersetzt er sie häufig durch andere Wertbegriffe: Ehrfurcht, Treue, menschliche Verbundenheit.

In dem Maße, wie er Lesbias Selbstsucht und Oberflächlichkeit erkennt und ihr Unvermögen, über eine physische Bindung zu einer tieferen, geistigen Beziehung zu finden, zerbricht die seelische Bindung. Trotzdem oder erst recht erscheint ihm jetzt die Geliebte umso begehrenswerter. Für sie ist er jedoch nur einer unter vielen.

Tiefste Verzweiflung und Erkenntnis der eigenen Ohnmacht verweisen den Menschen auf die göttliche Macht (carm. 76).

Catull weiß nun, dass Lesbia ihn nicht wirklich liebt, dass sie gar nicht anständig sein *kann*, noch ihm treu sein *will*. Wie sehr er an seiner hoffnungslosen Verfallenheit litt, zeigt sein verzweifelter Hilferuf an die Götter, in dem er seine Liebe als verderbliche Seuche und abscheuliche Krankheit bezeichnet, von der ihn allein die Himmlischen noch zu heilen vermögen.

Die moderne Literaturwissenschaft hält die unmittelbare Verbindung von Catulls Leben mit seinem Werk für überholt. Vielmehr differenziert sie den realen Autor und sein poetisches Ich. Die Gestalt Lesbias als Clodia wird relativiert. Trotzdem gibt sich der Dichter in seinen Texten, hinter denen er sich versteckt[2], nicht nur als derber Spötter und unbarmherziger Kritiker gesellschaftlicher Normen zu erkennen, sondern auch als empfindsamer Lyriker, der er es versteht, zwischenmenschliche Grunderfahrungen in leidenschaftliche Poesie umzusetzen.   H.P.

Quellen: Caius Valerius Catullus, Carmina.
Nachwirkung: G.E.Lessing, Die Küsse, An eine kleine Schöne. – E.Mörike, Übersetzungen und Nachdichtungen verschiedener Carmina. – K.W. Ramler, Carmina 1998. – Thornton Wilder, Die Iden des März, 1948.
Musik: Carl Orff, Catulli Carmina, 1943, Trionfo di Afrodite, 1953.

1 *Pro Caelio 62*
2 *N.Holzberg (²2002) 60*

Properz und Cynthia

Amor im Bunde mit Cynthia

Cynthia hat mit den Augen als erste mich Armen gefesselt,
Mich, den niemals zuvor Liebeslust hatte berührt.
Da hat mir Stolzem Amor die Blicke zu Boden gezwungen,
Beugte mich Standhaften tief, setzte aufs Haupt mir den Fuß,
Bis er ruchlos mich lehrte, die züchtigen Mädchen zu hassen,
Sinnlos zu leben dahin ohne erkennbares Ziel.

Cynthia

Wie Ariadne einst dalag, als Theseus' Schiffe entschwunden,
...
So schien Cynthia mir in sanftem Schlummer zu atmen,
Stützte das sinkende Haupt unsicher mit ihrer Hand,
Als ich vom reichlichen Wein trunken zum Hause mich schleppte;
Sklaven in später Nacht schwangen die Fackeln zum Weg.
Doch noch hatte ich nicht meine Sinne gänzlich verloren,
Drückte sanft auf das Bett, suchte dabei, ihr zu nah'n.
Mochten mich auch, von zweifacher Glut überwältigt, hier Amor,
Bacchus drängen von dort, jeder ein grausamer Gott,
Untergeschobenen Arms die Ruhende leicht zu berühren,
Küsse zu rauben und Lust, kämpfend mit fühlbarer Hand,
Hätte ich doch nicht gewagt, den Schlaf der Herrin zu stören,
Fürchtete ja ihr Gezänk, häufig erfahrene Wut.
...
Bis dann der Mond an den Fenstern ihr gegenüber vorbeiglitt, –
Eilend müht' sich der Mond, doch mit verweilendem Licht, –
Und ihr mit flüchtigem Schein die geschlossenen Äuglein geöffnet.

Darauf sprach sie, den Arm stützend ins bauschige Bett:
«Bringt dich endlich der Schimpf einer andren zurück an mein Lager,
Die, nachdem sie die Tür vor dir verschloss, dich verjagt?
Wo denn hast du die Nacht, die mein war, so lange vergeudet,
Kommst erst, weh mir, erschöpft jetzt, da die Sterne verblasst?
Wenn du doch auch solche Nächte, du Schurke, zubringen müsstest,
Wie du mich Elende sie um dich erleben stets lässt.
Bald nämlich täusch' ich den Schlaf mit der purpurfädenen Spindel,
Dann wieder sucht' ich erschöpft orphischer Lyra Gesang,
Manchmal klagte ich leise bei mir, dass ich nunmehr verlassen,
Da du bei Fremden ja oft lange in Liebe verweilst,
Bis mich Müde der Schlummer mit zärtlichen Schwingen berührte.
Für meine Tränen ward er Linderung endlich und Trost.»

Enttäuschung

Lange Zeit schon entzieht sich mir die teure Geliebte,
Und da verwehrst du mir, Freund, Tränen zu weinen um sie?
...
Könnte ich gar in des anderen Armen liegen sie sehen?
Heißt bald die Meine nicht mehr, die sie doch eben noch hieß?
Alles verändert sich; auch in der Liebe wechseln Gefühle:
Du wirst besiegt oder siegst: das ist der Liebenden Lauf.
Welche Geschenke gab ich, was hab' ich für Lieder gedichtet:
Eisern blieb sie jedoch, nie sprach sie: «Ich liebe dich».
...
So also wirst du, Properz, in früher Jugend schon sterben?
Nun aber stirb, jene mag an deinem Tod sich erfreu'n.

Abkehr von Cynthia

Mädchen, die mir der Euphrat und der Orontes entsandten,
Seien mir Lust: Ich will heimlich kein Lager noch keusch;
Da ja die Freiheit nun keinem, der liebt, doch jemals kann bleiben:
Niemand ist Herr seiner selbst, wenn er zu lieben begehrt.

«*Sagst du das, wo du schon Stadtgespräch bist, weil dein Buch dich*
bekannt macht,
Und auf dem ganzen Markt man deine «Cynthia» liest?»
...
Ja, wenn Cynthia mir einen Hauch von Liebe noch schenkte,
Hießen die Leute mich nicht König der Leichtfertigkeit,
Und ich wäre auch nicht in der ganzen Stadt so verrufen,
Liebeskrank führt' ich das Volk doch mit dem Wort hinters Licht.
Darum verwund're dich nicht, dass ich wohlfeile Frauen mir suche:
Billiger bringen sie Schmach: Scheint dir nicht triftig der Grund?
...
Sterben möcht' ich, wenn mich der Aufwand für Cynthia ärgert:
Aber ich schäme mich jetzt, Narr für die Falsche zu sein.

Verachtung

Alle verspotteten mich an der Tafel bei den Gelagen,
Jeder konnte nach Lust zügellos reden von mir.
Volle fünf Jahre lang konnt' ich in liebender Treue dir dienen:
Nägel beißend weinst du oft meiner Treue noch nach!
Tränen berühren mich nicht: dieser List war einst ich verfallen;
Tücke ist es doch stets, Cynthia, wenn du so weinst.
Scheidend weine ich zwar, doch Kränkung bezwingt meine Tränen:
Bindung, die beiden gut steht, lässt dein Charakter nicht zu.
Nun denn, Schwelle, leb' wohl, die du weintest bei meinen Worten,
Pforte, die meine Hand dennoch nie sprengte im Zorn!
Dich aber, da du die Jahre verleugnest, bedränge das Alter,
Hässliche Runzel alsbald komme der Schönheit zum Trotz!
Graue Haare magst du sodann mit der Wurzel ausreißen;
Ha, wenn dein Spiegel mit Hohn Falten vors Auge dir hält,
Dann sei's an dir, als Verstoßene Hochmut und Stolz zu ertragen,
Alternd beklage zu spät Taten, die einst du getan.
Dieses heillose Schicksal hat mein Gedicht dir verkündet.
Lerne zu fürchten dein Los, wenn deine Schönheit dahin.
PROPERZ: ELEGIEN I/1, 1–6; I/3, 1, 7–18, 31–46; II/8, 1–2,
5–8, 11–12, 17–18; II/23, 21–24 u. 24/1–2 5–10, 15–16; III/25

Sextus Propertius (etwa 50–15 v. Chr.) ist Roms bedeutendster Elegiendichter. Sohn reicher Eltern, kam er schon als junger Mann in die Hauptstadt, um Rhetorik zu studieren. Dort geriet er unmittelbar in den Sog der unmoralischen und völlig dekadenten Gesellschaft. Bald gab er das Studium auf und widmete sich nur noch der Dichtkunst, vor allem der Liebeselegie, die der Dichter Cornelius Gallus (gest. 26 v. Chr.) den Römern bereits nahegebracht hatte. Es war die Zeit des Umbruchs auf allen Gebieten: Aus dem Unbehagen der jungen Generation, verbunden mit einer tiefen Abneigung gegenüber den politischen Verhältnissen der spätrepublikanischen bzw. frühaugusteischen Zeit, wollte man dem Leben durch persönliche Erlebnisse und innere Bereicherung einen neuen Sinn geben. So wurde die Elegiendichtung Ausdruck individueller Lebens- und Liebeserfahrung. Daneben war sie echte oder fiktive Zweckpublizistik: Die Geliebte wurde umworben, die Dichtung verhieß ihr Unsterblichkeit, während der Leser daraus Belehrung gewinnen, zur Anteilnahme am leidenden Dichter bewegt werden, oder sich gar mit ihm identifizieren konnte. Manche Elegien vermitteln das *lyrische Ich*, das einerseits autobiographisch, andererseits aber auch in der Rollenlyrik ein überindividuelles Empfinden zum Ausdruck bringen kann: Der Dichter offenbart seine Gefühle in ersonnenen Szenen ohne realen Hintergrund.

Bevor Properz, wie er selbst sagt (I 1), von Amor tief getroffen wurde, hatte er bereits, fast noch ein Knabe, ein lockeres Verhältnis mit Lycinna, der Zofe seiner Angebeteten. Die Intimität endete, als Cynthia ihn nach einem Jahr vergeblichen Werbens endlich erhörte. Sicher war sie älter als der damals etwa neunzehnjährige Dichter, jedenfalls wesentlich erfahrener, vor allem in der Liebe. Eigentlich hieß sie ja Hostia, wie der Schriftsteller Apuleius (Apol. 10,2) behauptet. Doch in Anlehnung an Catull, der seiner Geliebten ein Pseudonym gab, das an Sappho erinnern sollte, benannte Properz Cynthia nach dem Beinamen des Sängergottes Apollon Kynthios, der auf dem Berg Kynthos der Insel Delos geboren war. Zugleich betont der Dichter mit diesem Namen die musischen Fähigkeiten seiner Geliebten, denn sie konnte singen, Laute spielen und dichten. Daneben tanzte sie gern, möglichst aufreizend. Catulls Lesbia war verheiratet und gehörte der sog. vornehmen Gesellschaft an, während sich die unverheiratete Cynthia, wahrscheinlich eine Libertine, in der römischen Halbwelt bewegte. Trotzdem unterschied sie sich von gewöhnlichen Dirnen durch ihre geistigen Vorzüge. Die Unterhaltung mit ihr war amüsant und, wenn sie wollte, geistreich. Properz rühmt ihre Phantasie und ihren Einfallsreichtum. Insofern bietet sie ganz das Bild einer Hetäre, wie sie die Griechen kannten, und kann etwa mit Aspasia, der Hetäre des Perikles, mit der Lais des Philosophen Aristipp oder der Phryne des Bildhauers Praxiteles verglichen werden.

Cynthia bestimmt hinfort Leben und Dichten des Properz und ist Titel und Inhalt seiner ersten Gedichtsammlung, nach deren Veröffentlichung er in Anerkennung seines Genius' alsbald in den Maecenaskreis des Kaisers Augustus aufgenommen wurde. Dort schloss er sich vor allem Vergil an, den er zutiefst bewunderte. Auch mit Ovid verband ihn enge Freundschaft. Dem jüngeren Dichter (Ovid, Tristia IV 45) las er später aus seinen Liebeselegien vor. Er inspirierte ihn zu eigenem Schaffen, z.B. den Heroides. Die Bitte des Maecenas, doch eher in einem Augustusepos dem Kaiser zu huldigen als seiner Liebe, lehnte Properz höflich ab: Für ein Epos reiche seine Begabung nicht aus; zudem stehe er im Banne Amors und könne nur Verse für seine Angebetete dichten. Cynthia sei seine Muse und Quelle der Inspiration. Erst in seinen späteren Elegien, nach dem Bruch mit Cynthia, vermag er sich anderen Themen zuzuwenden.

Die Monobiblos des Properz, das Buch mit dem einzigen Thema *Cynthia*, wurde alsbald das beherrschende Gesprächsthema der römischen Gesellschaft. Die Römer hatten es satt, über Kriege und Heldentaten zu lesen – Cynthia war jetzt in aller Munde. Durch die Elegien des Properz erfährt der Leser, wie sie lebt und wie sie ist: Sie führt einen geordneten Hausstand mit entsprechendem Dienstpersonal, ein Webstuhl steht da, an dem sie nach Art der Hausfrauen selbst mitarbeitet. Ihr Haus ist ansehnlich und geschmackvoll eingerichtet, sie empfängt ihre Liebhaber daheim. Natürlich ist sie dank der Zuwendungen der Männer wohlhabend, liebt Prunk und kleidet sich möglichst auffallend in durchsichtige Seide oder purpurfarbenes Schlupfkleid, die Tunika. Ohne weiteren Umhang tritt sie so auch in der Öffentlichkeit auf. Damit ist aber zugleich ihre gesellschaftliche Stellung gekennzeichnet, denn die ehrbare Römerin trägt in jedem Fall einen Überwurf. Cynthia ist hochgewachsen, hat einen schwebenden Gang, ihr Haar ist dunkelblond, die Hände sind schmal. Eine echte Schönheit, bestrickend in ihrem Auftreten, hinreissend in

Mimik und Gesten, mit einer bezaubernden Stimme und feurigen Augen, aber auch launisch, herrisch, jähzornig und hemmungslos. Sie neigt zu unkontrollierten Wutausbrüchen und ist durch und durch egoistisch.

Die Elegienbücher I–III zeigen das ganze Spektrum der aussergewöhnlichen Leidenschaft des Dichters in allen Höhen und Tiefen. Cynthia behandelt den jungen Properz nach Lust und Laune. Entsprechend wechselt in seinen Versen, die ja Ausdruck seiner Empfindungen sind, die Stimmung. Dabei spricht aus ihnen nicht so sehr das Gefühl erfüllter Liebe, wie der Wunsch, wahre Gegenliebe zu erfahren. Bangen um Verlust der Geliebten und Schmerz über wiederholt erfahrene Kränkung überwiegen die wenigen Elegien, in denen der Glücksjubel durchbricht. Der Dichter befindet sich in einem bisweilen geradezu grotesk anmutenden Zustand des absoluten Verfallenseins an die Geliebte, lat. *servitium amoris,* in einer Verbindung von realem Erlebnis, reflektierender Selbstironie und fiktiver Vorstellung. Die Zerrissenheit seiner Seele wird ihm oft genug zur Qual: Als Cynthia z. B. plant, mit dem Praetor nach Illyrien zu reisen (I 8), zeigt sich Properz krank vor Eifersucht, beschwört sie mit eindringlichen Worten bei seiner Liebe, in Rom zu bleiben, und hält ihr die Gefahren der stürmischen Seefahrt vor Augen. Nachdem sie sich schließlich durch seine schmeichelnden Verse von ihrem Vorhaben hat abbringen lassen, verkehrt sich seine Verzweiflung in Enthusiasmus: *Hier wird sie sein! Sie bleibt hier! Sie hat' s geschworen! ... Ich habe gesiegt! Meinen inständigen Bitten hat sie nicht widerstehen können!* So gewinnt sein Dichten eine neue Dimension, es hilft ihm, die Geliebte immer wieder für sich einzunehmen. An anderer Stelle macht er seiner Empörung Luft: Sie wechselt ihre Liebhaber (II 9), ist nur auf Profit aus und achtet nicht auf Bildung (II 16), stets verlangt sie Geschenke (II 24); vor ihrem Fenster streiten sich die Verehrer um ihre Gunst (II 19). Als er sie jedoch, von Eifersucht gepeinigt, bei einem morgendlichen Überraschungsbesuch allein vorfindet (II 29 b), ist er von ihrer strahlenden Schönheit so überwältigt, dass er vergisst, was er ihr vorhalten wollte. Dagegen bricht Cynthia in zornige Beschimpfungen wegen seines Misstrauens aus und lässt ihn zur Strafe mehrere Nächte nicht zu sich.

Der verliebte Dichter steckt voller Widersprüche: Durch Cynthias unbeherrschtes Benehmen gekränkt und zugleich eifersüchtig, verbietet er dem Freund, der sich offenbar Cynthia nähern will, um sie zu werben, und führt ihm zur Abschreckung die eigenen Liebesqualen vor Augen (I 5). Aber selbst wenn Cynthia fern ist, womöglich mit einem anderen Liebhaber, fühlt er sich als ihr Sklave und mag Rom nicht verlassen; ihn plagt die Angst, sie könnte ihn vergessen. Er selbst aber hält an ihr fest: *Mein Schicksal ist, keine andere zu lieben, noch diese zu lassen; Cynthia liebt' ich zuerst, Cynthia lieb' ich zuletzt* (I 12).

Hier trifft die emanzipierte Frau, die ihre Sexualität in absoluter Selbstbestimmung egoistisch und nach Belieben auslebt, auf den ihr hörigen Mann, der sich wie ein willenloser Sklave ihr unterwirft, von ihrer Gunst lebt und ihre Launen demütig erträgt. Keine Konstellation für eine dauerhafte Beziehung.

Häufig hilft der Mythos dem Dichter, den Rang zu verdeutlichen, den er seiner Liebe zumisst. So vergegenwärtigt das Bild der schlafenden Ariadne, das auch von bildenden Künstlern häufig dargestellt wurde, den Zauber, der Properz beim Anblick der vollkommenen Schönheit Cynthias in seinen Bann zieht (I 3). Goethe wurde von dieser Elegie zu seinem Gedicht *Der Besuch* inspiriert. Der Liebende ist von dem hinreissenden Bild seines schlummernden Mädchens – Christiane – überwältigt, will jedoch ihren Schlaf nicht stören und schleicht sich schließlich in der Vorfreude des Wiedersehens davon.

Als aber Cynthia im Licht des Mondes erwacht, überhäuft sie den Dichter wegen seiner Verspätung missgelaunt mit Vorwürfen (I 3). Wenngleich Properz ihre Unterstellungen als Liebesbeweis wertet, tritt hier Cynthias Egozentrik und Gefühllosigkeit besonders deutlich zutage. Sie legt dem Dichter Treulosigkeit zur Last, die doch zu ihren markantesten Eigenschaften gehört.

Properz hingegen hält an seiner unverbrüchlichen Treue fest (II 21), doch stellt sich schließlich Ernüchterung ein. Bei aller Hingabe des Dichters an die Geliebte erstaunt es nicht, dass seine Liebe allmählich erkaltet und seine Leidenschaft schwindet. Häufige Zurückweisungen und Kränkungen und nicht zuletzt Cynthias bewiesene Treulosigkeit zeigen Wirkung. Entfremdung kommt auf.

Gegen Ende des zweiten Buches hören wir daher auch andere Töne: *Ein Mädchen ist zu wenig!* (II 22). Der Dichter tröstet sich mit anderen Frauen (II 30). Dies unterscheidet ihn von Catull, der an seiner leidvollen Liebe und sinnlosen Treue zu Lesbia zerbrach. Für Properz ist die Dichtkunst Möglichkeit, durch subjektive Äußerung seinen Schmerz zu überwinden.

In zunehmendem Maße verblasst in seinen Gedichten die Gloriole, mit der er Cynthia anfangs umgeben hatte. Er erkennt, dass die Geliebte zu einer festen Bindung weder bereit noch fähig ist. Tief enttäuscht sucht er Heilung von seiner quälenden Leidenschaft durch sein Dichten, bei Freunden, im Wein und notfalls auch mit einer neuen Geliebten (II 33).

Todessehnsucht ist nicht selten Begleiterscheinung seiner verschmähten Liebe. In nicht weniger als elf Gedichten spricht Properz von seinem eigenen Tod. Eine Vorahnung? Aber schließlich weicht die innere Betroffenheit dem Selbsterhaltungstrieb. Der Bruch mit Cynthia ist beschlossen: Er erteilt der Geliebten die endgültige Absage. Cynthia hat ihn zum Narren gemacht (II 24), alle Welt spottet über ihn. Jetzt schlägt seine Ernüchterung in Bitterkeit und Abneigung um. Gehässig klingen die Abschiedsworte (III 25), mit denen er der Geliebten Runzeln und graue Haare wünscht, denn außer ihrer Schönheit hat sie nichts mehr zu bieten. Dann wird jeder sie verachten. Nun schämt sich der Dichter ihrer Idealisierung: Das Ende einer leidenschaftlichen Liebe.

Trotzdem begegnet Cynthias Name hin und wieder auch im vierten Elegienbuch. In IV 8 wird ein Gelage geschildert, bei dem sich der Dichter mit zwei Schönen verlustiert. Unversehens kehrt jedoch die fern geglaubte Geliebte zurück und macht dem Fest ein jähes Ende. Hemmunglos wütet sie gegen die beiden Mädchen und den Dichter, wird handgreiflich, und zeigt sich von ihrer schlimmsten Seite. – Die Treue, die sie Properz niemals hielt, beteuert sie nach ihrem Tod (IV 7), als sie ihm geisterhaft im Traum erscheint. Hier hat sich der Dichter wohl trotz seiner Absage an Cynthia noch eine Spur von römischem Sinn für menschliche Verpflichtungen bewahrt, die sogar über den Tod hinausweisen.[1]

Properz war kein glücklich Liebender. Seine Elegien beeindrucken mehr durch die bitteren Klagen, ungestillte Sehnsucht und die Zeichnung seiner Liebe in ihren wechselnden Stimmungen. Aber immer fesselt er den Leser durch die Lebendigkeit seiner Sprache und die Farbigkeit seiner Darstellungen. Überzeugend führt er die Veränderlichkeit menschlicher Empfindungen aufgrund persönlicher Erfahrungen vor Augen.

Schon im Altertum wurde das sog. Cynthiabuch gern an Freunde verschenkt. Die Monobiblos stand bei den Lesern hoch im Kurs. An den Wänden pompejanischer Villen kann man eingekritzelte Properzverse lesen.

Besonders zeigte sich Goethe beeindruckt: *Properz' Elegien, in Knebels Übersetzung*[2] *zum größten Teile wieder gelesen, haben eine Erschütterung in meiner Natur hervorgebracht, wie es Werke dieser Art zu tun pflegen, und eine Lust, etwas Ähnliches hervorzubringen*[3]. Goethes *Römische Elegien* entstanden unmittelbar nach seiner *Italienischen Reise* in den Jahren 1788/90. H.P.

Quelle: Sextus Propertius: Elegien, Ausgabe W. Willige, München 1950.
Dichter, deren Werke von Properz beeinflusst wurden: F. Petrarca (1304–1374), Il Canzoniere (In vita di Madonna Laura und In morte di Madonna Laura). – P. de Ronsard (1521–1585), Les Amours, Sonnets pour Hélène, Elégies. – Goethe, Römische Elegien (1788/90) und andere Gedichte. – A. Chénier (1762–1794), Jambes. – E. L. Pound (1885–1972), Homage to Sextus Propertius (1919, in: Personae, the Collected Poems, 1926).

1 *M. v. Albrecht (1994) 619*
2 *Carl Ludwig von Knebel, Goethes ältester Freund in Weimar, übersetzte Properzens Elegien (1798)*
3 *Friedrich Wilhelm Riemer, Mitteilungen über Goethe II, 646*

Das Julisch-Claudische Herrscherhaus

Augustus und Livia

Die äußere Erscheinung des Augustus

Augustus war außergewöhnlich gut gewachsen, und seine Wesensart war in allen Lebensaltern überaus anziehend. Eitel war er deshalb nicht ... Sein Gesicht verströmte eine gelassene Heiterkeit, ob er nun redete oder schwieg ... Seine Augen glänzten so hell, dass viele glaubten ..., von ihnen ginge eine göttliche Kraft aus; er freute sich auch, wenn jemand, dem er einen scharfen Blick zuwarf, wie von der Sonne geblendet die Augen niederschlug ... Seine Zähne waren klein und lückenhaft, seine Haare blond und gelockt, die Brauen zusammengewachsen ... Seine Nase ragte oben vor und war dann nach unten gebogen ... An Körpergröße war er eher klein ..., doch wurde dieses Manko durch die Ebenmäßigkeit seiner Glieder wettgemacht ...
SUETON, AUGUSTUS 79

Livias Leben vor der Heirat mit Augustus

Livia war die Tochter des vornehmen, tapferen Drusus Claudianus, nach Abstammung, Wesen und Aussehen die hervorragendste der Römerinnen. Wir sahen sie später als Ehefrau des Augustus, danach als Priesterin ... des Vergöttlichten; einstmals befand sie sich auf der Flucht vor den Streitkräften ihres zukünftigen Ehemannes Caesar. Auf den Armen trug sie den zwei Jahre alten Tiberius Caesar, der zum Schutzherrn des römischen Reiches und zum zukünftigen Sohn jenes

*Caesar wurde. Auf abseitigen Wegen wich sie den Schwertern der Sol-
daten aus; nur ein Begleiter war bei ihr, um die Flucht besser geheim
zu halten. Nachdem sie ans Meer gekommen war, setzte sie zusammen
mit ihrem Ehemann Nero nach Sizilien über.*
Velleius Paterculus 2,75

Der Einfluss Livias auf Augustus: Der Fall Cinna

*Der göttliche Augustus war ein sanfter Princeps, soweit man ihn von
seinem Principat aus beurteilt ... Als er das Alter von vierzig Jahren
erreicht hatte ..., erfuhr er, dass Lucius Cinna, ein törichter Mann, ihn
in eine Falle zu locken vorhatte ...*

[Augustus grübelt eine ganze Nacht hindurch, welche Strafe er gegen
den Verschwörer verhängen soll.]

*Schließlich trat seine Frau Livia zu ihm und sagte: «Erlaubst du auch
den Rat einer Frau? Tu das, was die Ärzte gewöhnlich tun, die das
Gegenteil versuchen, wenn die üblichen Heilmethoden nicht helfen.
Mit Strenge bist du nicht weiter gekommen ... Jetzt probiere es mit
Güte. Verzeihe Lucius Cinna. Er wurde ertappt und kann dir nicht
mehr schaden. Aber deinem Ruhm vermag er zu nützen.» Augustus
war froh, einen Rat erhalten zu haben, dankte seiner Frau ... und rief
Cinna zu sich ... «Obgleich ich mich um dich bemüht habe, hast du
den Entschluss gefasst, mich zu töten ...» Er nannte auch Ort, Tag,
Komplizen ... und wem das Schwert übergeben worden war. Als er
Cinna starr und wegen ... seines schlechten Gewissens sprachlos sah,
sagte er: «Warum tust du das? Damit du selbst Princeps werden
kannst? Schlimm muss es um das römische Volk stehen, wenn dir
niemand außer mir im Weg ist ... Ich schenke dir ... dein Leben ...
Von heute an soll Freundschaft zwischen uns herrschen. Eifern wir mit
unserer Zuneigung um die Wette.»*
Von niemand wurde er fortan mehr mit Nachstellungen verfolgt.
Seneca, Über die Milde 1,9

Als der vierundzwanzigjährige Augustus, der damals noch den
Namen Octavian trug, im September des Jahres 39 v. Chr. bei einer

Festlichkeit in Rom – aus Anlass seines Geburtstags – die kaum neunzehnjährige Livia kennen lernte und sich allem Anschein nach Hals über Kopf in sie verliebte, hätte wohl kein Zeitgenosse vorauszusagen gewagt, dass die Verbindung der beiden, die sich aus dieser Begegnung ergab, ein ganzes Leben lang halten würde – und das in einer Gesellschaft, in der Scheidungen und Wiederverheiratungen an der Tagesordnung waren.[1] Octavian war, als er Livia traf, noch mit der viel älteren Scribonia verheiratet, die er aus politischem Kalkül erwählt hatte, denn sie war die Tante der Frau eines seiner Rivalen, des Sextus Pompeius.[2] Um nun Livia heiraten zu können, musste er nicht nur Scribonia, die eine Tochter, Iulia, von ihm hatte, den Scheidungsbrief zustellen, sondern vor allem die gleichfalls verheiratete Livia von ihrem Mann, Tiberius Claudius Nero, dessen zweites Kind sie gerade erwartete, frei bekommen. Dass es unter diesen Umständen zu einem Skandal kam, als Octavian Livia sogleich in sein Haus aufnahm, ist nicht verwunderlich. Ohne viel Rücksicht darauf[3] wurden die Scheidungen vollzogen, und schon am 17. Januar 38 fand die Hochzeit statt. Brautführer war der erste Ehemann Livias, der auch die beiden Kinder bis zu seinem wenige Jahre später erfolgten Tod zu sich nahm. Die Hochzeit scheint in dezenter, traditionell römischer Form gehalten worden zu sein. Dafür wurde später – vermutlich zum ersten Jahrestag – ein Skandal umwittertes Bankett veranstaltet, bei dem Livia als Iuno und Octavian als Apoll maskiert waren.

Dergleichen entsprach weitaus eher dem Stil Octavians in diesem Lebensabschnitt, in dem er wie die anderen Diadochen Caesars sich von hellenistischen Vorbildern leiten ließ. Seitdem der Neunzehnjährige sofort nach der Ermordung Caesars am 15. März 44 v. Chr. den Anspruch auf das Erbe seines Großonkels und Adoptivvaters angemeldet hatte, beteiligte er sich mit Vehemenz an dem Kampf um die Alleinherrschaft im römischen Staat, der nach dem Tod Caesars erneut ausgebrochen war. Der junge Mann muss ein Machtmensch *par excellence* gewesen sein, denn binnen kurzem vermochte er den erfahreneren Nebenbuhlern um die Herrschaft durchaus Paroli zu bieten. Nötig dazu war nicht nur die Privatarmee, die er aus dem Boden stampfte, sondern auch sein diplomatisches Geschick, mit dem er sich Bundesgenossen verschaffte. Seine ersten Eheschließungen waren darunter zu rechnen, doch auch bei der Liebesheirat mit Livia darf man keineswegs nur eine emotionale Entscheidung an-

nehmen; schließlich war Livia mit zwei der ältesten und einflussreichsten Geschlechter Roms verbunden, mit den Claudiern durch
Geburt und Heirat und mit den Liviern durch die Adoption ihres
Vaters in diese Familie. Für einen Mann wie Octavian, der zwar aus
einer wohlhabenden Familie stammte, aber keine erlauchten Namen
unter seinen Vorfahren wie seine neue Frau (zu denen u.a. Appius
Claudius Caecus, der Erbauer der Via Appia, zählte) aufzuweisen
hatte, konnte eine solche Verwandtschaft mit ihrem seit Jahrhunder-
ten verankerten Einfluss auf das Machtgefüge in Rom von beträcht-
lichem Nutzen sein. Für Livia ihrerseits brachte die Heirat mit dem
mächtigen Kriegsfürsten eine bis vor kurzem noch unvorstellbare
Wendung zum Besseren, denn sie hatte in ihrem Leben (ihr Vater beging als politisch Verfolgter Selbstmord) und auch in ihrer ersten,
mit fünfzehn Jahren geschlossenen Ehe viel durchgemacht. Sie musste mit Mann und kleinem Sohn, dem späteren Kaiser Tiberius, nach
Sizilien und Griechenland fliehen, weil ihr Gatte als Parteigänger
Mark Antons und zeitweilig auch des Sextus Pompeius von Octavian
geächtet worden war. Erst als nach den Friedensverträgen von Brundisium, 40 v.Chr., und von Misenum, 39 v.Chr., eine Amnestie erlassen worden war, konnten sie nach Rom zurückkehren, wo dann die
Begegnung mit Octavian stattfand. Aus der Frau eines politischen
Flüchtlings, der zudem um einiges älter war als sie und bereits krän-
kelte, wurde – sozusagen im Handstreich – die Gattin des jungen,
vielversprechenden Anführers der gegnerischen Partei.

Zu Beginn der Beziehung zwischen Augustus und Livia mag erotische Anziehung, ja Leidenschaft, durchaus von Bedeutung gewesen
sein, denn Livia wird nicht nur von wohlmeinenden Stimmen, sondern auch von Kritikern große Schönheit zugesprochen. Dass Octavian als ein strahlender Sieger auftrat, darf man gewiss annehmen.
Zudem waren die politischen Hintergründe für beide äußerst stim-
mig. War es also nicht erstaunlich, dass die beiden zusammen
kamen, so doch umso mehr, dass nach einer über zweiundfünfzig
Jahre während Verbindung Augustus auf dem Sterbebett sagen
konnte: *Livia, lebe im Gedenken an unsere Ehe, und lebe wohl!*[4] Zu
solcher Dankbarkeit hatte er allen Grund.

Als mit seinem Sieg in der Schlacht bei Actium, 31 v.Chr., seine
letzten Gegner Mark Anton und Kleopatra aus dem Rennen geschie-
den waren (beide endeten durch Selbstmord) und der Bürgerkrieg für
beendet erklärt werden konnte, errichtete er – im Jahr 27 mit dem

Namen *Augustus*, der Erhabene, geehrt – den Principat, jene auf ihn zugeschnittene Herrschaftsform: Faktisch eine Monarchie, über die der Schleier republikanischer Formen und Symbole gebreitet war, um die Befürchtungen, die Caesar einst geweckt hatte, nicht erst aufkommen zu lassen. Ein umfassendes kulturpolitisches Programm, das die Erneuerung von Religion und Sitten, von Tugend und Würde zum Ziel hatte, wurde verkündet, wobei der nunmehrige Princeps dieses Programm nicht erfinden musste, sondern nur die in der späten Republik immer wieder laut gewordenen kulturkritischen Stimmen zu benutzen brauchte. Für die Durchführung dieser Reformen, die sich ganz an restaurativen Vorstellungen orientierten, war aber Unterstützung von Nöten – und die erhielt er am effektivsten von Livia.

Da die Vernachlässigung der Götterverehrung schon seit dem älteren Cato als eine der Hauptursachen für den Verfall von Sitte und Ordnung angesehen wurde, galt es, der *pietas* – Frömmigkeit – neuen Aufschwung zu verleihen. Dazu war ein großes Bauprogramm für Tempel und Andachtsstätten vorgesehen, an dem sich auch Livia beteiligte; so ließ sie den Schrein der *Pudicitia Plebeia* und den Tempel der *Bona Dea* restaurieren und stiftete der *Concordia* einen Altar. Diesem Denkmal der ehelichen Eintracht galt besondere Aufmerksamkeit, wenn am 17. Januar der Hochzeitstag von Augustus und Livia gefeiert wurde. Sowohl bei diesem als auch bei anderen religiösen Kulten war oftmals weibliche Mitwirkung erforderlich, wodurch Livias Stellung im öffentlichen Leben immer wieder betont wurde. Sieht man die Teilnahme an diesen von Augustus geförderten Kulten im Zusammenhang mit den auch wieder hoch geschätzten traditionellen weiblichen Tugenden der Züchtigkeit und Keuschheit und den Idealen der familiären Harmonie, dann kann man Ovids Einschätzung Livias als *Vesta der züchtigen Mütter* verstehen.[5]

Eng verknüpft mit der *pietas* war die Wiederbelebung der *mores maiorum* – Sitten der Vorfahren –, also der Werte einer eigentlich seit langem dahingeschwundenen Gesellschaft: Schlichtheit, Sittenstrenge, Fleiß, Tapferkeit u. ä. Diesem Ziel diente in erster Linie die Ehegesetzgebung des Augustus, die 18 v. Chr. erlassen wurde; was früher einmal eine ungeschriebene Norm dargestellt hatte, wurde nun in Gesetzesform gefasst, um es wieder wirksam werden zu lassen. *Im Zentrum stand das traditionelle römische Ideal der Frau als Ehefrau und Mutter, nicht ... als individuell Handelnde ...*[6] Augu-

stus wurde nicht müde, sich für die erneuerte römische Moral einzusetzen und sich selbst als bestes Exempel dafür darzustellen.[7] Dieser
Präsentation seiner eigenen Person und seiner Familie scheint er die
Schubkraft zugetraut zu haben, die für die Durchsetzung seiner
Restaurationsideen in der römischen Gesellschaft erforderlich war;
seine Vorbildfunktion – und die der Seinen – war ihm eminent wich-
tig. Dazu gehörte auch, dass er immer wieder die Einfachheit seiner
Lebensweise betonte, indem er die Leute wissen ließ, dass seine Toga
von seiner Frau eigenhändig gewebt worden sei – wobei man die
Menge der für solche Tätigkeiten bereitstehenden Sklavinnen Livias
daran abschätzen kann, dass sie im Alter rund tausend Freigelassene
hatte.

Livia war aber ihrem Mann nicht nur eine verlässliche Stütze als
stets untadelige Gattin des Princeps in der Öffentlichkeit. Offenbar
trug ihr Einfluss oder vielleicht auch ihre persönliche Ausstrahlung
dazu bei, aus dem mit rücksichtsloser Zielstrebigkeit handelnden
Heerführer der Bürgerkriegsepoche – ein berüchtigtes Beispiel dafür
ist das von ihm befohlene Massaker in Perusia 40 v.Chr., bei dem
er dreihundert Gefangene vor dem Altar des vergöttlichten Caesar
abschlachten ließ – einen maßvollen Herrscher zu machen, der von
Seneca deshalb in seiner Abhandlung *Über die Milde* als Muster
herangezogen werden konnte. Augustus nahm seine Frau als Beraterin so ernst, dass er ebenso wie bei anderen wichtigen Unterredun-
gen vor einem Gespräch mit ihr schriftliche Notizen zur Vorberei-
tung machte. Dass er ihr gegenüber aber keineswegs nachgiebig war,
zeigen verschiedene Fälle; er wog sorgsam ab, ob er ihren Vorstellungen folgen konnte oder ob er sie ablehnen bzw. modifizieren
musste. Welche Bedeutung sie für ihn auch bei seinem öffentlichen
Auftreten hatte, lässt sich daran ermessen, dass sie ihn auf seinen
zwei großen Reisen in den Osten des Reiches, 22–19 v.Chr., und
nach Gallien, 16–13 v.Chr., begleitete.

Die von der augusteischen Propaganda so hoch gepriesene Bedeutung der Mutterrolle und des Kindersegens stand auch bei den *ludi
saeculares* – Spiele zur Jahrhundertfeier – 17 v.Chr., für die Horaz auf
Bestellung des Princeps das *carmen saeculare* verfasste,[8] im Vordergrund. Damit sollte das «Goldene Zeitalter», von dem die Augustus
nahe stehenden Dichter gekündet hatten,[9] offiziell beginnen. Auch
die Reliefdarstellungen auf der *ara pacis Augustae* – Friedensaltar –,
die 9 v.Chr. eingeweiht wurde, verklären die Familie des Augustus,

des Garanten der neuen Epoche, der sich zu diesem Zeitpunkt dynastisch abgesichert glaubte. Für den Princeps war der Ausbau seiner Familie zu einer Dynastie der eigentliche Schlüsselpunkt seines Machtsystems. Vom Beginn ihrer Ehe an bildete das jedoch einen wunden Punkt: Augustus und Livia blieben kinderlos. Bemerkenswerterweise zog der Princeps nicht jene Lösung in Betracht, die viele andere Herrscher wählten: die Scheidung. Stattdessen suchte er unter den männlichen Verwandten einen möglichen Kandidaten für seine Nachfolge. Das war zunächst Marcellus, ein Sohn seiner Schwester Octavia; später traten Gaius und Lucius, die beiden Söhne seiner Tochter Iulia und ihres Mannes, seines ihm eng verbundenen Feldherrn Agrippa, in den Vordergrund. Alle drei starben in jungen Jahren (20 v. Chr., 4 und 2 n. Chr.). Nach dem Tod Agrippas (12 v. Chr.) betraute er die Söhne Livias, Tiberius und Drusus, mit militärischen Führungsaufgaben, die sie beide glänzend meisterten. Drusus, den Augustus seinem älteren Bruder vorgezogen haben soll, stürzte in Germanien 9 v. Chr. vom Pferd und starb infolge der Verletzungen. Ins Blickfeld als Nachfolger rückte Tiberius erst nach dem Tod der beiden Enkel. Diese tragischen Ereignisse lieferten den Anlass, dahinter einen tückischen Plan Livias zu sehen, die mit Hilfe von Giftmischerinnen den Weg für ihren Sohn Tiberius freigemacht haben soll. Diese *leyenda negra*[10] – schwarze Legende – hat verschiedene Wurzeln. Zum einen gehörte Livia der Adelsfamilie der Claudier an, die wegen des ihr nachgesagten Hochmuts seit jeher eine beliebte Zielscheibe römischer Pasquillen war; aus solchen Quellen schöpften wohl auch spätere römische Historiker (etwa Tacitus). Tatsächlich gibt es keinen stichhaltigen Anhaltspunkt für eine derartige Erklärung der für Augustus so verhängnisvollen Geschehnisse. Zum anderen bestand noch ein weiterer Anlass, Livia zu verdächtigen. Sie war – wenn man einmal davon absieht, dass schon in der späten Republik Frauen eine immer größere Rolle spielten[11] – die erste Römerin, die in der Öffentlichkeit präsent war. Das löste auf traditionsbewusster Seite viele Ängste und Besorgnisse aus, die in der Beschuldigung Livias als Intrigantin und Giftmischerin gipfelten. Dabei muss es für sie ausgesprochen schwierig gewesen sein, neue Formen der öffentlichen Repräsentation als Frau zu schaffen, da es ja keine Vorläuferinnen gab. Augustus, der stets ein kühl rechnender Realist war, wusste offenbar sehr wohl, was er an ihr hatte, denn sie identifizierte sich völlig mit seinem politischen Programm. Das ist nicht nur an den zahlreichen, ihr zugekommenen Ehrungen, Privilegien und Rechtstiteln zu ersehen.[12] Sie wurde auf vielen Münzen auch als Symbol von Eintracht, Frieden, Frömmigkeit, Gerechtigkeit dargestellt; vor allem im Osten des Imperiums wurde sie – wie der Kaiser – schon zu Lebzeiten kultisch verehrt, wie es der hellenistischen Tradition entsprach, und mit Göttinnen, z.B. Hera und Aphrodite, identifiziert. Als krönender Abschluss wurde sie im Testament des Kaisers durch Adoption in das julische – Caesars – Geschlecht aufgenommen und erhielt den Namen *Augusta*, die Erhabene. Durch diesen besonderen Rechtsakt hat Augustus noch über seinen Tod hinaus die unersetzliche Rolle Livias in seinem Leben und für sein Lebenswerk hervorgehoben.　　　　　　　　　　　　　　C.M.B.

Quellen: Augustus, Res gestae; Velleius Paterculus 2, 59–123; Sueton, Augustus; Cassius Dio 46–56; Tacitus, Annalen; Seneca, De clementia.

Plastiken: Augustus, Panzerstatue, nach 20 v.Chr., Vatikan. – Augustus in Toga mit verhülltem Haupt, um 17 v.Chr., Rom. – Augustus, Kolossalstatue, Vatikan. – Augustus, Porträtbüste, um 17 v.Chr., Paris. – Augustus-Kamee im Lotharkreuz, 20 v.Chr., Aachen. – Livia, Marmorbüste, 4–14 n.Chr., Kopenhagen. – Livia, Marmorhaupt, Oxford. – Livia, Marmorhaupt, Baltimore. – Livia, Büste, Ephesus. – Livia, Ganzfigur, Kopenhagen. – Livia, Sitzfigur, Tripolis. – Livia als Göttin und Priesterin, Kamee aus Sardonyx, nach 14 n.Chr., Wien.

Gemälde: R. van der Weyden, Bladelin-Altar, um 1460, Berlin. – Ghirlandaio, Fresken, um 1485, Florenz. – J.Tintoretto, Augustus, um 1550–55, Paris. – J.H.Tischbein d. Ä., Die Tugenden des Augustus, 1769, Kassel. – Fragonard, Augustus, 1796, Paris. – Ingres, Vergil liest Augustus aus der Aeneis vor, um 1812, Brüssel.

Dramen: W.Shakespeare, Julius Caesar, 1599; Antonius und Kleopatra, 1607. – P.Corneille, Cinna, 1643.

Oper: C.H.Graun, Cinna, 1748.

　1 *So war etwa Pompeius der Große fünf Mal, Caesar drei Mal verheiratet.*
　2 *Zuvor hatte er bereits die Stieftochter Mark Antons, seines anderen Rivalen, geheiratet, ohne dass die Ehe aber vollzogen wurde.*
　3 *Immerhin erwirkte Octavian eine zustimmende Stellungnahme des Kollegiums der* pontifices *(der obersten Priester); wünschenswert war das wegen der bestehenden Schwangerschaft. Im übrigen waren sowohl Octavian als auch der erste Ehemann Livias Mitglieder dieses Gremiums.*
　4 *Sueton, Augustus 99*
　5 *Ovid, Briefe vom Schwarzen Meer IV 13, 29*

6 H. Temporini Gräfin Vitzthum, Die Kaiserinnen Roms, München 2002,
   45
7 Von daher wird verständlich, warum Augustus sich seiner leichtlebigen,
   ehebrecherischen Tochter Iulia gegenüber so unversöhnlich zeigte, obwohl er sie auf seine Weise sicherlich geliebt hat.
8 Vgl. Horaz, Carmina 4,5
9 So Vergil, Aeneis VI 791–794; vgl. auch seine 4. Ekloge
10 Die Bezeichnung, die zum Inbegriff für vergleichbare Gräuelmärchen
   geworden ist, bezieht sich auf die englische Propaganda gegen Philipp II. von Spanien.
11 Abzulesen ist das an den nun erstmals öffentlichen Beisetzungen von
   Frauen, z.B. jener, die Caesar für seine junge Frau veranstaltete (Plutarch, Iulius Caesar 5).
12 Livia erhielt schon früh – 35 v.Chr. – die sacrosanctitas, die über die
   Unverletzlichkeit der Volkstribunen hinausging, und wurde wie die
   Vestalinnen bei öffentlichen Auftritten von einem Liktor begleitet.

Claudius und seine Frauen Messalina und Agrippina

Die Lenkbarkeit des Claudius

*Claudius' auffallendste Wesenszüge waren Furchtsamkeit und Miss-
trauen ... Jede Verdächtigung, jede Denunziation ... löste Angst bei ihm
aus und veranlasste ihn zu Racheakten ... So soll auch Appius Silanus
sein Leben eingebüßt haben, denn Messalina und Narzissus hatten beschlossen, ihn zu beseitigen. Früh am Morgen stürzte Narzissus, vor
Schrecken völlig aufgelöst, ins Schlafzimmer seines Herrn und teilte ihm
mit, er habe geträumt, der Princeps sei von Appius ermordet worden.
Messalina berichtete daraufhin ..., auch sie werde schon seit Tagen vom
nämlichen Traumgesicht heimgesucht ... Sogleich erteilte der Princeps
den Befehl, Appius ... hinzurichten. Claudius war so überzeugt, dass er
am nächsten Tag ... im Senat ... dem Freigelassenen dankte, weil er
sogar im Schlaf über des Herrschers Sicherheit wache.*
SUETON, CLAUDIUS 35 und 37

Die Umtriebe Messalinas

Nun führte Messalina nicht nur selbst ein ausschweifendes Leben, sondern nötigte auch andere Frauen zu gleichem Tun; sie bewegte viele von ihnen, im Beisein ihrer Ehemänner ... Ehebruch zu begehen. Die Männer, die einverstanden waren, schätzte und belohnte sie; jene aber, die ihren Frauen das nicht gestatten wollten, verfolgte sie mit ihrem Hass und suchte ihnen zu schaden. Obschon diese Dinge in der Öffentlichkeit vor sich gingen, erfuhr Claudius lange Zeit nichts davon. Messalina verschaffte ihm nämlich verschiedene Dienerinnen fürs Bett und sorgte dafür, dass niemand ihm etwas verriet, sei es durch Belohnungen, sei es durch Drohungen ...
CASSIUS DIO 60, 18

Messalina überspannt den Bogen

Nun hatte Messalina die Leidenschaft für C. Silius, den schönsten der jungen Männer in Rom, dermaßen ergriffen, dass sie seine Ehe zerstörte ... und den geschiedenen Mann zu ihrem Liebhaber machte ... Sie suchte ihn keineswegs heimlich auf, sondern ganz offen ... in seinem Haus. Sie blieb auch stets bei ihm, wenn er ausging, und beschenkte ihn reichlich ... Es kam schließlich so weit, dass die Sklaven, die Freigelassenen, ja der gesamte Hofstaat des Princeps sich bei dem Liebhaber versammelte, so dass man meinen konnte, er habe bereits die Herrschaft übernommen.
TACITUS, ANNALEN 11,12

Agrippina beseitigt ihre Rivalinnen

Agrippina ließ ... schwere Anklagen gegen Lollia Paulina vorbringen. Sie war von furchtbarer Rachsucht gegen Lollia erfüllt ..., weil sie bei der Heirat des Princeps ihre Rivalin gewesen war. Der Ankläger musste sie beschuldigen, ... mit ... Magiern Umgang gepflogen ... zu haben. Claudius hörte die Beschuldigte selbst überhaupt nicht an,

*sondern ... legte im Senat dar, sie habe Pläne gehegt, die das Ge-
meinwohl gefährdeten; darum dürfe man ihr keine Gelegenheit mehr
geben, sich von neuem etwas zu Schulden kommen zu lassen. Sie solle
... ausgewiesen werden ... Auch Calpurnia, eine vornehme Frau,
wurde in die Verbannung geschickt; der Princeps hatte nämlich ...
beiläufig ihre Schönheit hervorgehoben ... Zu Lollia beorderte Agrippina zudem einen Tribun, um sie zum Selbstmord zu nötigen.*
TACITUS, ANNALEN XII 22

Als der römische Kaiser Claudius am 1. Januar des Jahres 49 die
dreiunddreißigjährige Agrippina heiratete, stand er im 58. Lebens-
jahr und hatte bereits drei Ehen hinter sich; fünf Kinder waren daraus hervorgegangen. Die Würde des Princeps war ihm zu aller – und
vermutlich auch zu seiner eigenen – Überraschung im Jahr 41 zugefallen. Eigentlich stand er in der Rangfolge innerhalb der Julisch-
Claudischen Dynastie keineswegs an unbedeutender Stelle. Er war
ein Sohn von Drusus (38–9 v. Chr.) und Antonia, der Tochter Octavias aus ihrer Ehe mit Mark Anton, somit also ein Enkel der Livia
und ein Großneffe des Augustus. Ihm haftete jedoch ein Handicap
an: Er war von Geburt an behindert. Nach heutiger medizinischer
Einschätzung lag bei Claudius infolge einer Geburtsschädigung eine
teilweise Nervenlähmung vor, die zu einer Beeinträchtigung seiner
rechten Körperseite (er zog das Bein nach), zu spastischen Symptomen und zu Sprachstörungen führte. Bei der damaligen Einstellung
zu solchen Kindern schloss man aus seinen körperlichen Schwächen
auch auf geistige Beschränktheit;[1] man hielt ihn von der Öffentlichkeit fern, da man sich seiner schämte. Bezeichnend dafür ist die
Überreichung der *toga virilis* an den Fünfzehnjährigen – ein römischer Initiationsritus –, die mitten in der Nacht vollzogen wurde.[2]
Sicherlich hätte man aber seine durchaus vorhandene Intelligenz im
Laufe der Zeit bemerken können, denn er schrieb, von dem Historiker Livius dazu aufgefordert, über etruskische, karthargische und
neueste römische Geschichte sowie über Rhetorik.[3] Trotz der so erwiesenen geistigen Leistungsfähigkeit speiste Tiberius den jungen
Mann nach dem Tod des Augustus mit ebenso belanglosen rituellen
Ämtern wie bisher ab; weiterreichenden Wünschen, die Claudius
ihm vortrug, erteilte der neue Princeps eine schnöde Abfuhr.

Inzwischen hatte Claudius nach zwei aufgelösten Verlobungen
zweimal geheiratet. Seine erste Ehefrau war die Enkelin einer Freun-

din seiner Großmutter Livia namens Plautia Urganalilla, von der Claudius einen im Kindesalter verstorbenen Sohn sowie eine Tochter hatte; nach der Scheidung dieser Ehe ging er eine zweite Verbindung mit Aelia Paetina ein, die ihm eine Tochter gebar. Die Scheidung von ihr nach elfjähriger Ehe hing vielleicht mit seiner vermeintlichen Positionsverbesserung beim Regierungsantritt seines Neffen Caligula im Jahr 37 zusammen. Der neue Herrscher machte Claudius nämlich zum Konsul, wenn auch nur für zwei Monate; wie gering sein Ansehen weiterhin war, zeigt der Umstand, dass er im Senat stets als Letzter um seine Meinung gefragt wurde.[4] Dennoch lässt seine dritte Ehe – wahrscheinlich 39 geschlossen – mit Valeria Messalina, einer Urenkelin seiner Großmutter Octavia, die von Seiten beider Eltern zu den Juliern zählte, vermuten, dass er sich im Alter von rund 48 Jahren trotz seiner bisherigen Erfolglosigkeit immer noch Hoffnungen auf einen Aufstieg im Machtsystem machte. Es könnte jedoch auch die erotisch-sexuelle Anziehung den Ausschlag gegeben haben, denn der Name Messalina ist – insoweit man den literarischen Zeugnissen trauen kann – mit Fug und Recht zu einem Synonym für Nymphomanie geworden.[5] Ob sie eine verführerische Schönheit und wie alt sie bei der Eheschließung überhaupt war, ist nicht bekannt; bestimmt war sie viel jünger als Claudius – vielleicht nur halb so alt. Weshalb sie gerade ihn heiratete, ist insofern rätselhaft, als er allgemein für eine lächerliche Figur gehalten wurde und seine Zukunftsperspektive nichts versprach. Sie gebar ihm zwei Kinder, 40 Britannicus und 41 Octavia.

Dass er zwei Jahre später – nach der Ermordung Caligulas – von den Prätorianern zum neuen Princeps ausgerufen wurde, geschah völlig unerwartet und war wohl vor allem auf den legendären Ruf seines älteren Bruders Germanicus (gestorben 19), eines charismatischen Heerführers, zurückzuführen. Doch muss sich Claudius auch als eine würdevolle, keineswegs unbeliebte Persönlichkeit präsentiert haben. Wie zielbewusst der Mann agieren konnte, der oftmals wegen seiner Behinderungen Witzeleien ausgesetzt war, zeigt seine Politik, mit der er den oppositionellen Senat ausmanövrierte. Die Entmachtung dieses Gremiums ging mit einer neuen Machtstruktur einher, bei der seine wie Ressortminister amtierenden Freigelassenen und nicht zuletzt Messalina maßgebliche Rollen spielten. Allerdings hatte das zur Folge, dass der politisch zwar nicht unfähige, doch leicht beeinflussbare Claudius allmählich in immer größerer Abhängigkeit von diesen Helfern geriet.

Messalina dabei nur als eine von sexuellen Bedürfnissen getriebene Frau zu sehen, wäre aber verfehlt. Zwar frönte sie, wie erwiesen scheint, ungehemmt ihrer Männer verschlingenden Sexualität, doch ging es ihr dabei stets auch um die Erweiterung oder den Erhalt ihrer Macht, was häufig durchaus mit den Interessen des Princeps übereinstimmte. Da Claudius in zunehmendem Maß in der Furcht vor Verschwörungen lebte (Angst und Misstrauen waren ihm in Folge seiner Zurücksetzung von Kindheit an zur zweiten Natur geworden), trat Messalina für ihn als eine wachsame Beobachterin und entschlossene Agentin auf, die jede drohende Gefahr vorausschauend zu erkennen und vorauseilend zu beseitigen suchte. Im Laufe weniger Jahre forderte die Verschwörungsangst des Claudius und die Messalina zugeschriebenen Eigenschaften – Gier, Neid, Rachsucht – zahlreiche Opfer (allein den Tod von 35 Senatoren). Das geschah gewöhnlich durch Intrigen, bei denen die bei dem Princeps mit den Jahren auftretenden Schwächen, etwa eine ausgeprägte Geistesabwesenheit,[6] immer schwerer ins Gewicht fielen. Inwieweit es sich in einzelnen Fällen nur um Wahnvorstellungen des alternden Claudius handelte oder um reale Gefahren, lässt sich aus den Quellen meist nicht erschließen, wenngleich Messalina manchmal wohl nur eine mögliche Rivalin beseitigen wollte (so Livilla, eine Nichte des Kaisers, mit der er sich gut verstand und die man in der Verbannung auf ihren Befehl verhungern ließ), oder jemand aus purer Habgier vernichtete (das bekannteste Exempel liefert der Fall des reichen Valerius Asiaticus, auf dessen Gärten es Messalina angeblich abgesehen hatte). Die Intrigen, derer sie sich so geschickt bediente, stellten das einzige Werkzeug dar, das einer Frau in ihrer Stellung zur Erreichung ihrer Ziele zur Verfügung stand. Über Macht im formalen Sinn des Herrschaftssystems konnte sie nicht gebieten, weshalb sie Claudius nur zu beeinflussen vermochte, indem sie die wunden Punkte seines Charakters ausnützte.

Die Vorgänge, die dann zum dramatischen Finale der Ehe führten, sind – zumindest ihren Zusammenhängen nach – ziemlich verworren. Messalina hatte sich in einen gewissen Silius verliebt und feierte mit ihm in aller Öffentlichkeit Hochzeit. Was diese ungeheure Provokation des Herrschers bezwecken sollte, war seit jeher Gegenstand von Spekulationen, von denen jene am höchsten greift, die darin den

Auftakt eines Putsches sieht. Vermutlich war es aber nicht mehr als eine Unbedachtsamkeit der zunehmend hemmungsloseren Messalina, die den Bogen überspannt und sich so selbst zu Fall gebracht hatte.

Dem nach Messalinas «Hinrichtung» (eine Ermordung ohne Prozess) verwitweten Kaiser boten sich sogleich verschiedene neue Ehemöglichkeiten, die ihm von seinen Freigelassenen nahe gebracht wurden.[7] Den Zuschlag erhielt Agrippina, Tochter seines Bruders Germanicus, also seine Nichte. Sie war zweimal verheiratet gewesen und hatte einen Sohn, den späteren Kaiser Nero. Unter Caligula, ihrem Bruder, war sie verbannt gewesen; offenbar hielt sie sich auch bis zum Jahr 47 lange außerhalb Roms auf, möglicherweise in den asiatischen Provinzen. Die Ehe zwischen Onkel und Nichte war nur dann verboten, wenn es sich um die Tochter einer Schwester handelte; sonst galt sie nicht als Inzest.

Agrippina (die Jüngere) wurde im Jahr 15 in Ara Ubiorum, dem späteren Köln, geboren, während ihr Vater Germanicus einen Feldzug am Niederrhein durchführte. Vom Charakter Agrippinas kann man sich einen Begriff machen, wenn man hört, dass sie ihrer Mutter, Agrippina der Älteren, ähnlich gewesen sein soll, die damals flüchtende Legionäre an der Brücke von Vetera (Xanten) nur kraft ihrer Worte zum Standhalten veranlasste. In ihrem Leben gab es viele Wechselfälle, ein ständiges Auf und Ab; zum festen Punkt wurde ihr einziger Sohn, Nero, für den sie einen maßlosen Ehrgeiz hegte. Dieser Ehrgeiz erfüllte auch sie selbst, doch als Frau waren ihr Grenzen gesetzt.

Agrippina peilte vom Beginn ihrer Ehe mit Claudius ein Ziel an: Nero sollte der Nachfolger ihres neuen Ehemannes werden. Sie war wohl eine nicht unbedingt schöne, aber doch recht stattliche Frau in ihren besten Jahren und setzte ihre weiblichen Reize stets sehr bewusst ein – nicht auf Lustgewinn war sie aus, wie es bei Messalina der Fall gewesen sein soll, sondern auf Macht. Auch ihre Liaison mit dem einflussreichen Freigelassenen Pallas, dem «Finanzminister» des Kaisers, diente diesem Zweck. Zunächst intrigierte sie gegen den Verlobten von Claudius' Tochter Octavia; ein Inzestvorwurf führte zu seiner Ausstoßung aus dem Senat und trieb ihn letztlich in den Selbstmord. So konnte Nero im Jahr 53 Octavia heiraten. Bereits drei Jahre zuvor hatte Claudius Nero adoptiert und seinen eigenen Sohn Britannicus in der Erbfolge hintan gesetzt. In der Folgezeit sorgte sie dafür, dass alle eventuellen Gefahren für ihren Einfluss auf Claudius beseitigt wurden; dabei wandte sie dieselben Mittel an wie ihre Vorgängerin in der Ehe mit dem Princeps, nämlich Intrigen. Mit der Adoption Neros wurde Agrippina als Gemahlin eines Kaisers auch zur Augusta, der Erhabenen; um den Bewohnern der Provinzen ihre neue Position vor Augen zu führen, sorgte sie für die Gründung einer Veteranenkolonie an der Stelle ihres einstigen Geburtsortes, der *Colonia Claudia Ara Augusta Agrippinensium*, des heutigen Köln. Dass sie überhaupt öffentlich so auftrat, als sei sie die gleichberechtigte Partnerin des Claudius, ging über die vielen Privilegien, die Livia einst genossen hatte, noch hinaus. Dennoch vermochte selbst sie die formalrechtliche Ebenbürtigkeit mit der früheren Kaiserin nicht zu erreichen; so fehlte ihr die *sacrosanctitas* – Unverletzlichkeit – der Tribunen, die Livia und die Schwester des Augustus besessen hatten.

Seit 53 begann sich ein Umschwung in der Position Agrippinas abzuzeichnen. So entschied etwa in einem Verfahren, das sie angestrengt hatte, der Senat, mit dem sie vorher gut ausgekommen war, gegen sie. Als dann 54 Claudius sich gegenüber Freigelassenen ungehalten über Agrippina zeigte (ihre Liaison mit Pallas schien Claudius inzwischen bekannt zu sein), sogar seine Heirat mit ihr sowie die Adoption Neros bedauerte und Britannicus noch vor dem üblichen Alter die *toga virilis* verleihen wollte, scheint Agrippina in Handlungsnot geraten zu sein. Zunächst sorgte sie dafür, dass Messalinas Mutter und Großmutter des Britannicus, Domitia Lepida, die sich während Agrippinas Verbannung um den kleinen Nero gekümmert hatte, wegen Hexerei zum Tode verurteilt wurde; Nero, der ihr viel zu verdanken hatte, sagte gegen sie aus. Danach ließ sie den engsten Vertrauten des Princeps, den Freigelassenen Narcissus, einkerkern, misshandeln und trieb ihn so in den Tod. Man muss annehmen, dass es in der Konsequenz der Dinge lag, dass Claudius am 13. Oktober 54 plötzlich starb; nach den historischen Quellen, die aber mit einer gewissen Vorsicht gelesen werden müssen, fand er durch ein Pilzgericht den Tod, das die in Rom berüchtigte Giftmischerin Locusta im Auftrag Agrippinas zubereitet haben soll. Beweise dafür gibt es nicht; es könnten auch die Ressentiments der römischen Geschichtsschreiber gegen eine starke, machtbewusste Frau der Grund für derartige Behauptungen gewesen sein. Jedenfalls war der Zweck der Ehe mit Claudius für Agrippina erreicht. Nero wurde Kaiser.   C.M.B.

Quellen: Seneca, Apocolocynthosis; Tacitus, Annalen 11–13; Sueton, Claudius; Cassius Dio 60.

Plastiken: Claudius als Jupiter, Relief, Tripolis. – Claudius unterwirft Britannia, Relief, Aphrodisias, Kleinasien.

Gemälde: F. Faruffini, Messalina, ca. 1850. – A. Beardsley, Illustration zu Iuvenal, sechste Satire, 1897.

Dramen: Cyrano de Bergerac, Agrippina, 1653. – D. C. von Lohenstein, Agrippina, 1665. – A. Dumas (fils), La Femme de Claude. Komödie, 1873. – P. Cossa, Messalina, 1876. – A. Jarry, Pan, 1901.

Sonstige literarische Bearbeitungen: A. Swinburne, The Queen of Bersabe. Gedicht, 1866. – R. Ranke-Graves, Ich Claudius, Kaiser und Gott. Roman, 1953.

Opern: C. Pallavicino, Messalina, 1680. – L. Danesi, Messalina, 1877.

Film: V. Cottafavi, Messalina, 1959.

1 *Laut Sueton, Claudius 3, sprach seine eigene Mutter von ihm als einem Ungeheuer, das von der Natur nicht vollendet, sondern nur begonnen worden sei.*

2 *Vgl. Sueton, Claudius 2*

3 *Seine Werke sind verloren, wurden aber noch von Tacitus benutzt.*

4 *Vgl. Sueton, Claudius 9; eine wohlwollendere Deutung wäre aber nach Tacitus, Annalen 1 74 auch möglich.*

5 *Vgl. Iuvenal, Satiren, 6, 115–132; Tacitus, Annalen 11 35–36 u. ö.; Cassius Dio 60, 14 u. ö.*

6 *Vgl. z. B. Sueton, Claudius 39*

7 *Vgl. Tacitus, Annalen XII 1–2: eine überwiegend ironische Darstellung des Wettstreits der Heiratskandidatinnen.*

Nero und seine Frauen Octavia und Poppaea

Das Schicksal der Octavia

Also schickte Nero Octavia in die Verbannung auf die Insel Pandateria. Niemand, der jemals verbannt wurde, hat die Menschen ... zu mehr Mitleid bewegt. Noch immer gedachten einige der Agrippina,[1] die Tiberius, und ... der Iulia, die Claudius verbannt hatte. Diesen beiden Frauen jedoch waren ihre schon reiferen Jahre zugute gekommen, ... denn sie konnten die Härte der Gegenwart besser ertragen, indem sie sich ihrer glücklicheren Vergangenheit erinnerten. Octavia jedoch war schon der Tag ihrer Hochzeit wie der Tag einer Totenfeier erschienen, an dem sie in ein Haus kam, in dem nur Trübsal und Leid auf sie warteten.

Tacitus, Annalen XIV 63

1 Gemeint ist Agrippina maior, die Frau des Germanicus.

Klage der Octavia

Ich dulde alles, was nur duldbar ist,
Doch nur der Tod kann meine Leiden enden.
Durch Mörderhand fiel Mutter mir und Vater,
Der Bruder wurd mir von der Seit' entrissen.
Von Gram und Elend bin ich tief gebeugt,
Des Gatten Abscheu, meiner Sklavin Magd,
So ist mit Recht das Leben mir verhasst.
Stets bebt mein Herz, doch nicht von Todesfurcht,
Bewegt; ich muss vor größern Greueln zittern.
Denn ärger als der Tod dünkt mich die Pein,
Den Wütrich schau'n zu müssen ...

Anonym (Seneca?), Octavia praetexta 1,2
(Übs. Václav Alois Swoboda)

Der Aufstieg der Poppaea

Sabina Poppaea war die Tochter des T. Ollius, hatte aber den Namen ihres Großvaters mütterlicherseits angenommen, der ein angesehener Konsul gewesen war ... Diese Frau besaß alles, ausgenommen Anstand und Ehre. Ihre Mutter hatte ihre Schönheit ... an sie weitervererbt. Ihre Unterhaltungsgabe war brillant ... Sie gab sich ansonsten zurückhaltend und bescheiden, doch lebte sie zügellos ... Als sie noch Rufrius Crispinus zum Ehemann hatte ..., fiel es Otho nicht schwer, sie dank seiner Jugend und verschwenderischen Lebensart abspenstig zu machen; wohl auch, weil er ein enger Freund Neros war ... Sobald

Poppaea Zutritt zum Hof erhielt, vermochte sie sich einzuschmeicheln
... indem sie so tat, als ... sei sie von Neros Schönheit überwältigt.
Als dann der Princeps sich in sie verliebt hatte, ... zeigte sie sich von
der spröden Seite ... und verwies nachdrücklich darauf, dass sie ver-
heiratet sei ... Otho wurde ... schließlich, um nicht seine Eifersucht in
Rom zeigen zu können, mit der Verwaltung der Provinz Lusitanien
betraut ...

Tacitus, Annalen XIII 45–46

Traumgesicht der Poppaea

Verstört durch ein Gesicht der letzten Nacht
Voll Grau'n, o Amme, taum'l ich herum ...
Horch! Als der freud'ge Tag den Sternen wich,
Schlief ich in meines Nero Armen ein.
Doch lang erfreut ich mich der Ruhe nicht;
Denn sieh, mir war es, als ob eine Schar
Von Trauernden um mein Brautlager stände ...
Drauf, unter widerlichen Schauertönen
Der Tuba stieg herauf des Gatten Mutter,
Und schwang die Fackel, welche blutrot flammte ...
Plötzlich öffnet sich die Erde,
Ein ungeheurer Abgrund gähnt mich an.
Hinabgestürzt erblick ich voller Staunen
Mein Eh'bett dort ...
Da stürzet Nero plötzlich in die Halle
Und stößt ein tödlich Schwert sich in die Brust.

Anonym (Seneca?), Octavia praetexta IV, 1
(Übs. Václav Alois Swoboda)

Am Tag seiner Erhebung zum Princeps, am 13. Oktober 54, gab der
siebzehnjährige Nero für die Wachsoldaten folgende Losung aus:
Optima Mater – die beste Mutter.[1] Nichts hätte treffender die Bedeutung seiner Mutter Agrippina gerade für diesen Tag widerspie-
geln können als jene Devise. Ohne Agrippina wäre Nero wohl niemals zum Herrscher Roms geworden. Wenn er sie zu Beginn seiner
Regierungszeit noch vor aller Öffentlichkeit anerkannte, wurde sie

ihm doch bald zur Last. Sicherlich hatte die übermächtige Gestalt dieser starken Frau, die von einem beinahe dämonisch anmutenden Ehrgeiz beseelt war, ihn schon von Kindheit an unter steter Spannung gehalten; seine gesamte spätere Entwicklung muss auch unter diesem Aspekt gesehen werden.

Bei der Thronbesteigung war Nero bereits seit einem Jahr mit der um drei Jahre jüngeren Octavia, der Tochter des Claudius und der Messalina, verheiratet – eine Ehe, die von Agrippina betrieben worden war, um die Position ihres Sohnes im Kaiserhaus abzusichern. Die Beziehung der beiden jungen Leute war von dem mangelnden Interesse Neros an der verordneten Verbindung und seiner Gefühls-kälte Octavia gegenüber gekennzeichnet. Dass er sich bei Frauen durchaus anders zeigen konnte, erwies sein Engagement im Fall der Claudia Acte. Diese offenbar aus Kleinasien stammende Sklavin war in Rom zur Freigelassenen geworden und hatte 55 den jungen Princeps kennen gelernt. Er war bald derart in sie verliebt, dass er Belege konstruieren ließ, die ihre königliche Abstammung beweisen sollten.[2] Das spricht eindeutig dafür, dass er sich mit weiterreichenden Plänen trug. Seine Mutter, die sich schon als Mitregentin gesehen und dementsprechend gehandelt hatte (so bei der vermutlich von ihr veranlassten Vergiftung des Iunius Silanus, eines potenziellen Rivalen Neros), war über diese Gefährdung ihres wohldurchdachten Gerüsts der dynastischen Absicherung äußerst erbost und suchte Nero unter Druck zu setzen, indem sie mit der Unterstützung der Thronansprüche des Britannicus, des Sohnes von Claudius und Messalina und Bruders Octavias, drohte. Wahrscheinlich hatte selbst sie nicht damit gerechnet, wie gut ihr Sohn von ihr gelernt hatte. Bei dem Festmahl, das bald darauf anlässlich der Überreichung der *toga virilis* an Britannicus stattfand, starb der halbwüchsige Junge durch Gift – offiziell jedoch an einem epileptischen Anfall.[3] Diese Affäre erweckt erhebliche Zweifel an der oft wiederholten Behauptung, das erste Jahrfünft der Ära Nero sei Dank seiner Ratgeber Seneca und Burrus eine gute, segensreiche Zeitspanne gewesen. Beherrscht wurden diese Jahre teilweise vom gehässigen Kleinkrieg zwischen Agrippina und ihrem Sohn, bei dem es zwar nicht mehr um Acte ging (obwohl diese weiterhin eine der Mätressen Neros blieb), sondern um die neue Geliebte des Princeps, um Poppaea Sabina. Deren gleichnamige Mutter, die als die schönste Frau Roms zu ihrer Zeit gegolten hatte, war von Messalina in den Selbstmord getrieben worden. Ihre Tochter, die rund sechs Jahre älter als Nero war, hatte ein ähnliches Renommee. Sie war mit Rufrius Crispinus verheiratet, von dem sie einen Sohn hatte (den Nero als möglichen Thronaspiranten später ermorden ließ). Da die Karriere ihres Mannes aus politischen Gründen stagnierte, wurde sie – vermutlich 58 – zuerst die Geliebte und dann die Ehefrau des Salvius Otho, eines der Freunde Neros. Auf diesem Wege begegnete sie nun Nero. Otho trat sie mehr oder weniger freiwillig an den Kaiser ab, rettete dadurch sein Leben und erhielt einen lukrativen Posten im fernen Lusitanien.[4] Poppaea, der nachgesagt wurde, ebenso wie Messalina und Agrippina grausam, skrupellos und ehrgeizig gewesen zu sein, stellte dennoch eine ganz andere Persönlichkeit dar: ... während Messalina die Männer durch ihre sexuelle Anziehungskraft beherrschte und Agrippina kraft ihres unbedingten Willens, erreichte dies Poppaea bei Nero durch Schmeicheleien und Verführungskünste.[5] Sie drängte Nero immer wieder, sie endlich zu heiraten; im Weg stand jedoch Octavia, von der Nero sich nicht scheiden zu lassen wagte, solange Agrippina lebte. Trotz aller durchaus vorhandenen Befürchtungen hätte wohl niemand im Ernst daran gedacht, dass Nero gegen seine Mutter einen so abgrundtiefen Hass hegte, dass er sie ermorden lassen würde. Agrippina, die immer noch ihren Einfluss zurückzugewinnen hoffte, soll – als letztes Mittel – sogar versucht haben, ihren Sohn zum Inzest zu verführen. Von Seneca gewarnt, der Acte als seine Beauftragte zu Nero schickte, habe der Kaiser der gefährlichen Situation ausweichen können.[6] Ob dies nun der Wahrheit mehr oder weniger entspricht – auf jeden Fall verstärkte sich seine Mordabsicht. Da Gift infolge der Gerüchte um den Tod des Britannicus als Mittel der Wahl ausschied, wurde eine Attentatsmaschinerie auf einem Schiff ersonnen und hergestellt. Agrippina sollte von einer herabstürzenden Decke erschlagen werden oder mit dem entzweibrechenden Schiff untergehen. Da der Anschlag aber misslang und Agrippina sich schwimmend retten konnte, wurde sie in ihrer Villa von einem Mordkommando auf die herkömmliche brutale Weise zu Tode gebracht.

Erstaunlicherweise ließ sich Nero erst drei Jahre später nach dem 59 erfolgten Mord an seiner Mutter von Octavia scheiden. Vermutlich musste er zunächst noch zwei mögliche Thronanwärter – Faustus Sulla und Rubellius Plautus – aus dem Weg räumen. Im Jahr 62 wurde dann die Scheidung wegen Unfruchtbarkeit Octavias ausgesprochen. Dass Poppaea daraufhin Octavia noch des Ehebruchs mit einem ägyptischen Flötenspieler bezichtigte, hatte zwar keinen Einfluss auf die Scheidung selbst, würde aber bei Bestätigung des Vorwurfs bedeutet haben, dass Octavia ihr persönliches Vermögen und vor allem ihren guten Ruf verloren hätte. Sie genoss nämlich als Tochter des Claudius eine recht beachtliche Popularität, die ihre Mutter Messalina nicht besessen hatte. Auf Anstiftung Poppaeas wurde die Dienerschaft Octavias vom neuen Praetorianerpräfekten Tigellinus, einer Kreatur Neros, unter Anwendung von Foltern verhört; dennoch bestätigte sich ihre Unschuld. Octavia behielt also ihren Besitz, wurde aber unter Bewachung nach Kampanien eskortiert. In Rom gab es daraufhin Demonstrationen, in deren Verlauf die bereits aufgestellten Statuen Poppaeas umgeworfen wurden. Da plötzlich das Gerücht umging, Nero wolle Octavia wieder zurückholen, wurde ihm sogar Beifall geklatscht. Die bereits in den Palast eingedrungene Menge wurde jedoch von Soldaten zurückgeschlagen und die Statuen der Poppaea wieder aufgestellt. Poppaea, die befürchten musste, dass Nero in seinem Wankelmut dem Volk nachgeben könnte, verhielt sich äußerst geschickt. Sie warf sich ihm zu Füßen und behauptete, die Volksmenge sei in Wirklichkeit nur eine Rotte von aufgehetzten Sklaven Octavias. Nero geriet nun zugleich in Angst und Wut. Da die Beschuldigung mit dem Flötenspieler nicht funktioniert hatte, wurde ein Mithelfer bei Agrippinas Ermordung, der Flottenpräfekt Anicetus, zum Geständnis einer Beziehung mit Octavia angestiftet; daraus ließ sich eine Anklage wegen Hochverrats zimmern. Octavia sollte Anicetus verführt haben, damit er ihr seine Schiffe für einen Putsch zur Verfügung stelle. Als Belohnung für seine Rolle wurde Anicetus in ein komfortables Exil geschickt, Octavia aber auf die Insel Pandateria verbannt, dort zum Selbstmord aufgefordert, und als sie sich weigerte, auf grausamste Weise umgebracht. Sie musste sich die Pulsadern öffnen, und als das Blut nicht fließen wollte, wurde sie im Dampfbad erstickt.

Nicht lange darauf brachte Poppaea, die inzwischen mit Nero Hochzeit gefeiert hatte, eine Tochter zur Welt, die schon nach wenigen Monaten starb. Poppaea erhielt den Titel Augusta, und ihr Geburtsort Pompeji wurde zur *colonia* erhoben. Als Poppaea dann 65 wieder schwanger war, versetzte ihr Nero in einem Anfall von Wut, in den er geraten war, weil sie ihn wegen seiner späten Heimkehr von einem Wagenrennen getadelt hatte, einen so heftigen Fußtritt in

den Bauch, dass sie starb. Ihre auf Betreiben Neros erfolgte Vergött-
lichung – eine vor diesem Hintergrund sehr zynische Geste – fügte
sich nahtlos in das Bild eines zunehmend psychopathischen Verhaltens des Kaisers. Er hatte sich von Beginn seiner Regierungszeit
an selbst als Künstler betrachtet und seine egomanischen Ausfälle
mit diesem Anspruch gerechtfertigt; beim Brand Roms im Jahr 64
wusste der Princeps nichts anderes zu tun, als Verse über den Brand
Trojas zu deklamieren. Seine auch durch die moralischen Lehren
seines Erziehers und Beraters Seneca nicht gehemmte extreme Ich-
bezogenheit führte nicht nur zum Missbrauch seiner politischen
Machtstellung, sondern machte ihn wohl auch unfähig für eine echte
menschliche oder gar eine Liebesbeziehung. Deshalb mussten die von
vornherein zum Opfer erkorene Octavia und ebenso ihre intrigante
Gegenspielerin Poppaea an Nero zu Grunde gehen.

Neros dritte Ehefrau, die er im Mai 66 heiratete, war Statilia Messalina. Sie war vorher bereits viermal verheiratet gewesen. Ihren
vierten Ehemann ließ Nero allem Anschein nach ermorden, weil er
es gewagt hatte, Statilia zu heiraten, denn sie war bereits seit einer
Reihe von Jahren eine von Neros Mätressen gewesen.

Im Jahr 68 brach seine Herrschaft unter dramatischen Umständen
zusammen, und der Kaiser nahm ein klägliches Ende. Seltsamerweise
war es wieder jene Claudia Acte, die am Anfang seiner verhängnisvollen Beziehungen zu Frauen gestanden hatte, die ihm den letzten
Liebesdienst erwies: Sie kümmerte sich um seine Beisetzung. Vielleicht war die Freigelassene die einzige Frau, mit der ihn eine tiefere
Beziehung verband.   C.M.B.

Quellen: Seneca (zugeschrieben), Octavia praetexta. Iosephus, Antiquitates
    Iudaeorum 20. Tacitus, Annalen 12–16. Sueton, Nero. Cassius Dio 61–63.
Plastiken: Nero wird von einer Gottheit mit den Gesichtszügen Agrippinas
    bekrönt, Relief, Aphrodisias, Kleinasien. – Verschiedene Porträtbüsten
    (16. Jh., München, Paris, Neapel, Rom, Genua u.a.). – H. Goltzius, Icones
    imperatorum, 1645. – K. Stilp, Holzschnitzwerk, 1724, Klosterbibliothek
    Waldsassen.
Dramen: Cyrano de Bergerac, Agrippina, 1653. – J.B. Racine, Britannicus,
    1669. – A.U. von Braunschweig, Die römische Octavia, 1677. – A. Dumas
    (père), Acté, 1839. – L. Durrell, Acté or The Prisoners of Time, 1961.
Weitere literarische Bearbeitungen: G. Chaucer, Canterbury Tales, 1385–
    1400. – A.v. Platen, Der Turm des Nero, 1827. – H. Sienkiewicz, Quo
    vadis. Roman, 1905. – L. Feuchtwanger, Der falsche Nero. Roman, 1936.

Opern: C. Monteverdi, L' Incoronazione di Poppea, 1642. – A. Scarlatti, Nerone, 1695. – G. F. Händel, Nerone, 1705; Ottavia, 1705; Agrippina, 1709.

1 *Sueton, Nero 9*
2 *Angeblich von den Attaliden, den einstmals mit Rom verbündeten Königen von Pergamon.*
3 *Nero soll sich hierfür der Fähigkeiten der schon vom Tod des Claudius her bewährten Locusta bedient haben.*
4 *Eine andere Version geht dahin, dass Nero Poppaea zuerst kennen gelernt und sich in sie verliebt habe; aus Rücksicht auf seine Mutter (und vielleicht auch auf die Öffentlichkeit) habe aber Otho zunächst den Liebhaber bzw. Ehemann Poppaeas gespielt.*
5 *B. Walker: The Annals of Tacitus. A Study in Writing of History, Manchester 1960, S. 24*
6 *Vgl. Tacitus, Annalen XIV 2*

Konstantinopel

Justinian und Theodora

Theodoras frühe Jugend und Vorleben

Eine beträchtliche Zeit brachte Theodora in einem Bordell zu, um sich widernatürlichem Verkehr hinzugeben. Aber sobald sie alt genug und voll entwickelt war, schloss sie sich den Frauen auf der Bühne an, und schnell war sie eine Kurtisane von der Art geworden, die unsere Vorfahren Hetäre zu Fuß nannten. Denn sie konnte weder Flöte blasen noch Harfe spielen. Sie war nicht einmal als Tänzerin ausgebildet und verkaufte allein ihre Reize an jeden, der kam und stellte ihm ihren ganzen Körper zur Verfügung.

Später nahm sie an allen Theateraufführungen teil und spielte in den Bühnendarbietungen eine feste Rolle, wobei sie als schlagfertige Zotenreisserin auftrat. Sie war außerordentlich klug, verfügte über beissenden Witz und war dadurch schnell bekannt geworden. Das junge Luder besaß keine Spur von Bescheidenheit und kein Mensch sah sie je verlegen. Sie leistete ohne im geringsten zu zögern abscheuliche Dienste und war ein junges Weib von der Art, dass sie, auch wenn sie jemand verdrosch oder ihr Ohrfeigen gab, darüber noch scherzte und laut auflachte.

Justinian trifft seine Wahl

So geschah es, dass Theodora, geboren, aufgezogen und herangebildet wie oben beschrieben, trotzdem völlig ungehindert zur Kaiserwürde aufstieg. Ihrem Gatten kam es niemals in den Sinn, dass er allen eine Kränkung zumutete.

Obwohl er in der Lage war, seine Wahl im ganzen Römerreich zu treffen und als Braut die vornehmste Frau der Welt zu erwählen, welche die erlesenste Erziehung genossen hatte, die mit den Ansprüchen der Bescheidenheit vertraut war, in einer makellosen Umgebung gelebt hatte und dazu noch hervorragend schön und noch Jungfrau war – oder, wie man sagt, eine Frau mit aufrechten Brüsten: Nein, er musste unbedingt den allgemeinen Greuel der Menschheit sein Eigen machen, ohne dabei an die Tatsachen zu denken, die auf diesen Seiten berichtet werden, und sich mit einer Frau zusammentun, die gezeichnet ist durch jede Art schrecklicher Befleckung und vielfachen Kindsmord durch freiwillige Abtreibung.

Justinians asketische Lebensweise

Er hatte in der Regel nur ein geringes Schlafbedürfnis und sein Verlangen nach Speise und Trank war in keiner Weise übertrieben: Er probierte kaum mehr als ein Stückchen, das er mit den Fingerspitzen griff, bevor er den Tisch verließ. Derartiges schien ihm unbedeutend zu sein, als wenn die Natur versuchte, ihn unter Druck zu setzen. Vielfach verbrachte er zwei Tage und Nächte ohne Nahrungsaufnahme, besonders, wenn die Tage vor dem Osterfest eine solche Selbstzucht verlangten.

Theodoras Schönheit. Ihr Zusammenspiel mit Justinian

Theodora hatte ein anziehendes Gesicht und auch sonst eine anmutige Figur, war aber von kleinerer Gestalt und eher blasser Hautfarbe. Ihr Blick war wild und gleichbleibend hart. Sollte ich einen detaillierten Bericht über ihr Leben auf der Bühne geben, so wird wohl alle Ewigkeit nicht dafür ausreichen; aber die wenigen Proben, herausgegriffen in den vorausgehenden Abschnitten, sollten ausreichen, zur Aufklärung der Nachwelt ein vollständiges Charakterbild dieser Frau zu bieten.

Nun müssen wir die Umrisse dessen, was sie und ihr Ehegatte in gegenseitiger Übereinstimmung taten, skizzieren, denn keiner von beiden tat bis zum Ende ihres gemeinsamen Lebens irgend etwas ohne den anderen. Lange Zeit nämlich glaubte man allgemein, dass sie in ihren Gedanken und Interessen einander entgegengesetzt seien. Später erkannte man, dass dieser falsche Eindruck von ihnen wohlüberlegt gefördert worden war, um sicherzustellen, dass die Untertanen ihre eigenen Meinungsverschiedenheiten nicht beilegten und sich gegen sie auflehnten, sondern in ihren Urteilen über sie gespalten seien.

Theodoras Maßnahmen für gefährdete Frauen

Theodora machte es sich auch zur Aufgabe, für sittliche Vergehen Bestrafungen zu ersinnen. Mehr als fünfhundert Prostituierte wurden zusammengetrieben, die mitten auf dem Marktplatz ihren Dienste für drei Obolen[1] verkauften, gerade ausreichend, um Körper und Seele zusammenzuhalten.

Sie wurden dann auf das Festland gegenüber verschickt und im Kloster, genannt Metanoia (Reue), eingesperrt, und sie zwang sie so zu einer besseren Lebensweise. Einige von ihnen stürzten sich jedoch nachts von der Höhe herab und entzogen sich so einer Umerziehung gegen ihren Willen.

PROKOP, ANEKDOTA 9,10–14; 10, 1–3; 13,28–30: 10,11–14; 17, 5–6

1 *Münze, ca. 7 Cent*

Justinian, als Bauernsohn Petrus Sabbatius 482 in Taurisium bei Bederiana (nahe Skopje) geboren, wurde von seinem Onkel, dem oströmischen Kaiser Justinus (reg. 518–527) in die Reichshauptstadt Konstantinopel geholt, wo er sich, seiner auffallenden Begabung entsprechend, eine umfassende Bildung aneignete, vom Kaiser adoptiert wurde und seinen Namen erhielt. Ab dem Jahr 518 zog Kaiser Justinus seinen Neffen in allen wichtigen Angelegenheiten zurate, am 1. April 527 wurde er Mitaugustus. Justinian (reg. 527–565) hatte selbst keine militärischen Ambitionen, übernahm aber von Justin den Glauben an die Größe des römischen Reiches und damit an die Notwendigkeit der Wiedergewinnung der alten Reichsgrenzen. Seine (später ungeheuer reichen) Feldherren Belisar und Narses führten für ihn erfolgreiche Kriege. Belisar sicherte die Ostgrenze des

Reiches gegen die Perser (527–542), vernichtete zusammen mit Narses 533/34 das Vandalenreich und bereitete 552 dem Ostgotenreich in Italien ein Ende. Die oströmische Herrschaft über Italien war wiederhergestellt. Nach dem Untergang Westroms lebte die Idee eines römischen Reiches in Ostrom (Byzanz) weiter. Italien wurde ost-römische Provinz, Ravenna erhielt den Status eines Exarchats (533–751), Narses wurde erster Exarch, sein Amtssitz war in Ravenna.

Als Zeugnis der Blüte byzantinischer Kunst – römischer Größe – gelten die Hagia Sophia (537 vollendet) in Konstantinopel und die Kirche San Vitale in Ravenna. Höhepunkt der Entwicklung der Rechtswissenschaft wurde die Schaffung des Corpus Iuris Civilis (CIC. Titel seit der Edition des Gothofredus 1583), einer Sammlung des bürgerlichen Rechts, mit deren Erstellung Justinian den Rechtsgelehrten Tribonianus beauftragt hatte.

Das 533 bis 542 entstandene CIC war die endgültige Kodifikation römischen Rechts, die weiterwirkte, auch als das Römische Reich aufgehört hatte zu existieren. Sie übte starken Einfluss auf die Rechtsvorstellungen des ganzen Abendlands aus, auch auf die Bestimmungen des deutschen Bürgerlichen Gesetzbuches (BGB).

Der Kaiser reformierte die Verwaltung, ging mit Erlassen gegen die mächtigen Großgrundbesitzer vor und organisierte die Neuordnung des Reiches.

Den innenpolitischen Ton gaben in Konstantinopel die *Grünen* und die *Blauen* (Prasinoi und Venetoi) an, nach den Farben der Wagenlenkeranhänger so benannt. Ursprünglich Sportklubs, waren die *Blauen* Anhänger der Konservativen, Begüterten, streng Orthodoxen. Die *Grünen* waren die Vertreter bzw. die Partei der Arbeiter, die dem starren orthodoxen Bekenntnis Widerstand entgegensetzten. Der Hippodrom war, ähnlich dem Circus Maximus in Rom, der Ort, an dem etwa hunderttausend Zuschauer die beliebten Wagenrennen erleben und sich den Blauen oder Grünen anschließen konnten. Der Beifall fanatisierter Anhänger der verschiedenen Wagenlenker im Hippodrom, die Eskalation der Emotionen der Zuschauer, die sich auch gegen hohe Beamte und Minister wenden konnten, bildeten ein Pendant zur autokratischen Regierung des Kaisers.

Wenn keine Wagenrennen abgehalten wurden, konnten im Hippodrom Artisten ihre Künste darbieten. Ein Bärendompteur, der dort auftrat, war Akakios, durch seinen Beruf Angehöriger der niedrigsten Gesellschaftsschicht. Seine Ehefrau gebar um 500 eine Tochter: Theodora, die spätere Gemahlin Justinians.

In dem besonders für ein Mädchen äußerst unerquicklichen Milieu – Pferdeknechte und Raubtierwärter, Schausteller, Schauspieler, Geschäftemacher und Gesindel aller Art, die meisten davon Analphabeten – wuchs Theodora in Gesellschaft ihrer älteren Schwester Komito und der jüngeren Anastasia heran. Nachdem ihr Vater gestorben war und ihre Mutter sich einem anderen Mann angeschlossen hatte, trat Komito als Schauspielerin auf der Bühne auf, später dann auch Theodora. Schönheit, Anmut, Grazie selbst in darstellerisch heiklen Situationen sicherten ihr den Erfolg beim Publikum. Sie war von kleiner Statur. Ihr Gesicht war und blieb auch in späteren Jahren schön. Charakteristisch war ihr durchdringender Blick, von dem die Mosaikdarstellung in der Kirche San Vitale in Ravenna heute noch einen lebendigen Eindruck vermittelt. Bald lernte sie, aus der Preisgabe ihres Körpers als Prostituierte Gewinn zu ziehen.

Die Neugierde und der Beifall des Publikums gaben ihr Sicherheit; sie kannte keine Scham, war stets witzig und trieb mit Verehrern aller Art ihr Spiel. Sie ließ sich nicht verführen – sie verführte. *Obwohl sie mit drei Öffnungen ihr Gewerbe betrieb, hatte sie doch an der Natur auszusetzen, dass diese ihr nicht auch* die Öffnungen in den Brustwarzen *weiter gemacht habe, so dass sie damit noch eine weitere Variante von Beischlaf erfinden könne.* (Prokop, Anekdota 9,18)

Nie war eine Frau so vollständig der unbegrenzten Zügellosigkeit ausgeliefert. Sie ging oft zu einem Gelage mit zehn oder mehr jungen Männern auf der Höhe ihrer Kraft, die selber Unzucht als Hauptsache in ihrem Leben betrieben und pflegte dann der Reihe nach die ganze Nacht hindurch bei allen Gästen zu schlafen. Wenn sie alle in ein Stadium der Erschöpfung gebracht hatte, pflegte sie darauf noch zu deren Bediensteten zu gehen, wenn nötig, bis zu dreißig an der Zahl, und sich mit jedem einzelnen von ihnen zu paaren. Aber auch dann konnte sie ihre Wollust nicht befriedigen. (Prokop, Anekdota 9,16)

Schwangerschaften unterbrach sie durch Abtreibungen. – Sensationell war ihr Auftreten mit folgender Darbietung auf der Theaterbühne. Um Hüfte und Brust trug sie dabei eine Binde. *Mit dieser Mini-Bekleidung pflegte sie sich mit dem Gesicht nach oben auf dem Boden auszustrecken. Bühnenarbeiter, die diese Aufgabe übernommen hatten, streuten über die Intimteile Gerstenkörner, und Gänse,*

*die dazu abgerichtet waren, pickten sie mit den Schnäbeln einzeln
auf und fraßen sie. Theodora, weit davon entfernt, sich dessen zu
schämen, schien, wenn sie aufstand, tatsächlich stolz auf diese Vor-
führung zu sein.* (Prokop, Anekdota 9,21)

Theodora begab sich mit ihrem Liebhaber Hekebolus, der Statthalter in dem Gebiet um Kyrene, der griechisch sprechenden Pen-
tapolis (heute Kyrenaika), geworden war, nach Nordafrika, fand
dort aber nicht ihr Glück. Sie trennte sich von ihm im Streit und
kehrte in ihre Heimatstadt zurück. Zunächst fuhr sie jedoch nach
Alexandria. Hier lernte sie den Patriarchen Timotheus und den im
Exil weilenden Patriarchen von Antiochia Severus kennen. Lediglich
Ägypten bot den im ganzen Reich der staatlichen Verfolgung ausge-
setzten Monophysiten noch Sicherheit. Den beiden Kirchenmännern
verdankte Theodora eine Bekehrung zum tieferen Verständnis des
Christentums und eine starke Affinität zum Monophysitismus[1].
Möglicherweise wurde das der Wendepunkt in ihrem Leben. Nach
einigen Monaten reiste sie nach Antiochia in Syrien weiter, wo
sie mit der damals berühmten Tänzerin Makedonia Freundschaft
schloss. (Prokop, Anekdota 12,28 ff.) Vielleicht wurde sie über diese
mit dem Mann bekannt, an dessen Seite sie einmal die mächtigste
Frau im Römischen Reich werden sollte.

Nach ihrer Rückkehr nach Konstantinopel begegnete sie Justinian,
dem Thronerben (um 520). Justinian empfand tiefe Zuneigung zu
ihr, trotz ihres Vorlebens. Seine Geschenke sicherten der achtzehn
Jahre jüngeren Theodora Lebensstandard und Ansehen. Beide hatten
enge Verbindungen zur Partei der Blauen. Schließlich entschloss sich
Justinian, Theodora zu ehelichen. Da aber ein Senator nach alten
Gesetzen keine Hetäre heiraten durfte (Codex Iustinianus 5,27,1),
erhob er sie in den Adelsstand. Das im Hinblick auf Theodora
von Justinian erlassene Ehegesetz (vgl. Codex Iustinianus 5,4,23)
erlaubte Standespersonen, die Ehe mit ehemaligen Schauspielerinnen
einzugehen. Im Jahr 525 wurde Theodora Justinians rechtmäßige
Gemahlin. Durch Willensbekundung des Justinus empfingen beide
als Mitregenten am 1. April 527 in der Hagia Sophia die Kaiserwürde. Der Vorgang fand im Rahmen eines großen Zeremoniells
in Anwesenheit der höchsten Würdenträger der Kirche, des Staates
und des Militärs statt. Bald darauf, am 1. August 527, starb Justinus. Justinian war nun Kaiser, Theodora gleichberechtigte Regentin
an der Seite Justinians, der nicht nur als Herrscher des römischen

Weltreichs, sondern auch als Stellvertreter Gottes auf Erden auftrat. Theodora gewann als Augusta mehr Einfluss auf die Politik, als jeder Außenstehende ihr zugetraut hätte. Souverän spielte sie fortan ihre Rolle im Hofleben.

Als beim Nika-Aufstand am 11. Januar 532 in Konstantinopel (níka heißt «Siege!», dies war der gemeinsame Schlachtruf der im Hippodrom gegen den Kaiser revoltierenden Parteien der Grünen und der Blauen) der Kaiserpalast belagert wurde, zeigte sich Theodora entschlossen, nicht aus Konstantinopel zu fliehen, dazu Mut und Selbstbehauptungswillen, die zweifellos in ihrem harten Vorleben in der Welt des Hippodroms ihre Wurzeln hatten. Von Theodora ließ sich Justinian dazu bestimmen, in Konstantinopel der Bedrohung standzuhalten. Der von den Aufständischen aufgestellte Gegenkaiser Hypatios wurde von Justinian zum Tode verurteilt, die Grünen wurden in einem schrecklichen Gemetzel mit etwa vierzigtausend Toten im Hippodrom besiegt. Ein großer Teil der Stadt ging in Flammen auf. Nach Beendigung der Gewalttaten wurde sie schöner wieder aufgebaut. Damals entstand die Kuppel der Kirche Hagia Sophia (heute Moschee).

Von starken Wachen und zahlreichem Hofpersonal begleitet, unternahm das Kaiserpaar auch Reisen. Auf Theodoras beharrliche Fürsprache hin ließ der Kaiser die Verfolgung der Monophysiten im Reich einstellen. Divergenzen des kaiserlichen Paares in der Religionspolitik wurden erkennbar. Die Kaiserin förderte die Errichtung kirchlicher Bauten, Klöster und Häuser für Kranke und Waisen. Bekannt waren ihre häufige Teilnahme an den orthodoxen Gottesdiensten und ihre Gebetsaufenthalte in Kirchen. Staatsgeschäfte hinderten sie nicht daran, dem Volk ihre Religiosität zu zeigen.

Ihre besondere Fürsorge galt ausgebeuteten Frauen des Schauspielerinnen- und Prostituiertengewerbes. Sie kaufte sie von den Zuhältern und Bordellbesitzern frei. In Scheidungsangelegenheiten dachte und handelte sie meist zugunsten der Frauen. In Einzelentscheidungen vertrat sie ihre eigene Überzeugung von der Unauflöslichkeit der Ehe. Insgesamt ließ sie – ganz natürliche – Auffassungen erkennen, die wir heute als feministisch bezeichnen würden. Wenn es aber nach ihrer Auffassung die Staatsraison erforderte oder wenn es in ihre Intrigen passte, konnte sie Ehebruch anderer auch stillschweigend dulden, wie im Fall der Antonina, die ihren Gatten Belisar mit ihrem Stiefsohn betrog.

Theodora und Justinian waren einander ein Leben lang in treuer Liebe zugetan. Die Geschichtsschreibung kennt kein einziges Beispiel von ehelicher Untreue bei ihnen. Die Ehe blieb aber kinderlos. In politischen Fragen war Theodora stets Justinians Beraterin. Sie wurde die mächtige Beschützerin der einst verfolgten Monophysiten, förderte geschickt deren Repräsentanten und verehrte selbst asketische Mönche, fromme Priester und Männer, die wie Heilige lebten. Die Orthodoxen (Dyophysiten) sahen jedoch die Parteinahme der Kaiserin für die Monophysiten mit Argwohn.

542 brach im östlichen Mittelmeerraum die Beulenpest aus. Sie breitete sich von der Stadt Pelusium am östlichen Nildelta über Alexandria schnell im ganzen byzantinischen Reich aus. Im Mai erreichte die Epidemie Konstantinopel. Bald starben täglich Tausende von Menschen. Als auch Kaiser Justinian erkrankte, übernahm Theodora die Regierungsgeschäfte. Sie war jetzt dreiundvierzig Jahre alt. Doch Justinian genas allmählich und kehrte in die Politik zurück. Prokop berichtet, dass Justinian und Theodora alle wichtigen Entscheidungen vorher besprachen, jedoch die Untertanen mit voller Absicht erkennen ließen, dass Maßnahmen der Regierung bald mehr auf seine, bald mehr auf ihren Willen zurückgingen. Kaiser und Kaiserin spielten einander die Bälle zu. Diese politische Taktik bezweckte, die Untertanen zu spalten, sie stets zwischen Hoffen und Bangen schwanken und auf bessere Zeiten warten zu lassen. (Vgl. Prokop, Anekdota 10, 14–15; 23)

Justinian war Frühaufsteher und ein Arbeitsmensch, Theodora dagegen eine auf stets gepflegtes Aussehen größten Wert legende, maßvolle Genießerin. Sie zeichnete sich durch Eigenwilligkeit ihrer Entschlüsse aus (Prokop, Anekdota 15,2 f.) und versöhnte sich nie mit jemand, der ihr Feind gewesen war. Sie schlief auffallend lange und verbrachte viel Zeit im Bad, um Toilette zu machen. Es war selbst für Würdenträger schwierig, bei ihr Audienz zu bekommen. Justinian dagegen schlief wenig, ging auch nachts viel hin und her und war für Besucher leichter zugänglich. Hinter seiner Zugänglichkeit verbarg sich Unzuverlässigkeit, hinter Theodoras Unnahbarkeit aber Härte. (Prokop, Anekdota 1,18) Geld- und Goldgier erfüllte beide, dafür gingen sie mitunter auch über Leichen, wenngleich sie ihre Rücksichtslosigkeit in unterschiedlicher Weise handhaben.

Theodora starb am 28. Juni 548 an einem schweren Krebsleiden. Sie wurde mit großem Zeremoniell in der Apostelkirche zu Konstantinopel beigesetzt. Als hervorragende Leistungen blieben ihr lebenslanges Eintreten für die religiöse Minderheit der Monophysiten und für die Rechte der (leichten) Frauen in Erinnerung. Durch ihren Realitätssinn und ihre Fähigkeit, würdig zu repräsentieren, konnte sie Justinians Charaktereigenschaften ergänzen. Ihr gesellschaftlicher Aufstieg aus dem anrüchigen Milieu des Hippodroms an die Seite des Gelehrten und Kaisers Justinian lässt erstaunliche Gewandtheit, Anpassungsfähigkeit und Willensstärke erkennen. Unter Justinian und Theodora befand sich Byzanz auf dem Höhepunkt seiner Macht. Justinian überlebte Theodora um siebzehn Jahre, er starb am 14. November 565 siebenundachtzigjährig.

Die großartigen Mosaiken in der byzantinischen Kirche San Vitale in Ravenna wurden wohl im Jahr 548 geschaffen. Wir erkennen an der einen Apsiswand Kaiser Justinian in violettem Gewand mit Kaiserkrone und Nimbus, er trägt eine goldene Schale, neben ihm steht ein Patrizier im weißen Gewand, vielleicht sein Feldherr Belisar, daneben der Erzbischof Maximinian und der einflussreiche Klerus. Justinian steht über beiden Seitengruppen. An der gegenüberliegenden Wand fasziniert in violettem Prachtgewand die Kaiserin Theodora mit Gefolge. Links von ihr ist Antonina, die Gattin Belisars, zu sehen; das jüngere Mädchen zu ihrer Linken dürfte deren Tochter Johannina sein. Theodora, hier zum einzigen Male und ausdrucksvoll porträtiert, ist, entsprechend ihrem Rang als Kaiserin, größer dargestellt, in Wirklichkeit war sie kleiner. Ihr Gesicht erscheint schmal, seine Schönheit konzentriert sich in den großen, ausdrucksvollen Augen, die dem Betrachter sofort auffallen. Sie sind der vom Künstler intendierte Blickfang. Es ist das Antlitz einer Frau, die die Pest in Konstantinopel miterlebt und viele Tausende von Toten gesehen hat und die vielleicht schon von ihrer eigenen, späteren Krankheit gezeichnet ist. Dass der Ausdruck ihrer Augen im Zusammenspiel mit dem ovalen Gesicht auf eine geheime, im Inneren der Frau herrschende Angst schließen lässt, mag eine Vermutung sein, die in das Bildnis hineingelesen, aber nicht ganz von der Hand zu weisen ist. Der fast überreiche Gold- und Juwelenschmuck hebt sie über alles Irdische hinweg. Farbenpracht, hoheitsvolle Gesichtszüge und die schmalen Schultern erzwingen beim Betrachter Achtung und fast Bewunderung, selbst wenn er von Theodoras Vorleben und ihrem Aufstieg aus dem gesellschaftlichen Nichts zur kaiserlichen Gemahlin weiß.

Hauptquelle für genauere Nachrichten über Justinian und Theodora sind die Werke Prokops. Prokopios von Caesarea (ca. 500 bis nach 560) war zeitweise Geheimschreiber Belisars, an dessen Feldzügen er teilnahm. In seinem Werk *Über die Kriege* schildert er in acht Büchern Justinians Kriege gegen die Perser, Vandalen und Goten. Das Werk *Über die Bauten (De aedificiis)* handelt von den Baudenkmälern, die Justinian errichten ließ. – Seine Schrift *Geheimgeschichte des Kaiserhofs von Byzanz (Anekdota bzw. Historia arcana)* wurde 550 verfasst, aber erst lange nach Prokops Tod veröffentlicht. In ihr werden Justinian und Theodora charakterisiert. Da der Verfasser das Kaiserpaar hasste, stellt er beide als fragwürdige, rücksichtslos und unmoralisch handelnde Persönlichkeiten dar. Theodora wird als dämonische, zerstörerisch wirkende Frau gezeichnet, die durch ihre Begünstigung der Monophysiten sogar die Zerstörung des Reiches in Kauf nahm. Er wird nicht müde, sie teilweise grotesk negativ zu beschreiben und durch Beschuldigungen herabzusetzen. Manches aus dem Bereich der Erotik erscheint unwahrscheinlich und deshalb wenig glaubwürdig. Das Pamphlet ist mit Vorsicht aufzunehmen. Da Prokop in zahlreichen Einzelfällen jedoch authentische Angaben über die Zeitereignisse macht, die auch durch andere Quellen verbürgt sind, und die psychologische Entwicklung Theodoras in seiner Darstellung eine gewisse, tiefer gehende Stimmigkeit aufweist, bleibt die richtige Einschätzung des Realitätsgehalts mancher Berichte in den Anekdota ein schwieriges Problem.

H. K.

1 *Die Lehre, dass in Christus nur die eine Natur des fleischgewordenen Wortes Gottes sei. Zur Lehre der Monophysiten vgl. u. a. H. Chadwick, Die Kirche in der antiken Welt (1972) 244 ff.*

Männerfreundschaften

Mythos

Zeus und Ganymed

Bitte um Verständnis

Süß ist die Liebe zu Knaben. Selbst der König
der Götter, des Kronos Sohn, liebt' den Knaben,
Ganymed, und er nahm ihn zu sich mit
in den Olymp, und verlieh Göttlichkeit
ihm, weil er die liebliche Blüte der
Jugend besaß. Sei nicht erstaunt, Simonides,
wenn auch ich einen hübschen Jungen lieb'!
THEOGNIS (6. JAHRHUNDERT V. CHR.)

Aeneas verschenkt ein Prunkgewand

Doch den Führenden selbst auszeichnende Ehre verleiht er.
Ihm, der gesiegt, ein Gewand, ein golddurchstrahltes, das ringsum
Breit meliböischer Purpur umläuft in dopplem Mäander.
Eingewirkt ist der Knabe des Königs, wie er in Idas
Waldungen flüchtige Hirsche mit Lauf abmüdet und Wurfspieß,
Feurig, dem Atmenden gleich, den rasch vom Ida zum Himmel
Auf mit kralligen Klau'n Zeus' Waffenträger geraubet;
Dort zu den Sternen erheben die Hände hochaltrige Hüter,
Ach, umsonst, und es wütet der Hund' Anbellen zur Luft auf.
VERGIL, AENEIS V 249–257 (ÜBS. JOHANN HEINRICH VOSS)

Hera macht Zeus Vorwürfe

Es ist in Wahrheit gar nicht schön an dir, und schickt sich sehr übel
für die Würde des Monarchen der Götter, deine rechtmäßige Ehe-
gattin sitzen zu lassen und da unten auf der Erde ... überall herum zu
buhlen. Indessen bleiben die Kreaturen doch noch, wo sie hingehören:
aber diesen Hirtenjungen da hast du, deiner göttlichen Majestät zur
Schmach, sogar in den Himmel heraufgeholt und mir vor die Nase
hingesetzt, unter dem Vorwande, dass er dir den Nektar einschenken
solle; als ob du so verlegen um einen Mundschenken wärest, und
Hebe oder Vulkan einem so schweren Amt nicht länger vorzustehen
vermöchten. Aber freilich nimmst du den Becher nie aus seiner Hand,
ohne ihm vor unser aller Augen einen Kuss zu geben, der dir besser
als der Nektar schmeckt, so dass du alle Augenblicke zu trinken ver-
langst, wenn du gleich keinen Durst hast; ja, du treibst es so weit, dass
du den Becher, wenn du ihn nur ein wenig abgetrunken hast, dem
Jungen hinreichst und ihn daraus trinken lässest, um das, was er übrig
gelassen hat, als etwas gar Köstliches aufzuschlürfen; und zwar auf
der Seite, die er mit seinen Lippen berührt hat, damit du zugleich das
Vergnügen zu trinken und zu küssen habest ... Bilde dir ja nicht ein,
als ob du deine Sachen so heimlich triebst; ich sehe alles recht gut.
LUKIAN VON SAMOSATA, DIALOGE
(ÜBS. CHRISTOPH MARTIN WIELAND)

Heller Olymp – düstere Erde

So füllst du, troischer Könige Sohn,
Als ein Mundschenk voll Anmut
Den goldenen Becher des Zeus –
Ein heiterer Dienst!
Die Stadt aber, die dich gebar,
Lodert unten in Flammen,
Und die Ufer des Meeres
Sind der Klagen voll, ein Jammern
Um verlorne Söhne und greise Mütter ...
Doch du badest im Lichte dort

Am Zeusthron dein junges Gesicht,
Indessen der Griechen Lanzen
Verwüsten des Priamos Flur ...
Nimmer will ich gedenken
Deines Verrates, oh Zeus!
EURIPIDES, DIE TROERINNEN 824 ff. (ÜBS. NACH J. J. DONNER)

Ein Bild im Wiener Kunsthistorischen Museum zeigt eine unge-wöhnliche Szene: Vor einem mit lichtem Dunst erfüllten Himmel und einer romantisch anmutenden Gebirgslandschaft trägt ein gewaltiger Adler einen nur andeutungsweise bekleideten Knaben empor, des-sen helle, glatte Haut sich eindrucksvoll gegen das dunkle Gefieder des Vogels abhebt. Ganz im Vordergrund – parallel zum Bildbetrach-ter – blickt ein Hund verwirrt und sehnsüchtig seinem nach oben entschwindenden Herrn nach, der sich vertrauensvoll an seinen Ent-führer klammert und wie beruhigend zurückblickt.

«Die Entführung des Ganymed» – so heißt dieses 1530 entstan-dene Gemälde von Correggio. Es gehört zu einer Reihe von Werken des Renaissancekünstlers, auf denen die Liebesabenteuer des höch-sten olympischen Gottes dargestellt sind.[1] Die Geschichte Ganymeds nimmt darunter einen besonderen Platz ein.

Ganymed war ein Sohn des Tros, des Gründers von Troja, und galt als *der Schönste ... der sterblichen Erdenbewohner;*[2] im Home-rischen Hymnos an Aphrodite wird sein Geschlecht, die Dardaniden, als den *Göttern ... an Wuchs und Gestalt am ähnlichsten*[3] gerühmt. Deshalb entführte Zeus den blonden Knaben, den Inbegriff der Schönheit männlicher Jugend, in den Olymp, damit er ihm dort als Mundschenk diene. Dem trauernden Vater schenkte er als Trost zwei unsterbliche Stuten, von denen laut Homer die berühmte Pfer-dezucht Trojas abgestammt haben soll, sowie einen goldenen Wein-stock.

Im Gegensatz zu vielen Mythen ist das eine Geschichte von knap-per, übersichtlicher Eindringlichkeit. Handelt es sich vielleicht um nichts anderes als um einen ins Mythische überhöhten Bericht von einem Initiationsritual, wie es in archaischen Gesellschaften weit verbreitet war? Dabei entführt ein erwachsener Mann einen Jungen, der vor dem Eintritt in die Pubertät steht, und bleibt mit ihm für einen längeren Zeitabschnitt zusammen, während dem der Heran-wachsende mit den typisch männlichen Tätigkeiten – etwa der Jagd

– vertraut gemacht wird; schließlich kehrt der Sohn, unter feierlicher Bestätigung seiner Einführung in den Erwachsenenstatus, zu seinen Angehörigen zurück. Der Rohstoff der Sage mag von derartiger Herkunft gewesen sein, wofür auch die Erwähnung in Platons *Nomoi* spricht, die sich auf die aus athenischer Sicht barbarischen Sitten der Kreter beziehet.[4] Die Bedeutung jedoch, wie sie die Sage von der Entführung Ganymeds durch Zeus vor allem im 5. Jahrhundert v. Chr. für die griechische Kultur gewonnen hat, reicht in völlig andere Dimensionen.

Bei Dichtern und Denkern hat Ganymed zwar oft als Bezugspunkt eine Rolle gespielt, doch eine eingehendere Gestaltung erfuhr seine Geschichte vor allem in der bildenden Kunst. Der Hauptanteil kommt dabei der Vasenmalerei zu, und zwar vor allem in der Zeit des Übergangs von der archaischen zur klassischen Epoche. An die Stelle der lächelnden Ruhe und Gelassenheit, wie sie die Gottheiten bisher überwiegend ausstrahlten, trat damals Bewegtheit; das ist zweifelsohne auf die Macht des Eros zurückzuführen, der sich nun die Götter ebenso fügen wie die Menschen. Das Liebeswerben der Götter wird häufig in Form des Raubs und der Entführung gezeigt; der Entführung geht aber eine Verfolgung voraus. Die Bilder der göttlichen Liebes- und vor allem der Knabenverfolgung vermitteln jedoch gewöhnlich den Eindruck einer heiteren Atmosphäre. Wenn es sich bei dem Verfolger um Zeus handelt, ist das gelegentlich durch eine Inschrift belegt oder meistens dadurch, dass der ältere Mann ein Zepter oder einen Blitz trägt und seine Würde durch einen Olivenkranz auf dem Haupt noch gesteigert wird. Auch der fliehende Knabe, der gewöhnlich nackt ist und einen Spielreifen oder einen Hahn – offenbar ein Angebinde des um ihn werbenden Gottes – in der Hand hält, ist nicht selten inschriftlich als Ganymed bezeichnet. Besitzt in einer gleichartigen Szene der vom Eros beseelte Mann keine Attribute, die ihn als den höchsten Gott kennzeichnen, so kann es sich wohl nur um eine Darstellung aus dem alltäglichen Leben im damaligen Hellas handeln. Vermutlich haben die Vasenmaler die Identität der Figuren oft absichtlich im Unklaren gelassen, um zu zeigen, dass der Gott wie der Mensch gleichermaßen von der Macht der Liebe überwältigt wird.

Auf den eindrucksvollsten Vasenbildern haben die Künstler Zeus so dargestellt, dass der Antrieb durch den Eros unübersehbar ist: die Augen blicken leidenschaftlich, der Mund ist voll Sehnsucht geöff-

net, die Hände greifen mit begierig gespreizten Fingern nach dem geliebten Knaben.[5] Manchmal wird die Intensität der erotischen Moti-
vation auch so veranschaulicht, dass der geflügelte Eros hinter Zeus
schwebt und ihn mit einem Stock zum Zupacken anstachelt.[6] Die Entführung Ganymeds kann auch mit Hinweisen auf ein Symposion verknüpft sein; hierbei ist Ganymed mit Gefährten zusammen, und seine
Haare sind bekränzt.[7] Auf solchen vielfigurigen Bildern, die vor lauter
Lebendigkeit zu pulsieren scheinen, gelingt dem Maler nicht selten die
Darstellung eines ausgewogenen Spiels von Zurückweichen und ab-
sichtsvollem Zögern, von Abwehr und Bereitwilligkeit auf Seiten
Ganymeds; nicht verwunderlich, dass Zeus da beglückt lächelt.

Neben Verfolgung und Entführung findet man in der Vasenmalerei
auch Szenen, die das Ende der Liebesjagd zum Thema haben. Der
Knabe läuft nicht mehr davon, sondern wendet sich seinem Verfolger zu. Seine vollkommene Schönheit wird nun erst richtig sichtbar.
Er ist in seiner Scheu der Umworbene, der Werbende aber zeigt bei
aller Liebesglut stets göttliche Würde. Die einander zugeneigten
Köpfe beweisen, dass Zeus wie Ganymed derselben Macht des Eros
unterworfen sind.[8] Aus solchen Bildgestaltungen spricht die Absicht
des Künstlers, den Gott zu vermenschlichen und den Menschen auf
die Ebene des Göttlichen zu heben. Die Entführung durch den Adler
entspricht der Auffassung von der Entrückung in den oberen, den
göttlichen Bereich.

Überblickt man die Liebesbegegnungen der Sterblichen mit einem
Gott im griechischen Mythos, erkennt man, dass dabei jedes Mal
eine dem Menschen gesetzte Grenze überschritten wird; der tragische
Ausgang ist daher vorhersehbar. In einem Chorlied von Euripides ist
das prägnant zusammengefasst: *Nie vernahm ich am Webstuhl /
Noch durch Reden, Glück widerfahre / Kindern der Götter, welche
dem Schoße / Sterblicher Frauen entsprossen.*[9] Diese Furcht vor dem
tragischen Schicksal aller Göttergeliebten kann man aus dem einem
Überfall ähnlichen Zugriff der Götter und der doch auch erschreck-
ten Flucht der Erwählten auf den Vasenbildern ablesen. Ganymed
scheint eine der ganz wenigen Ausnahmen von dieser Regel zu bilden. Sein Weg gewinnt einen glücklichen Ausgang. Er bleibt der
unsterblich gewordene Mundschenk der Götter, wie Zeus dies dem
Vater Tros ja zugesagt hat; Unsterblichkeit ist ihm auch gewiss,
wenn sein Bild gemäß einer hellenistisch-römischen Überlieferung als
Sternbild des Wassermanns am nächtlichen Himmel sichtbar ist.

Und doch weist sein Schicksal noch einen ganz anderen Aspekt auf, an dem deutlich wird, dass der Mythos weiß, wie teuer jedes Glück erkauft ist. Im Götterhimmel ist Hera voll des Zorns, dass ihr Gemahl Zeus sich einen jungen Geliebten genommen und ihm auch noch das Amt des Mundschenks übertragen hat, das bisher ihre Tochter Hebe versah. Also steht sie im trojanischen Krieg gegen die Troer und rächt sich an ihnen, dem Geschlecht Ganymeds.[10] Von der olympischen Helle, in der sich Ganymed nun für immer aufhält, hebt sich scharf das Rauch verhangene, nur von Bränden durchzuckte Dunkel ab, in dem Troja versinkt.

So spiegelt sich im Ganymedmythos das stete Verlangen des von Tragik umgebenen Menschen nach dem Göttlichen wider, das sich in dem Emporgerissenwerden in die Lüfte ausdrückt. In der Epoche nach der glanzvollen Blüte der Vasenmalerei, auf die sich die erwähnten Beispiele beziehen, hat Platon in einem seiner Dialoge nicht nur die Vereinigung des Liebenden mit dem Geliebten unter Bezugnahme auf Zeus und Ganymed beschrieben,[11] sondern auch das Fliehen vor dem Verfolger: *Deshalb muss man auch danach streben, von hier nach dort zu entfliehen, und zwar auf die schleunigste Weise. Die Flucht nämlich bedeutet die Verähnlichung mit dem Gott, so weit dies möglich ist.*[12]   C. M. B.

Quellen: Homer, Ilias 20, 230–235; 5, 640; Kleine Ilias, Fr. 6 K; Pindar, Olympische Oden 1, 34 ff. u. 10, 105.; Ovid, Metamorphosen X 155–161.
Plastiken: Leochares, Der Adler entführt Ganymed, 4. Jh. v. Chr., Rom. – B. Cellini, Ganymed, 16. Jh., Florenz. – B. Thorwaldsen, Ganymed, den Adler fütternd, 1817, Kopenhagen.
Gemälde: Correggio, Die Entführung des Ganymed, um 1531, Wien. – A. Carracci, Raub des Ganymed, zweite Hälfte des 16. Jh., Rom. – Rubens, Ganymed, um 1611, Wien. – Rubens, Der Raub des Ganymed, 1636–37, Madrid. – Rembrandt, Der Raub des Ganymed, 1635, Dresden. – A. R. Mengs, Zeus und Ganymed, 18. Jh., Rom. – A. J. Carstens, Ganymed in den Fängen des Adlers, zweite Hälfte 18. Jh., Weimar. – H. v. Marées, Ganymed, 1887, München.
Literarische Bearbeitungen: Goethe, Ganymed. Gedicht, 1774. – F. Hölderlin, Der gefesselte Strom. Ode, 1802. – C. M. Wieland, Juno und Ganymed. Erzählung, 1762.
Musikalische Bearbeitungen: J. P. Krieger, Tafelmusik, 1693. – F. Schubert, Vertonung des Goethe-Gedichts, 1817, ebenso H. Wolf, 1889.

1 *Der Bilderzyklus ist* Amore di Giove *betitelt. Bereits in der Antike gab es eine kanonische Liste all jener, die Zeus geliebt hat – bis auf Ganymed nur Frauen.*

2 *Homer, Ilias 20,233*

3 *Homerische Hymnen 5, 201*

4 *Platon, Nomoi 636 c–d: «Wir alle machen daher den Kretern den Vorwurf, dass sie die Sage von Ganymed erfunden hätten; da sie überzeugt waren, ihre Gesetze stammten von Zeus, so hätten sie noch diese den Zeus belastende Sage hinzugefügt, damit sie, natürlich dem Beispiel des Gottes folgend, auch diese Lust genießen könnten.»*

5 *Kantharos (Brygosmaler), Boston (um 490 v. Chr.)*

6 *Alabastron (Diosphosmaler), ehemals Berlin (um 490 v. Chr.)*

7 *Schale, Paris (um 450 v. Chr.)*

8 *Schale, Ferrara (um 450 v. Chr.)*

9 *Euripides, Ion 505–508*

10 *Vgl. Vergil, Aeneis I 28*

11 *Platon, Phaidros 255 b–c: «Lässt er ihn nun so eine Weile gewähren und ist ihm nahe, dann ergießt sich bei den Berührungen ... die Quelle jenes Stromes, den Zeus, als er den Ganymed liebte, Liebreiz nannte, reichlich gegen den Liebhaber ...»*

12 *Platon, Theaitetos 176 a–b*

Historische Persönlichkeiten

Sokrates und Alkibiades

Begegnung beim Gelage

Nachdem nun Sokrates also gesprochen, hätten die andern ihn gelobt ... Plötzlich sei an der äußeren Tür gepocht worden, und es sei ein großes Geräusch entstanden ... Nicht lange darauf habe man ... des Alkibiades Stimme gehört, der ... laut fragend schrie, wo Agathon sei. ... Sie hätten ihn also zu ihnen geführt ... er sei aber in der Tür stehen geblieben, bekränzt mit einem dicken Kranz von Efeu und Violen und Bänder ... auf dem Kopf, und habe gesagt: Ihr Männer, seid gegrüßt! ... Alle hätten ihn darauf ... lärmend geheißen einzutreten ... Und nun sei er gekommen ... und habe sogleich die Bänder abgenommen, um den Agathon zu umwinden, den Sokrates aber ... doch nicht gesehen, sondern sich neben den Agathon gesetzt ... Und nun habe er sich herumgewendet und den Sokrates erblickt. Und als er ihn erkannt, sei er aufgesprungen und habe ausgerufen: ... Du Sokrates, liegst du mir auch hier schon wieder auf der Lauer ... hast es wieder so ausgesonnen, dass du neben den Schönsten von allen hier zu liegen kommst!

Da habe der Sokrates gesagt: Agathon, sieh zu, ob du mir beistehen willst! Denn dieses Menschen Liebe hat mir schon zu gar nicht wenigem Verdruss gereicht. Denn seit der Zeit, dass ich mich in diesen verliebt, darf ich nun gar nicht mehr irgendeinen Schönen ansehen und mit einem reden, oder er ist gleich eifersüchtig und neidisch ... kaum dass er nicht Hand an mich legt. Also sieh zu, dass er nicht auch jetzt wieder etwas anstellt ... Denn seine Tollheit und verliebtes Wesen sind mir ganz schrecklich. – Da ist kein Auseinanderbringen, habe Alkibiades gesagt, für uns beide.

*Höre dann, habe Eryximachos gesagt, wir hatten, ehe du herein-
kamst, ausgemacht, dass ... jeder eine Rede über den Eros halten
sollte ... Wenn du willst, lobe den Sokrates.*

Warum fange ich also nicht an? habe Alkibiades gesagt.

*Also den Sokrates zu loben ... will ich versuchen, durch Bilder ...
Ich behaupte nämlich, er sei äußerst ähnlich jenen Silenen in den
Werkstätten der Bildhauer ... in denen man ... wenn man die eine
Hälfte wegnimmt, Bildsäulen von Göttern erblickt, und so behaupte
ich, dass er vorzüglich dem Satyr Marsyas gleiche ... Jener nämlich
bezauberte mit dem Instrument die Menschen durch die Gewalt seines
Mundes ... Du aber zeichnest dich um so viel vor jenem aus, als du
ohne Instrument durch bloße Worte dasselbe ausrichtest.*

*Von diesem Marsyas aber bin ich oft so bewegt worden, dass
ich. glaubte, es lohnte nicht zu leben, wenn ich so bliebe, wie ich
wäre.*

*Durch sein Flötenspiel also ist mir ... so mitgespielt worden von
diesem Satyr. Hört aber noch weiter, wie ähnlich er dem ist, womit ich
ihn verglichen habe ... Denn ihr seht doch, dass Sokrates verliebt ist
in die Schönen und immer um sie her und außer sich über sie ... Ob
... jemand ... die Götterbilder gesehen hat, die er in sich trägt, das
weiß ich nicht. Ich habe sie aber einmal gesehen ...*

*Da ich nun glaubte, dass er sich ernstlich Mühe gäbe um meine
Schönheit, hielt ich das für einen herrlichen Fund und für ein überaus glückliches Ereignis, weil es nun in meiner Gewalt stände,
wenn ich mich dem Sokrates gefällig erwiese ... In diesen Gedanken
nun ... schickte ich einst den Diener weg und blieb ganz allein mit
ihm ... Allein also ... waren wir zwei miteinander, und ich meinte,
er sollte mir nun gleich solche Dinge sagen wie ein Liebhaber seinem
Liebling in der Einsamkeit sagen würde ... Hieraus aber wurde gar
nichts ... Nachher ... forderte ich ihn auf, Leibesübungen mit mir
anzustellen, und übte mich mit ihm, um dadurch etwas zu erreichen.
... Und was soll ich sagen? Ich hatte nichts weiter davon ... Also
lade ich ihn zur Mahlzeit, ordentlich wie ein Liebhaber seinem Liebling nachstellt ... Als er nun zum ersten Mal da war ... sprach ich mit
ihm ... bis tief in die Nacht hinein, und als er nun gehen wollte,
nahm ich den Vorwand, dass es schon spät sei, und nötigte ihn zu
bleiben.*

*Also legte er sich nieder auf dem Polster neben dem meinigen ...
und niemand sonst schlief in dem Gemach als wir ...*

Als ... das Licht nun ausgelöscht war und die Diener hinausge-
gangen, dachte ich, nun dürfte ich nicht länger Umschweife mit ihm
machen, sondern geradeheraus sagen, wie ich es meinte. Ich stieß ihn
also an und sagte: Sokrates, schläfst du? – Nicht recht, sagte er. –
Weißt du wohl, was ich gesonnen bin? – Was doch? sprach er.

Du dünkst mich, sagte ich, der einzige unter meinen Liebhabern zu
sein, der es wert ist, und mir scheint, als trügst du Bedenken, mit mir
davon zu reden ... Nachdem ich meine Pfeile sozusagen abgeschossen,
glaubte ich ihn doch getroffen zu habe, und ich stand auf, ohne dass
ich ihn weiter zu Worte kommen ließ, warf dies mein Kleid über, denn
es war Winter, und legte mich unter seinen Mantel, indem ich mit
beiden Armen diesen göttlichen und in Wahrheit ganz wunderbaren
Mann umfasste, und so lag ich die ganze Nacht ... Und ungeachtet
ich dies alles getan, siegte er so sehr und verachtete und verlachte
meine Schönheit ... Wisst es nur ... dass, nachdem ich so oft mit dem
Sokrates geschlafen hatte, ich aufstand, ohne etwas weiteres, als wenn
ich bei einem Vater oder älteren Bruder gelegen hätte.

Hierauf also, wie meint ihr, dass mir zu Mute gewesen, der ich mich
gekränkt glaubte und doch auch an des Mannes Natur und Besonnen-
heit und Tapferkeit mich erfreute, da ich einen solchen angetroffen,
wie ich nie zu finden geglaubt an Weisheit und Beharrlichkeit ...
Denn das wusste ich wohl, dass er durch Gold noch viel weniger
irgendwo verwundbar wäre ... Womit ich aber geglaubt hatte, dass er
allein könne gefangen werden, dadurch war er mir doch auch ent-
wischt. Ratlos also blieb ich und in der Gewalt des Menschen, wie nie
einer in eines andern gewesen ist.

Platon, Symposion 212 c–219 e (Übs. Friedrich Schleiermacher)

Sokrates und Alkibiades

«*Warum huldigest du, heiliger Sokrates,*
   Diesem Jünglinge stets? kennest du Größers nicht?
      Warum siehet mit Liebe,
         Wie auf Götter, dein Aug' auf ihn?»

Wer das Tiefste gedacht, liebt das Lebendigste,
   Hohe Jugend versteht, wer in die Welt geblickt,

Und es neigen die Weisen
Oft am Ende zu Schönem sich.
FRIEDRICH HÖLDERLIN

Ein größerer Gegensatz als jener zwischen Sokrates und Alkibiades ist kaum vorstellbar, und nicht zuletzt wegen des daraus erwachsenden Reizes sind wohl auch ihre Namen immer wieder zu einem Paar zusammen gespannt worden. Die zwei Athener des 5. Jahrhunderts v. Chr. unterschieden sich elementar durch die gesellschaftliche Herkunft, die äußere Erscheinung und ihre Wesenszüge. Während Sokrates – wenngleich freier Bürger – dem Handwerkerstand entstammte, seine Erscheinung laut allen Berichten auffallend hässlich war und sein Denken und Verhalten sich durch Beständigkeit und Konsequenz auszeichnete, kam Alkibiades aus dem angesehensten patrizischen Adel, fiel durch seine *körperliche Schönheit ... auf jeder Altersstufe*[1] auf und war in seinem Wesen von widersprüchlichen Eigenschaften beherrscht. Durch den großen Ruf, ja Ruhm, den der um zwanzig Jahre ältere Sokrates als Lehrer der vornehmen Jugend Athens erworben hatte, kam die Beziehung zwischen den beiden zustande, doch war Alkibiades nicht nur ein herausragender Schüler des philosophierenden Meisters (wie etwa die argumentative Kunst in seiner von Thukydides überlieferten Rede zeigt)[2]; was viel schwerer wiegt, ist das enge persönliche Verhältnis der so ungleichen Männer.

Dies muss vor dem Hintergrund der für das klassische Zeitalter der Griechen typischen Rolle der Homosexualität (verstanden als die im weitesten Sinn erotische Beziehung zwischen einem älteren und einem jüngeren Mann) gesehen werden. Der erwachsene Liebhaber (*erastes*) sollte dabei dem heranwachsenden Geliebten (*erumenos*) jene ethischen Maßstäbe vermitteln, von deren Einhaltung das Zusammenleben in der Polis und ihr Fortbestand abhingen. Der *erastes* stellte das Vorbild dar, dem der *erumenos* nachstrebte. Mochte in einem Stadtstaat wie Sparta der Nutzen einer so gearteten Beziehung für die militärische Kampfkraft im Vordergrund stehen, ging es in der ungleich kultivierteren, wenn nicht intellektualisierten Atmosphäre Athens um die Erziehung zur Tugend der *kalokagathia*, in der sich das Schöne und das Gute verbanden.

Platon, in dessen Philosophie dem Begriff des Eros eine große Bedeutung zukommt, weist in seinen Dialogen des Öfteren darauf hin, wie sehr sich sein Lehrer Sokrates von der körperlichen Schönheit junger Männer angezogen fühlte; ein ausführliches Exempel liefert dafür die Begegnung des Sokrates mit dem Titel gebenden Jüngling im Dialog *Charmides*.[3] In einem recht anschaulichen Bild drückt Platon zu Beginn des *Protagoras*[4] die Empfindung des Philosophen gerade für den jungen Alkibiades aus – wahrscheinlich eine Zuneigung nicht nur im «platonischen» Sinn: *Woher kommst du, Sokrates? Oder versteht es sich von selbst: von der Jagd auf des Alkibiades Schönheit?*

Am umfassendsten und facettenreichsten wird das Verhältnis der beiden Männer im *Symposion* dargestellt. Platon lässt Alkibiades selbst die Geschichte der Beziehung zwischen ihm und Sokrates erzählen. Schon sein Auftritt, der eher gegen das Ende des Gastmahls erfolgt, präsentiert ihn in seiner unbekümmerten, die Konventionen verachtenden Vitalität, die ganz jugendlich wirkt, obschon er, wenn man den äußeren Rahmen der Gesprächsrunde nicht für fiktiv, sondern für wirklichkeitsbezogen hält, vierunddreißig Jahre alt war (das Gelage zu Ehren des Tragödiendichters Agathon könnte im Frühjahr 416 v. Chr. stattgefunden haben). Der Efeukranz auf seinem Haupt und die ihn begleitenden Flötenspielerinnen machen aus ihm die Verkörperung dionysischer Kräfte; das passt nahtlos zur Persönlichkeit eines Mannes, der auf seinem Prunkschild nicht – wie gewohnt – sein Familienemblem anbringen ließ, sondern Eros mit dem Donnerkeil.[5] Seine Anspielungen auf das unvermutete Zusammentreffen mit Sokrates sind eindeutig Koketterie, und die schalkhafte Erwiderung des älteren Mannes leugnet auch die starke gegenseitige Anziehung nicht. Ernst ist es dann beiden mit der Betonung der Wahrheit, ehe Alkibiades zu seiner Rede auf Sokrates ansetzt.

Alkibiades vergleicht Sokrates mit einem von damaligen Devotionalienhändlern verkauften Schnitzwerk, das einen Silen oder Satyr darstellt, ein halbmenschliches Wesen aus dem Mythos, und das sich aufklappen lässt, um im Inneren eine Götterfigur zu enthüllen: zweifelsohne ein sehr anschauliches Bild für äußere Hässlichkeit und innere Schönheit. Die Gleichsetzung des Sokrates mit einem Silen hat aber noch einen mythologischen Hintergrund. Der junge Dionysos wurde von einem Silen erzogen, denn von einem solchen Wesen, in dem sich Tierisches mit Göttlichem mischte, erwartete man besondere Weisheit. Aus diesem Grund soll König Midas einen Silen in seinen sagenhaften Rosengärten gefangen gehalten haben.[6] Der hässliche Satyr, der nach der Schönheit sucht, vermag jedoch wegen seiner inneren Beschaffenheit zu jemand zu werden, der selbst gesucht wird, denn als Mittel- und Höhepunkt seiner Beschreibung der Beziehung zu Sokrates erzählt Alkibiades in aller Offenheit von seinem Versuch, Sokrates zu verführen; das kommt einer Umkehrung des Rollenverhaltens gleich, wie es zwischen dem älteren Liebhaber und dem jüngeren Geliebten üblich war. Der *erastes* erlebte bei dem damals überwiegend praktizierten Schenkelverkehr (der auf zahlreichen Vasenbildern dargestellt ist) sexuellen Genuss, der *erumenos* blieb dagegen meistens unbeteiligt kühl. Dass es in einem plötzlichen Liebesrausch auch anders kommen konnte, dafür gibt es durchaus Belege: *... so finden wohl leicht einmal ... die beiden unbändigen Rosse die Seelen unbewacht und führen sie zusammen, dass sie das, was die Menge für das Seligste hält, wählen und vollbringen.*[7] Die Szene, wie Alkibiades den Sokrates zu immer größerer Intimität nötigt, ohne letztlich sein angestrebtes – unübersehbar sexuelles – Ziel zu erreichen, ist durchaus amüsant und hat burleske Züge, deren sich Platon gewiss auch bewusst war. Es darf dabei aber nicht die zeitgeschichtliche Folie übersehen werden, auf der dieser vermutlich teils historisch fundierte, teils fiktive Dialog geschrieben worden ist: Das Werk wurde um 380 v.Chr. verfasst, als die athenische Gesellschaft nach dem für den Stadtstaat verheerenden Ausgang des Peloponnesischen Kriegs politisch und geistig arg verunsichert war; die Ermordung des Alkibiades auf Anstiftung der damaligen athenischen Machthaber lag rund fünfundzwanzig, die Hinrichtung des Sokrates wegen «Verführung der Jugend» fast zwanzig Jahre zurück. Ein Sokrates nahe stehender Autor wie Xenophon hielt die freundschaftliche Beziehung des Sokrates zu Alkibiades für den eigentlichen Grund der Verurteilung[8]. Verständlicherweise mag also der Sokratesschüler Platon die nicht-körperliche Beziehung des Sokrates zu Alkibiades deshalb besonders hervorgehoben haben; andere antike Quellen, die keine derartige Rücksicht (heute «political correctness» genannt) kannten, meinten dagegen (wie Bion nach Diogenes Laertios[9]), Sokrates wäre ein Narr gewesen, wenn er sich für den Fall, dass er in Alkibiades verliebt gewesen sei, der Zurückhaltung befleißigt hätte.

Ob man nun die seit der Antike viel beredete Freundschaft zwischen dem Weisen und dem Macht- und Genussmenschen als eine eher geistig-gesellschaftliche oder auch eine sexuelle Verbindung ansehen will, kommt mehr auf die dem Urteilenden eigene Einstellung an und weniger auf die existierenden Zeugnisse, die vieldeutig sind. Wenn man allerdings als Schlüssel zum rechten Verständnis die Bemerkung des Alkibiades nimmt: *Ratlos … blieb ich … in der Gewalt des Menschen, wie nie einer in eines andern gewesen ist,*[10] dann kann man jedenfalls auf nichts anderes als auf eine so oder anders beschaffene Liebe schließen, denn *es neigen die Weisen / Oft am Ende zu Schönem sich.*[11]   C.M.B.

Quellen: Platon, Alkibiades; Apologie; Phaidon; Symposion. Thukydides, Peloponnesischer Krieg. Xenophon, Apologie; Symposion. Plutarch, Alkibiades. Diogenes Laertios 2.

Plastiken: Lysippos, Sitzender Sokrates, um 330 v. Chr., Kopenhagen. – K. Stilp, Sokrates, 1724, Klosterbibliothek Waldsassen. – A. Canova, Szenen zu Sokrates und Alkibiades, 1790–92, Gipsreliefs, Possagno.

Gemälde: Mosaik in Mytilene, 3. Jh. n. Chr., Lesbos. – Fußbodenmosaik, 1505, Dom von Siena. – Raffael, Schule von Athen in der Stanza della Segnatura, 1508–12, Vatikan. – J. H. Tischbein d. Ä., Sokrates im Kerker, 1758, Kassel. – J.-L. David, Sokrates, 1758, Paris. – A. Feuerbach, Alkibiades beim Gastmahl des Agathon, 1869, Karlsruhe. – J. Grützke, Sokrates, 1975, Aachen.

Dramen: Voltaire, mehrere Sokrates-Stücke, 1759. – W. Shakespeare, Timon of Athens, 1605–08. – T. Otway, Alcibiades, 1675. – G. E. Lessing, Alkibiades, um 1760. – G. Kaiser, Der gerettete Alkibiades, 1920.

Erzählung: B. Brecht, Der verwundete Sokrates, 1949.

Opern: G. Carcani, Alkibiades, 1746. – G. Paisiello, Il Socrate immaginario, 1775. – E. Satie, Socrate. Drame symphonique avec voix, 1918. – E. Krenek, Pallas Athene weint, 1955.

1 *Plutarch, Alkibiades 1*
2 *Vgl. Thukydides, Peloponnesischer Krieg VI 16–18*
3 *Vgl. Platon, Charmides 154a–155e*
4 *Platon, Protagoras 309a*
5 *Vgl. Plutarch, Alkibiades 16*
6 *Vgl. Herodot, Historien VIII 138*
7 *Platon, Phaidros 256c*
8 *Vgl. Xenophon, Memorabilien 1.2.12–16*
9 *Vgl. Diogenes Laertios 4.49*
10 *Platon, Symposion 219e*
11 *F. Hölderlin, Sokrates und Alkibiades*

Hadrian und Antinoos

Gemeinsame Löwenjagd

[Der Kaiser] gedachte die Zielsicherheit des anmutigen Antinoos, Sohn des Argosbezwingers [Hermes], auf die Probe zu stellen. Die verwundete Bestie wurde immer wilder und schlug ihre Pranken wutentbrannt in den Boden ... Sie sprang auf die beiden zu und peitschte sich mit dem Schwanz gegen ... die Flanken ... Die Augen des Löwen glühten wie Feuer, Schaum lief ihm über die Lefzen, er fletschte die Zähne, und die Mähne stand ihm auf seinem gewaltigen Kopf ... zu Berge ... Er stürzte sich auf den ruhmreichen Gott [Hadrian] und auf Antinoos, wie das einstmals Typhoeus auf Zeus, den Bezwinger der Titanen, getan hatte.
PANKRATES (2. Jh. n. Chr.), GEDICHTFRAGMENT

Der Tod im Nil

Während er [Hadrian] auf dem Nil segelte, verlor er seinen Antinoos, um den er wie eine Frau weinte. Manche behaupten, dass er sich für Hadrian zum Opfer gebracht habe; andere waren der Ansicht, dass seine Schönheit und Hadrians Sinnlichkeit zu seinem Tod geführt haben. Jedenfalls erhoben ihn die Griechen auf Hadrians Wunsch hin zum Gott und verkündeten, dass durch ihn Wunder geschehen seien, bei denen in Wahrheit Hadrian selbst nachgeholfen haben soll.
HISTORIA AUGUSTA, HADRIANUS 14

Das Opfer des Antinoos

Manche behaupten noch immer ... dass Hadrian seine eigene Lebens-
spanne verlängern wollte, und als die Magier einen Freiwilligen für
ihn opfern wollten, weigerten sich alle außer Antinoos, der sich selbst
darbot ...
AURELIUS VICTOR, LEBEN DER CAESAREN 14

Die Verehrung des toten Antinoos

Antinoos stammte aus Bithynium, einer bithynischen Stadt, die wir
auch Claudiopolis nennen. Er war Hadrians Lieblingsknabe gewor-
den, und er starb in Ägypten, wo er entweder in den Nil stürzte – wie
Hadrian schreibt – oder, wie es der Wahrheit entspricht, geopfert
wurde. Hadrian hegte ... eine ausgesprochene Vorliebe für die ge-
heimen Künste und machte häufig Gebrauch von Weissagungen und
Zaubersprüchen. Deshalb ehrte Hadrian Antinoos – entweder aus
Liebe zu ihm oder weil er freiwillig in den Tod gegangen war, was für
das, was Hadrian erreichen wollte, notwendig erschien –, indem er
an jenem Ort, wo Antinoos sein Leben lassen musste, eine Stadt
gründete, die er nach ihm benannte. Er ließ auch Statuen von ihm
oder vielmehr geheiligte Bilder in der ganzen Welt anbringen. Schließ-
lich erklärte er öffentlich, dass er einen Stern erblickt hatte, den er
als den von Antinoos ansah. Er lauschte auch gern den erfundenen
Geschichten seiner Begleiter, die behaupteten, dass der Stern tatsäch-
lich durch die Seele des Antinoos zum Leben erweckt und nach dessen
Tod zum ersten Mal erschienen sei.
CASSIUS DIO 69, 11

Wer sich für die Bildhauerkunst der Antike interessiert, wird ihm in
vielen Museen begegnen: Im Louvre als einem den Apollodarstellun-
gen ähnlichen Haupt, im Stil dem Phidias nachempfunden und vielleicht deshalb von Winckelmann gerühmt;[1] in der Sala Rotonda
des Vatikans als der Kolossalstatue eines ebenso eleganten wie wür-
devollen Dionysos; in Delphi in der Gestalt eines Epheben von göttlicher Anmut, und in Dresden als einer majestätischen Büste, die an

den ägyptischen Gott Osiris denken lässt. Bei diesen und einer Vielzahl weiterer Kunstwerke in den unterschiedlichen Stilausprägungen
der hellenistisch-römischen Epoche handelt es sich um die Darstellung einer historischen Gestalt, die zum Gott erhoben worden ist –
um Antinoos, den Geliebten des Kaisers Hadrian.

Hadrian, der dritte in der Reihe der Adoptivkaiser, wurde 176
n. Chr. in Spanien geboren, war aber römischer Herkunft. Von väter-
liche Seite her war er mit dem Kaiser Trajan verwandt. Trotz dieser
nahen Beziehung und obwohl er sich schon früh militärisch aus-
gezeichnet hatte, wurde Hadrian von dem kinderlosen Herrscher
zunächst nicht adoptiert; die beiden verstanden sich offenbar nicht
besonders gut. So weit dem überlieferten Hofklatsch zu trauen ist,
zeigte Hadrian wohl zu viel Interesse für ein Revier, das Trajan für
sich selbst reserviert hatte: für die kaiserlichen Pagen. Jedenfalls
erfreute sich Hadrian der Gunst der Kaiserin Plotina und wurde im
Alter von 24 Jahren mit der um zehn Jahre jüngeren Sabina, einer
Großnichte Trajans, verheiratet. Auf dem Sterbebett soll Trajan,
vermutlich unter dem Einfluss Plotinas, schließlich noch die Adoption ausgesprochen haben; Hadrian sicherte sich mit Unterstützung
seiner Legionen in Syrien auch selbst die Zustimmung des Senats zur
Nachfolge Trajans.

Nachdem der Einundvierzigjährige 117 an die Macht gekommen
war, erwarb er sich in den 21 Jahren seiner Regierungszeit viele Verdienste um die Konsolidierung des römischen Reiches. Sein Regie-
rungsstil war von seinen ausgedehnten Reisen durch das Imperium
geprägt. Das hing vielleicht mit seiner Herkunft aus der Provinz
zusammen, vor allem aber mit seiner ungemeinen Ruhelosigkeit;
sie ließ ihn nahezu ununterbrochen entweder an der Spitze seiner
Legionen oder mit seinem Hofstaat im Gefolge durch das römische
Herrschaftsgebiet ziehen, das sich über drei Erdteile erstreckte. Da er
sich meistens außerhalb Roms und Italiens aufhielt, ist es nicht verwunderlich, dass ihm die griechische Sprache und Kultur ans Herz
gewachsen war; das führte so weit, dass er eine zweite Reichsmetro-
pole in Athen errichten wollte. Seine Vorliebe für alles Griechische
hatte ihm schon als Jungen den Spitznamen *Graeculus,* der kleine
Grieche, eingetragen. Nicht eigentlich römisch – so zumindest die
konservative Version – war auch seine ausgeprägte Neigung für das
männliche Geschlecht – genauer: für Knaben; sie schien weit mehr
der hellenischen Tradition zu entsprechen.

Auf seinen Zügen durch den Osten des Reiches kam Hadrian im Juni 123 auch durch Bithynien im Nordwesten Kleinasiens und lernte dort den jungen Antinoos kennen, der damals zehn bis zwölf Jahre alt gewesen sein mag. Der Junge stammte aus der Stadt Claudiopolis (griechisch Bithynion, heute Bolu). Seine Herkunft ist unbekannt, doch lässt eine von Hadrian selbst oder in seinem Auftrag verfasste Inschrift auf einem Obelisken in Rom auf eine durchaus respektable Familie schließen. Was den Verlauf der Beziehung zu Hadrian angeht, ist man auf Vermutungen angewiesen, denn belegt ist nur der allerletzte Abschnitt. Es könnte aber so gewesen sein, dass der Junge, der nach allen Bekundungen von auffallender Schönheit war, vom Kaiser mitgenommen und nach Rom geschickt wurde. Das Verhältnis zu Hadrian intensivierte sich wahrscheinlich erst, nachdem der Kaiser für eine längere Zeitspanne nach Rom zurückgekehrt war und sich des Öfteren in seiner seit 125 im Bau befindlichen Villa bei Tibur (der heutigen Villa Adriana) aufhielt. Zahlreiche Indizien weisen darauf hin, dass sich in diesen Jahren ein inniges Verhältnis zwischen den beiden entwickelte, das über das sonst übliche Muster von Herrscher und Lustknabe weit hinausging, ja vielleicht von vornherein einer anderen emotionalen Dimension angehörte. Die einstmals gern ausgemalte Vorstellung, dass sich *hinter einem Moskitonetz aus Goldfäden, das mit einem blauen Schlangendekor geschmückt ist*,[2] also in einer von schwülem Luxus erfüllten Atmosphäre, eine homosexuelle Orgie abspielte, ist sicherlich realitätsfern. Es spricht nichts für einen Antinoos, der verweichlicht, wollüstig, weibisch gewesen sein soll, wie ihn die Polemiker wider die «unnatürliche» Beziehung Hadrians,[3] aber auch nicht wenige Kunstbetrachter anhand der Antinoosbüsten sehen wollten. Dass der junge Bithynier von anderer Wesensart war und für Hadrian – zumindest auch – eine tiefere Bedeutung hatte, wird an seiner Rolle auf zwei Gebieten deutlich, in die sich das Bild vom Lustknaben nicht einfügen will.

Hadrian war – darin ein Kind seiner Zeit – in hohem Maße an Geheimkulten und religiösen Mysterien interessiert. Nachdem er schon 123 die Anfangsweihen in Eleusis empfangen hatte, ließ er sich im September 128 dort höhere Weihen spenden. Bei diesem Ritual von Tod und Wiedergeburt darf man durchaus annehmen, obwohl kein direktes Zeugnis vorliegt, dass sein geliebter Antinoos zugegen war; dafür spricht auch die offenbar gemeinsame Teilnahme der beiden an dem religiös-esoterischen Programm auf der späteren Nilreise.

Noch auffallender wird die Gefährtenschaft von Hadrian und Antinoos bei einer Lieblingsbeschäftigung des Kaisers, der Jagd. Beide scheinen mehrmals zusammen auf die Bärenjagd gegangen zu sein, so 129 in Pamphilien. Für Hadrian war die Jagd auf gefährliches Großwild nicht nur eine Sache von Wagemut und Eitelkeit (er ließ sich gern als erfolgreichen Jäger feiern, wovon Gedichte und Reliefs zeugen); ihr wohnte auch eine mystische Bedeutung inne. Gemäß der von ihm geteilten Ansicht Xenophons machte die Jagd, eine Erfindung von Artemis und Apollo, den Jäger besser, klüger und tapferer; der Jäger war überhaupt den Göttern nahe. Und Antinoos war allem Anschein nach genau von dieser Art. Er war weder eunuchenhaft verweichlicht noch ein sentimentaler Träumer, sondern vielmehr ein kühner Jäger, wie ihn verschiedene Münzprägungen und Gemmen zeigen.

Die Verknüpfung dieser Charakterzüge tritt am deutlichsten zu Tage bei der Nilreise Hadrians im Herbst 130. Erst in den Berichten darüber fällt das Licht der Biographen und Geschichtsschreiber voll auf Antinoos. Der Ägyptenaufenthalt begann in Alexandria. Von dort aus brachen der Kaiser und seine Begleitung zu einer Löwenjagd im Nildelta auf. Diese Jagd ist sowohl literarisch durch einen gewissen Pankrates[4] als auch durch ein Relief (Tondo) auf dem Konstantinsbogen in Rom festgehalten. Offenbar hatte Hadrian zuerst den Löwen verwundet, der daraufhin in rasender Wut Antinoos attackierte; der Kaiser rettete den gefährdeten jungen Mann, indem er den Löwen mit dem Schwert tötete. Von Alexandria aus ging es nach Canopus, dem Ausgangspunkt jeder Nilfahrt. Die nächsten Stationen waren Naukratis, dann Heliopolis, wo der Reisegesellschaft ein Zauberritual vorgeführt wurde;[5] dies hing vermutlich damit zusammen, dass Hadrian seit längerer Zeit ernsthafte gesundheitliche Probleme hatte (er war immerhin 54 Jahre alt und hatte sich nie geschont). Die weiteren Zwischenaufenthalte sind nicht belegt. In der zweiten Oktoberhälfte erreichte die kaiserliche Flottille Hermopolis, eine Stadt, die dem Hermes oder Toth geweiht war. Am 22. Oktober begannen dort wie in jedem Jahr die Feierlichkeiten, die an den mythischen Tod des Gottes Osiris erinnern sollten.

Man kann darüber, was sich in den nächsten Tagen abgespielt hat, nur spekulieren. Nach den kargen Worten Hadrians fiel Antinoos in den Nil und ertrank. Dass es nur ein Unfall war, hat wohl niemand je geglaubt. Wurde er ermordet, vielleicht auf Betreiben der eifersüchtigen Kaiserin Sabina, die samt ihren Hofdamen mit von der Partie war? Wenn man in Betracht zieht, dass die Ehe nicht nur kinderlos geblieben, sondern nach dreißig Jahren sicherlich nur noch Konvention war, wenn man zudem die vielfach bezeugte Toleranz römischer Matronen gegenüber den Eskapaden ihrer Ehemänner bedenkt, ist das äußerst unwahrscheinlich; es gibt zudem Vermutungen über eine lesbische Beziehung der Kaiserin zu ihrer Hofdichterin Balbilla.[6] Oder war es ein Selbstmord, weil die Beziehung zu Hadrian an ein natürliches Ende gelangt war? Antinoos war nun zwischen achtzehn und zwanzig Jahren alt – nach griechischer Auffassung zu alt, zu erwachsen für das angemessene Verhältnis eines Jungen zu einem älteren Mann.[7] Oder ging Antinoos freiwillig in den Nil, um sich für Hadrian selbst zum Opfer zu bringen? Diese Möglichkeit ist keineswegs weit hergeholt, sondern wahrscheinlich die nächstliegende, wenn man an die seit längerem und wohl auch auf der Nilreise aufgetretenen gesundheitlichen Störungen bei Hadrian denkt. Der Zeitpunkt und der Ort des Todes – das Gedenken an den Opfertod des Osiris – lassen nur schwer an einen Zufall glauben, wie ihn Hadrian als offizielle Lesart verbreitet hat. Von Hadrians Reaktion auf den Tod des Antinoos heißt es, er habe wie eine Frau geweint.[8] Besonders eindringlich zeigt eine Büste, entstanden etwa 131 bis 132, den erschütterten und trauernden Kaiser.[9]

Gewiss lösten auch die auffallenden Ehrungen, die Hadrian dem ertrunkenen Antinoos zuteil werden ließ, eine Vielzahl von Verdächtigungen aus. Schon am 30. Oktober 130 legte Hadrian den Grundstein für die neue Stadt Antinoopolis am rechten Nilufer gegenüber Hermopolis, die mit zahlreichen Privilegien ausgestattet wurde. Mit erstaunlichem Tempo wurde der Kult des von Hadrian zum Gott erhobenen Antinoos forciert; er verbreitete sich vor allem im Osten des Imperiums sehr schnell. Beweise dafür sind auch die mehr als 300 erhaltenen Büsten, Statuen usw., die Antinoos darstellen – mehr als jeden anderen Gott. Nun spricht sogar aus den Darstellungen in kaltem Marmor eine Unschuld, die jeder Erfahrung überlegen ist; eine Heiterkeit, die alle Schatten überstrahlt; eine Bereitschaft zur Hingabe, die keine Zweifel zurücklässt. Man hat die Ansicht vertreten, in Antinoos habe die Suche des rastlosen Hadrian nach dem Geheimnis des Absoluten ihre Erfüllung gefunden – zumindest zeitweise. Antinoos schien dem alten griechischen Ideal zu entsprechen, wonach die göttliche Tugend nur in einem schönen jugendlichen Körper zum Ausdruck kommt.

Hadrian war in den ihm verbleibenden acht Lebensjahren in seiner Villa in Tibur von der Erinnerung an seine Zeit mit Antinoos umgeben: gewiss verstärkt durch die zahlreichen Statuen, die Antinoos in seiner Entwicklung vom Jungen zum Mann darstellten, und die miniaturhafte Nachbildung des Canopus-Kanals, von dem aus er sich auf die letzte Reise mit seinem Geliebten begeben hatte. Antinoos soll hinter den Karyatiden am Westufer dieses Kanals begraben worden sein.   C. M. B.

Quellen: Historia Augusta, Hadrianus; Cassius Dio 69; Aurelius Victor, Leben der Caesaren 14.
Plastiken: Verschiedene Gedenkreliefs, z. B. Rom, Konservatorenpalast, und Wien, Ephesosmuseum. – Weitere Darstellungen s. Hinweise im Essay.
Literarische Bearbeitungen: J.-K. Huysmans/J. Lorrain, Le sang des dieux, 1882. – S. George, Maximin, 1907. – F. Pessoa, Gedicht, 1918. – M. Yourcenar, Ich zähmte die Wölfin. Roman, 1951.
Oper: G. B. Pergolesi, Adriano in Siria, 1734.

1 Vgl. J. J. Winckelmann, Anmerkungen über die Geschichte der Kunst des Altertums, Dresden 1767, Bd. 2, 123
2 E. Clark, Rome and a Villa, London 1953, 165
3 Dazu zählten auch christliche Autoren wie Tertullian.
4 Vgl. Oxyrhyncus Papers, ed. Grenfel, London 1899
5 Vgl. K. Preisendanz, Papyri graecae magicae, Bd. 1, Stuttgart 1973, 146–149
6 Vgl. Rassell (Ed.), Antonine Literature, 1990, 62
7 Vgl. Pindar, Erste olympische Ode, 67 f.: Der Erumenos geht fort, weil ihm «der Bart wächst».
8 Vgl. Historia Augusta, Hadrianus 14
9 Hadriansbüste im Museum zu Kandia auf Kreta

Literaturverzeichnis
Eine Auswahl

M. v. Albrecht, Geschichte der römischen Literatur. 2 Bde. 2. verb. u. erw. Aufl. Darmstadt 1994

H. Bachmaier, Th. Horst, Heinrich von Kleist, Amphitryon. Erläuterungen und Dokumente, Stuttgart 1995

L. Barkan, Transuming Passion. Ganymede and the Erotics of Humanism, Stanford Cal. 1991

H. E. Barnes, Hippolytos in Drama and Myth, Lincoln Nebr. 1966

A. Barrett, Agrippina. Mother of Nero, London 1996

E. Bartman, Portraits of Livia, Cambridge 1998

R. A. Bauman, Women and Politics in Ancient Rome, London 1992

H.-G. Beck, Kaiserin Theodora und Prokop. Der Historiker und sein Opfer, München 1986

H.-G. Beck, Byzantinisches Erotikon, München 1986

M. Beller, Philemon und Baukis in der europäischen Literatur, Heidelberg 1967

H. Bengtson, Römische Geschichte. Republik und Kaiserzeit bis 284 n. Chr., ⁵1985

E. u. G. Binder (Hg.), Dido und Aeneas, Trier 2000

G. Binder/R. Merkelbach, Amor und Psyche, Darmstadt 1968

A. Birley, Hadrian. The Restless Emperor, London 1997

Th. Birt, Die Cynthia des Properz, Leipzig 1922

N. Bischof, Das Kraftfeld der Mythen, München ²2000

N. Bischof, Das Rätsel Ödipus, München ⁵2001

J. Sh. Bolen, Göttinnen in jeder Frau. Psychologie einer neuen Weiblichkeit, München ⁵2000

A. Bridge, Theodora, München 1999

R. Britton, Groll und Rache in der ödipalen Situation, Tübingen 1997

K. Brodersen (Hg.), Große Gestalten der griechischen Antike. 58 historische Portraits von Homer bis Kleopatra, München 1999

R. Browning, Justinian und Theodora, Bergisch-Gladbach 1988

R. Brunner, M. Titze, Wörterbuch der Individualpsychologie, 2. neubearbeitete Aufl. München 1995

K. Büchner, P. Vergilius Maro, RE Stuttgart 1956

K. Büchner, Römische Literaturgeschichte, Stuttgart ⁶1994

E. Burck, Die Frau in der griechisch-römischen Antike, Ingolstadt 1969

W. Burkert, Das Lied von Ares und Aphrodite. Rheinisches Museum 103 (1960) 130ff.

W. Burkert, Griechische Religion der archaischen und klassischen Epoche, Stuttgart 1977

L. Castiglioni, Studi intorno alle fonti e alla composizione delle Metamorfosi d' Ovidio, Pisa 1906

F. Chamoux, Marcus Antonius. Der letzte Herrscher des griechischen Orients, Gernsbach 1989

M. Clauss (Hg.), Die römischen Kaiser. 55 historische Portraits von Caesar bis Iustinian, München ²2001

F. Codino, Einführung in Homer, Berlin 1970

Th. Dethlefson, Ödipus der Rätsellöser. Der Mensch zwischen Schuld und Erlösung, München 1990

A. Dihle, Griechische Literaturgeschichte, München ²1991

J. Döring, Ovids Orpheus, Basel 1996

K. I. Dover, Homosexualität in der griechischen Antike, München 1983

W. Eck, Augustus und seine Zeit, München 1998

F. Eichhorn, Homers Odyssee. Ein Führer durch die Dichtung, Göttingen 1965

W. M. Ellis, Alcibiades, London 1989

H. Erbse, Beiträge zum Verständnis der Odyssee, Berlin 1972

W. Fauth, Hippolytos und Phaidra, Wiesbaden 1958

D. Fehling, Amor und Psyche, Mainz 1977

M. A. Finley, Die Welt des Odysseus, München 1979

E. Flaig, Ödipus. Tragischer Vatermord im klassischen Athen, München 1998

D. Flückinger-Guggenheim, Göttliche Gäste, Bern 1984

M.-L. von Franz, Die Erlösung des Weiblichen im Manne. Der Goldene Esel des Apuleius in tiefenpsychologischer Sicht. Überarb. Neuaufl. v. G. Isler, Zürich 1997

E. Frenzel, Stoffe der Weltliteratur, Stuttgart ⁹1998

S. Freud, Gesammelte Werke, Frankfurt a. M. ⁸1976

H.-J. Gehrke, Geschichte des Hellenismus, München 1990

H.-J. Gehrke, Alexander der Große, München 1996

A. Gérard, The Phaedra Syndrome of Shame and Guilt in Drama, Amsterdam 1993

M. Giebel, Sappho, Reinbek 1980

M. Giebel, Augustus, Reinbek 1984

J. Giraudoux, Amphitryon 38. Comédie en trois actes. Préface de Jacques Robichez (1929), Paris 1983

F. Graf, Griechische Mythologie, München 1985

M. Grant, Caesar, München ⁴1982

M. Grant, Kleopatra, Bergisch-Gladbach 1977

M. T. Griffin, Nero. The End of a Dynasty, London 1984

Th. Haecker, Vergil, Vater des Abendlandes, Frankfurt a. M. 1958

D. Halperin, Before Sexuality. Princeton NJ 1990

D. Halperin, One Hundred Years of Sexuality and other Essays on Greek Love, New York 1990

N. Hammond, Alexander der Große (1997), München 2001

R. Helm, Sextus Propertius, RE XXIII 1, Stuttgart 1957

M. M. Henry, Prisoner of History, New York 1995

Hesiod, Theogonie. Griechisch/Deutsch, übersetzt und hg. von O. Schönberger, Stuttgart 1999

A. Heubeck, Die homerische Frage, Darmstadt 1974

A. Hohlweg, Justinian. In: Die Großen der Weltgeschichte, Bd. II, hg. von K. Fassmann, Zürich 1972

U. Hölscher, Die Odyssee, München ²2000

N. Holzberg, Die römische Liebeselegie, Darmstadt 1990

N. Holzberg, Catull, München ²2002

F. Holztrattner, Poppaea Neronis potens. Studien zu Poppaea Sabina, Graz 1995

K. Hübner, Die Wahrheit des Mythos, München 1985

H. Hunger, Lexikon der griechischen und römischen Mythologie, 8. neubearb. Aufl. Wien 1988

M. Jehne, Caesar, München ²2001

F. G. Jünger, Griechische Mythen, Frankfurt ³1957

S. Kaempf-Dimetriadou, Die Liebe der Götter in der attischen Kunst des 5. Jahrhunderts v. Chr., Bern 1979

V. Kast, Paare, Stuttgart 1985

V. Kast, Loslassen und sich selber finden. Die Ablösung von den Kindern, Freiburg ⁴1992

D. Kienast, Augustus. Princeps und Monarch, Darmstadt 1982

F. Klingner, Römische Geisteswelt, München ⁵1965

W. Kranz, Geschichte der griechischen Literatur, Köln (1958) 1998

H. Krauss, E. Uthemann, Was Bilder erzählen, München ³1993

Chr. Kunst/U. Riemer (Hg.), Grenzen der Macht. Zur Rolle der römischen Kaiserfrauen, Stuttgart 2000

B. Kytzler, Frauen der Antike, Düsseldorf (1994) 2000

B. Kytzler, Mythologische Frauen der Antike, Düsseldorf 1999

R. Lambert, Beloved and God. The Story of Hadrian and Antinous, New York 1984

J. Latacz, Homer, München ²1989

J. Latacz, Achilleus. Wandlungen eines europäischen Heldenbildes, Stuttgart 1995

D. Lateiner, Sardonic Smile. Nonverbal Behavior in Homeric Epic, Michigan 1998

S. Lauffer, Alexander der Große, München 1978

H. Leppin, Kaiserliche Kohabitation: Von der Normalität Theodoras. In: Chr. Kunst, U. Riemer (Hg.) 77 ff.

H. Leppin, Theodora und Iustinian. In: H. Temporini-Gräfin Vitzthum (Hg.) 437 ff.

B. Levick, Claudius, London 1990

L. Malten, Motivgeschichtliche Untersuchungen zur Sagenforschung I, Philemon und Baucis. Hermes 74 (1939) u. 75 (1940)

P. von Matt, Liebesverrat, München 1999

A. Mehl, Tacitus über Kaiser Claudius. Die Ereignisse am Hof, München 1974

A. Mette-Dittmann, Die Ehegesetze des Augustus, Stuttgart 1991

Chr. Meier, Caesar, Berlin 1982

Chr. Meier, Athen. Ein Neubeginn der Weltgeschichte, 1993

R. Merkelbach, Untersuchungen zur Odyssee, München ²1969

A. Miller, Du sollst nicht merken, Frankfurt 1981

B. Mojsisch, H. H. Schwarz, I. J. Tauts, Sextus Propertius. Sämtliche Gedichte, Stuttgart 1993

E. M. Moormann, W. Uitterhoeve, Lexikon der antiken Gestalten. Mit ihrem Fortleben in Kunst, Dichtung und Musik, Stuttgart 1995

E. Neumann, Amor und Psyche. Eine tiefenpsychologische Deutung, Olten/Freiburg ²1979

F. Neumeyer, Nausikaa. Versuch einer Mythendeutung. In: Die neue Rundschau, 1947

B. Otto, König Minos und sein Volk, Düsseldorf (1997) 2000

W. F. Otto, Die Götter Griechenlands, Frankfurt a. M. ³1947

Der Kleine Pauly. Lexikon der Antike in fünf Bänden, hg. von K. Ziegler und W. Sontheimer, München 1979

C.-M. Perkounig, Livia Drusilla – Iulia Augusta, Wien 1995

G. Petersmann, Themenführung und Motiventfaltung in der Monobiblos des Properz, Graz 1980

H. Politzer, Hatte Ödipus einen Ödipus-Komplex? München 1974

Prokopios, Anekdota (Historia arcana), hg. u. übersetzt von Otto Veh, ²1970

Procopius, The Secret History. Translated by G. A. Williamson, London 1981

H. Rahner, Griechische Mythen in christlicher Deutung, Zürich 1945

R. v. Ranke-Graves, Griechische Mythologie, Hamburg ¹²1999

K. Reinhardt, Von Werken und Formen, Godesberg 1948

K. Reinhardt, Vermächtnis der Antike. Hg. v. Carl Becker, Göttingen 1960

K. Reinhardt, Tradition und Geist. Hg. Carl Becker, Göttingen 1960

Th. Reucher, Die situative Weltsicht Homers, Darmstadt 1983

W. Richter, Römische Dichter, Frankfurt 1974

L. Ritter-Santini, Ganymed. Ein Mythos des Aufstiegs in der deutschen Moderne, München 2002

A. Rode, Apuleius: Der Goldene Esel. Nachwort von W. Haupt, Leipzig 1992

H. J. Rose, Griechische Mythologie, München [9]1997

K. Rüter, Odysseeinterpretationen. Untersuchungen zum ersten Buch und zur Phaiakis. Hg. von K. Matthiessen, Göttingen 1969

W. Schadewaldt, Von Homers Welt und Werk, Stuttgart [4]1965

W. Schadewaldt, Hellas und Hesperien, Zürich 1960

W. Schadewaldt, Die Anfänge der Philosophie bei den Griechen, Frankfurt a. M. 1978

H.-D. Schmidt, Kalypso-Episode. In: Der altsprachliche Unterricht, Stuttgart 1969/5 S. 62 ff.

J. Schondorff (Hg.), Amphitryon. Plautus, Molière, Dryden, von Kleist, Giraudoux, Kaiser. Vollständige Dramentexte, mit einem Vorwort von Peter Szondi, München 1964

H. Schrade, Götter und Menschen Homers, Stuttgart 1952

W. Schubart, Justinian und Theodora, München 1943, Nachdr. 1984

Ch. Schubert, Perikles, Darmstadt 1994

W. Schuller, Frauen in der griech. und röm. Geschichte, Konstanz 1995

B. Seidensticker (Hg.), Die Orestie des Aischylos. Übers. von Peter Stein, München 1977

R. Senoner, Die römische Literatur, München 1981

F. Sheffield, Alcibiades' Speech. A Satyric Drama. In: Greece and Rome, Vol. 48, No. 2, 2001, p. 193 ff.

E. Simon, Die Götter der Griechen, München [3]1985

B. Snell, Die Entdeckung des Geistes, Hamburg 1946

P. Southern, Augustus, London 1998

R. Spieker, Die Wiedererkennung des Odysseus und der Penelope. In: Der altsprachliche Unterricht. Stuttgart 1969/5 S. 62 ff.

K. Steinmann, Das Märchen von Amor und Psyche, Ditzingen 2001

H. Temporini-Gräfin Vitzthum (Hg.), Die Kaiserinnen Roms. Von Livia bis Theodora, München 2002

E. Trunz, Goethes Werke, Band III, Hamburg 1954

H. J. Tschiedel, Phaedra und Hippolytus, Erlangen 1969

Ph. Vandenberg, Cäsar und Kleopatra. Die letzten Tage der römischen Republik, München 1986

R. Winkes, Livia, Octavia, Iulia. Providence RI. 1995

J. Winkler, Der gefesselte Eros, Marburg 1994

M. Wood, Auf den Spuren Alexanders des Großen. Eine Reise von Griechenland nach Asien, Stuttgart 2002

P. Zanker, Augustus und die Macht der Bilder, München 1987

Die Antike bei C. H. Beck – Eine Auswahl

Jan Assmann
Das kulturelle Gedächtnis
Schrift, Erinnerung und politische Identität in frühen Hochkulturen
4. Auflage. 2002. 344 Seiten. Paperback
Beck'sche Reihe Band 1307

Kai Brodersen (Hrsg.)
Asterix und seine Zeit
Die große Welt des kleinen Galliers
Mit deutschen Bildtexten von Gudrun Penndorf
2., durchgesehene Auflage. 2001. 241 Seiten mit 85 Abbildungen. Paperback
Beck'sche Reihe Band 1404

Luciano Canfora
Caesar
Der demokratische Diktator. Eine Biographie
Aus dem Italienischen von Rita Seuß
2001. 491 Seiten mit 3 Karten. Leinen

Manfred Clauss
Einführung in die Alte Geschichte
1993. 217 Seiten mit 18 Abbildungen. Broschiert
C. H. Beck Studium

John Dominic Crossan
Jesus
Ein revolutionäres Leben
Aus dem Englischen von Peter Hahlbrock
1996. 265 Seiten mit 1 Abbildungen. Paperback
Beck'sche Reihe Band 1144

Verlag C. H. Beck München

Die Antike bei C.H.Beck – Eine Auswahl

Martin Dreher
Athen und Sparta
2001. 221 Seiten mit 5 Karten. Broschiert
C.H.Beck Studium

Hellmut Flashar
Sophokles
Dichter im demokratischen Athen
2000. 220 Seiten. Leinen

Hans-Joachim Gehrke
Kleine Geschichte der Antike
1999. 243 Seiten mit 124 Abbildungen, davon 61 in Farbe sowie 3 Pläne
und 2 farbige Karten als Vor- und Nachsatz. Gebunden

Uvo Hölscher
Die Odyssee
Epos zwischen Märchen und Roman
2000. 360 Seiten. Paperback
Beck'sche Reihe Band 1402

Niklas Holzberg
Catull
Der Dichter und sein erotisches Werk
3. Auflage. 2003. 228 Seiten. Leinen

Niklas Holzberg
Ovid
Dichter und Werk
2., durchgesehene Auflage. 1998. 220 Seiten. Leinen

Verlag C.H.Beck München

Die Antike bei C.H.Beck – Eine Auswahl

Christoph Horn
Antike Lebenskunst
Glück und Moral von Sokrates bis zu den Neuplatonikern
1998. 271 Seiten. Paperback
Beck'sche Reihe Band 1271

Christoph Horn/Christof Rapp (Hrsg.)
Wörterbuch der antiken Philosophie
2002. 502 Seiten. Paperback
Beck'sche Reihe Band 1483

Martin Hose
Kleine griechische Literaturgeschichte
Von Homer bis zum Ende der Antike
1999. 261 Seiten. Paperback
Beck'sche Reihe Band 1326

Martin Hose (Hrsg.)
Meisterwerke der antiken Literatur
Von Homer bis Boethius
2000. 188 Seiten. Paperback
Beck'sche Reihe Band 1382

Andreas Patzer (Hrsg.)
Streifzüge durch die antike Welt
Ein historisches Lesebuch
1989. 374 Seiten mit 11 Abbildungen und 7 Karten. Paperback
Beck'sche Reihe Band 390

Pindar
Siegeslieder
Übersetzt von Uvo Hölscher
Herausgegeben von Thomas Poiss. Mit einem Geleitwort
von Michael Theunissen
2002. 160 Seiten. Leinen

Verlag C.H.Beck München

Die Antike bei C.H. Beck – Eine Auswahl

Stefan Rebenich
Theodor Mommsen
Eine Biographie
2002. 272 Seiten mit 21 Abbildungen und sowie einem Frontispiz. Leinen

*Peter Riemer/Michael Weißenberger/Bernhard Zimmermann
(Hrsg.)*
Einführung in das Studium der Gräzistik
2000. 252 Seiten mit 12 Abbildungen, 1 Karte und 4 Stammbäumen.
Broschiert
C.H. Beck Studium

Peter Riemer/Michael Weißenberger/Bernhard Zimmermann
Einführung in das Studium der Latinistik
1998. 232 Seiten mit 6 Abbildungen und 1 Karte. Broschiert
C.H. Beck Studium

Wolfgang Röd
Kleine Geschichte der antiken Philosophie
Teilnachdruck aus W. Röd, Der Weg der Philosophie, Bd. II 1998.
320 Seiten. Paperback
Beck'sche Reihe Band 4018

Ulrich Sinn (Hrsg.)
Einführung in die klassische Archäologie
2000. 239 Seiten mit 32 Abbildungen. Broschiert
C.H. Beck Studium

Rainer Vollkommer
Sternstunden der Archäologie
2002. 231 Seiten mit 21 Abbildungen und 2 Karten. Paperback
Beck'sche Reihe Band 4033

Zvi Yavetz
Judenfeindschaft in der Antike
Die Münchner Vorträge
Eingeleitet von Christian Meier 1997. 117 Seiten. Paperback
Beck'sche Reihe Band 1222

Verlag C.H. Beck München